直播电商运营

主　编　谢怡文　邵淑敏
副主编　邵琳琳　顾　俊
参　编　周容容　梅　焘　赵一菲

机械工业出版社

本书根据国务院印发的《国家职业教育改革实施方案》的要求，针对五年制高职学生的培养目标，全面系统地介绍了直播电商运营的相关知识和技能。全书共有六大项目，包括走进直播电商、直播电商技能储备、直播电商内容策划、直播预热引流、进行直播活动和直播复盘优化分析。本书知识全面、结构清晰、通俗易懂、实用性强，通过任务实施实践操作，为读者提供了一站式直播电商运营的解决方案。

本书可作为五年制高职和三年制高职电子商务类及财经商贸类专业相关课程的教学用书，也可以作为直播电商自学人员的参考用书。

图书在版编目（CIP）数据

直播电商运营/谢怡文，邵淑敏主编．—北京：机械工业出版社，2024.6（2025.1重印）
ISBN 978-7-111-75830-3

Ⅰ．①直… Ⅱ．①谢… ②邵… Ⅲ．①网络营销 Ⅳ．①F713.365.2

中国国家版本馆CIP数据核字（2024）第098899号

机械工业出版社（北京市百万庄大街22号 邮政编码100037）
策划编辑：宋 华　　　责任编辑：宋 华　单元花
责任校对：樊钟英　薄萌钰　封面设计：王 旭
责任印制：李 昂
北京捷迅佳彩印刷有限公司印刷
2025年1月第1版第2次印刷
184mm×260mm・12.75印张・298千字
标准书号：ISBN 978-7-111-75830-3
定价：43.00元

电话服务　　　　　　　　网络服务
客服电话：010-88361066　机 工 官 网：www.cmpbook.com
　　　　　010-88379833　机 工 官 博：weibo.com/cmp1952
　　　　　010-68326294　金 书 网：www.golden-book.com
封底无防伪标均为盗版　　机工教育服务网：www.cmpedu.com

Preface 前言

我国已迈入数字经济时代，在政策和技术双扶持下，以互联网、大数据等为代表的数字经济正深刻融入直播电商行业，为其带来巨大的活力与生机，线上直播带货以其贴近真实购物的优质用户体验成为电商新时代的产物。

面对快速发展的直播电商行业，我们从学生未来可能从事的职业岗位出发，编写了本书。

本书是为适应五年制高等职业教育电子商务专业课程资源建设需要，由江苏联合职业技术学院电子商务专业建设指导委员会组织各分院部分电子商务专业教师，根据江苏省最新的五年制高等职业教育电子商务专业人才培养方案和直播电商课程标准共同编写完成的院本教材。

本书在编写过程中坚持"以就业为导向、以能力为本位"的职业教育目标，"以学生职业能力培养为主"的职业教育课程目标，"以学生为主体、教师为主导"的职业教育课堂教学目标，内容紧扣课程性质和特点，既有利于教学的组织与实施，又充分展现五年制高职课程的特色。

本书以直播电商实战为背景，以工作过程为基础，以工作任务为主要内容，以学生职业能力培养为目标，通过将职业工作过程与专业学习过程有机结合，构筑有利于学生学习的情境。

本书共分为六大项目，每个项目下又设立了若干个工作任务。江苏联合职业技术学院五年制高等职业教育电子商务专业人才培养方案研制团队成员、无锡旅游商贸分院谢怡文副教授提供了整体思路和具体编写方案，无锡旅游商贸分院、江苏省锡山中等专业学校、南京商贸分院、常州刘国钧分院等学校部分专业教师共同参与编写工作。本书由无锡旅游商贸分院谢怡文和江苏省锡山中等专业学校邵淑敏担任主编，无锡旅游商贸分院邵琳琳和顾俊担任副主编，南京商贸分院周容容、常州刘国钧分院梅焘和无锡旅游商贸分院赵一菲参与编写。

在本书编写过程中，我们得到了江苏联合职业技术学院领导的关心和支持，也得到了无锡旅游商贸分院各位领导的大力支持，在此一并表示衷心感谢！

本书可以用于五年制高等职业教育电子商务专业直播电商课程教学，可以用于三年制高等职业教育和中等职业教育电子商务专业教学，也可以作为直播电商从业人员的参考用书。

由于编者水平所限，书中难免存在错漏之处，敬请读者指正。

编　者

Contents 目录

前言

项目一　走进直播电商 ——————————————————— 001
　　任务一　初识直播电商　　//002
　　任务二　认识直播电商平台　　//011

项目二　直播电商技能储备 ——————————————— 021
　　任务一　组建直播团队　　//022
　　任务二　搭建直播场地　　//028
　　任务三　进行直播选品　　//037

项目三　直播电商内容策划 ——————————————— 051
　　任务一　了解直播的整体流程与基本步骤　　//052
　　任务二　直播脚本策划　　//063
　　任务三　直播间大型活动策划　　//077

项目四　直播预热引流 ————————————————— 087
　　任务一　抓住直播流量　　//088
　　任务二　直播预热引流　　//096
　　任务三　使用付费推广工具　　//106

项目五　进行直播活动 ————————————————— 119
　　任务一　直播间营销话术设计　　//120
　　任务二　直播间的商品管理　　//132
　　任务三　优化直播活动　　//150

项目六　直播复盘优化分析 ——————————————— 165
　　任务一　直播数据分析　　//166
　　任务二　直播复盘优化　　//186

参考文献 ————————————————————————— 197

项目一

走进直播电商

▌任务情境

20岁的小文，就读于某大专院校电子商务专业，在校学习这几年，正值直播行业火热发展时期。临近毕业，学校组织学生进行毕业实习，小文一心想在直播电商领域大展拳脚，所以努力寻找相关企业、相关岗位的招聘信息，力争在实习期间努力学习、积累经验，毕业后回老家创业，通过电商直播平台的直播带货帮助父母销售家乡的特产，通过自己的奋斗，为家乡发展、农村致富出一分力。

▌学习目标

知识目标

- 掌握直播电商的概念。
- 理解直播电商"人、货、场"三要素的内涵。
- 了解直播电商的发展历程和趋势。
- 了解直播电商产业链的构成要素。
- 掌握直播电商平台的类型及特点。
- 熟悉主流直播电商平台。

技能目标

- 能够从人、货、场角度分析电商直播活动。
- 能够判断直播电商平台的类型。
- 能够完成验证、入驻淘宝直播平台。

素养目标

- 了解直播电商行业的相关法律法规。
- 树立依法直播、依法经商的职业理念。

任务一　初识直播电商

任务描述

小文将自己的想法告诉了父母。父母觉得小文能从事一份稳定的工作，自力更生就是他们最大的心愿。他们不愿意小文回到农村老家，也担心主播这一工作吃的是"青春饭"，职业生涯的生命周期较短，想让小文放弃这个想法。小文觉得要让父母理解自己的创业想法，必须先让父母了解什么是直播电商，以及直播电商这个行业的发展前景如何……

知识储备

一、直播电商的内涵

近几年，直播电商由于不需要消费者聚集而凸显价值，迅速成为电商界的黑马。这种模式解决了传统电商无法直接交流、有问题无法及时解决的痛点，打破了线上与线下的边界，拉近了店家、主播、消费者三者之间的距离，为消费者带来了丰富、直接、实时的购物体验，受到众多消费者的青睐。那么，到底什么是直播电商呢？

（一）直播电商的概念

2021年4月16日，国家互联网信息办公室、公安部、商务部、文化和旅游部、国家税务总局、国家市场监督管理总局、国家广播电视总局等七部门联合发布《网络直播营销管理办法（试行）》，将直播电商阐释为：通过互联网站、应用程序、小程序等，以视频直播、音频直播、图文直播或多种直播相结合等形式开展营销的商业活动。

20多年前，当电子商务作为新兴产业发展起来时，我们明确认识到这是一种以计算机网络为基础，以电子化方式为手段进行的商业活动。同样，直播电商从本质上来看，依然是商业活动，是以直播为手段进行的电子商务活动，通过直播这种方式把电商平台的那些店铺直播间化，转变消费场景，使交易模式高度互动。因此，我们也可以将直播电商理解为：在互联网上通过现场直播的方式售卖商品或服务，把线下或者电商平台的店铺转换到直播间的新的商业活动模式。直播为电商赋予新的发展动能，淘宝、京东等传统电商平台都增加了直播模块，探索电商内容化，通过直播增加电商平台的流量；快手、抖音等短视频平台也增加了电商模块，探索内容电商化，为已有流量变现寻找新途径。

（二）直播电商的三要素：人、货、场

随着互联网的发展，以大数据为基础的互联网新零售颠覆了传统零售模式，而直播电商的出现，更是对传统"人、货、场"模式的颠覆与重构。

在我国生产力水平较低的时期，生产的商品满足不了人们的日常需求，市场以"货"为中心，放置在特定场所，人们争相抢购。这种情况被称为"货、场、人"。

随着经济的发展，人民生活得到改善，商品供给趋于丰富，这时候人们开始去商场购物，去饭店就餐，商家注意到了"场"（位置）的重要性，开始选择人流量高的地方设置店铺、展示商品。这种情况被称为"场、货、人"。不难看出，在传统商业模式中，"人"的作用始终处于最末位置。

进入互联网时代，"场"的优势逐步被弱化，因为流量通过百度竞价、淘宝直通车、抖音 dou+ 等方式，花钱就可以获得。"货"的概念也发生了变化，除了满足需求的核心功能产品外，消费者越来越关注产品的其他方面，如产品设计、包装、服务等。同时，"人"的概念被格外重视，消费者需求呈现多样化，更加青睐个性化的服务。直播电商的出现，恰恰契合了这种消费需求变化。在直播电商模式中，核心因素是"人"，重心是"场"（直播场景），基础是"货"（产品）。这里的"人"，不仅是消费者，还有主播。主播只有依靠不断输出内容，让消费者认可并成为"粉丝"，才有可能进一步了解消费者需求，实现产品的精准推荐。在直播电商活动中，主播并不仅仅是在卖产品，更是在帮消费者买商品。

由此看出，新旧商业模式的核心主体"人、货、场"没有变，但其商业理念得到了升级："人"从消费者升级到了主播+消费者，"货"从标准工业品升级到了个性化产品，"场"从卖场升级到了多样化场景，直播电商对"人、货、场"的重构，带来了消费的新升级。

二、直播电商的发展历程与趋势

（一）直播电商的发展历程

目前，业内大多数人认为直播元年是 2016 年。这一年，伴随着淘宝直播的正式上线，轰轰烈烈的直播电商大潮拉开了序幕。直播电商诞生的初衷是试图打通"直播+内容+电商"，降低拉新成本，增加用户黏性，增加用户在平台的停留时间，将流量变现。经过多年的发展，我国的直播电商行业大致经历了三个阶段：初探期、加速期和爆发期，如图 1-1 所示。

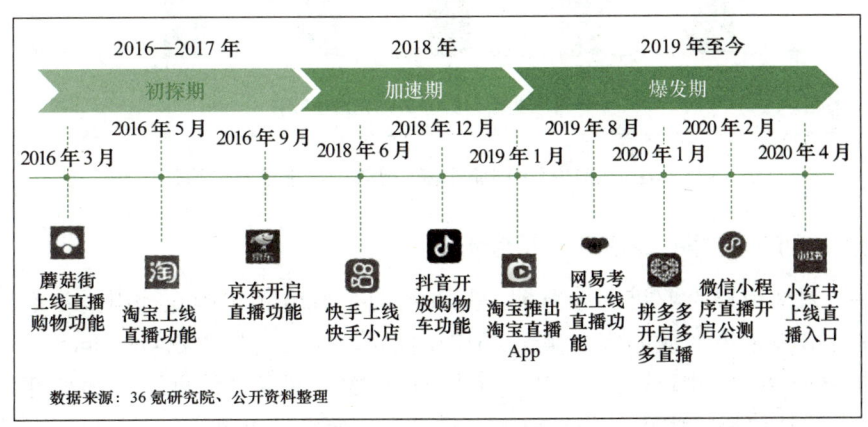

图 1-1 我国直播电商行业发展的三个阶段

1. 直播电商的初探期（2016—2017 年）

随着 4G 及移动端的普及，2016 年的直播平台浪潮来袭，近 300 家网络直播平台上线,直播用户量快速增长,各个平台大胆尝试,力求探索"直播+电商"新的商业模式。这一阶段直播电商行业发展的标志性事件有:2016年3月,蘑菇街上线直播购物功能;2016年5月,淘宝上线直播功能;2016年9月,京东开启直播功能。在这一阶段,淘宝、京东发布直播达人扶持计划,扩大了电商的交易规模。艾瑞咨询《2020年中国直播电商生态研究报告》显示,2017年中国直播电商的市场交易规模已达到209.3亿元。

2. 直播电商的加速期(2018年)

2018年,经过两年的探索发展,直播电商行业已经相对成熟,进入加速发展期。这一年,淘宝"双11"正式引爆直播带货概念,平台开始推出直播电商发展战略。与京东、淘宝的早期入局不同,以抖音、快手为代表的短视频平台在这一年才开始大举发力直播电商业务,从而撬动流量变现。3月,抖音推出购物车功能,开启直播带货模式;5月,抖音上线店铺入口;6月,快手与有赞发布了"短视频电商导购"解决方案,合作推出"短视频导购",增加"快手小店"。至此,随着短视频平台的入局,几大直播电商平台的直播体系逐渐走向成熟。2016—2020年中国网络短视频用户规模及网络使用率如图1-2所示。

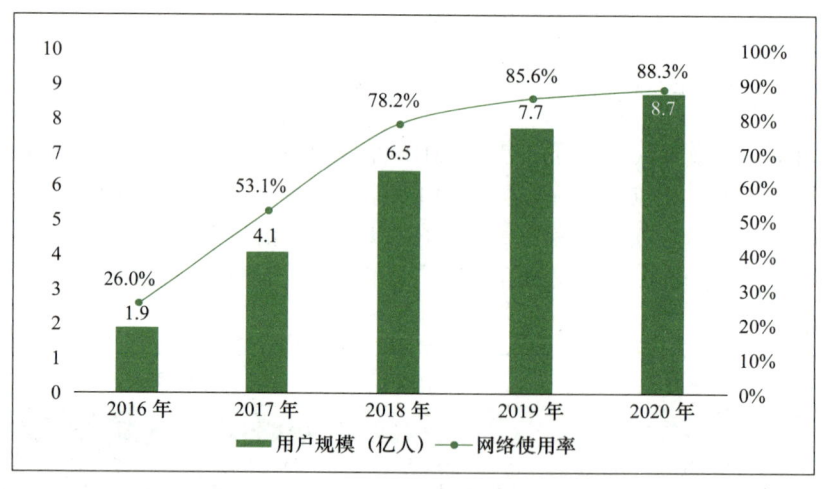

图1-2 2016—2020年中国网络短视频用户规模及网络使用率

3. 直播电商的爆发期(2019年至今)

2019年,直播电商行业进入爆发期。艾瑞咨询《2020年中国直播电商生态研究报告》显示,2019年,直播电商整体成交额达4512.9亿元,同比增长200.4%。同年1月,淘宝推出淘宝直播App;6月,网易考拉推出"考拉ONE物全网招募计划"。2020年,直播电商带货更是显示了其独特的优势,杀出重围,带动经济复苏。2020年4月23日,中华人民共和国商务部(以下简称"商务部")新闻发言人表示,据商务部大数据监测,2020年第一季度电商直播超过400万场,明星大规模参与直播带货,政府机构、电视台人员加入直播带货大军。

这一时期,直播电商生态逐渐形成了一套完整闭环,成为稳定的线上购物场景。许多企业把直播作为"云复工"的首选，行业幕后也有超 20 亿元的资金投入了 40 多家电商直播企业，电商直播基地初具雏形。

（二）直播电商的发展趋势

中国互联网络信息中心 2022 年发布的第 51 次《中国互联网络发展状况统计报告》显示，截至 2022 年 12 月，我国网络直播用户规模达 7.51 亿人，占网民整体的 70.3%，具体如图 1-3 所示。其中，直播电商用户最多，为 5.15 亿人，占网民整体的 48.2%。

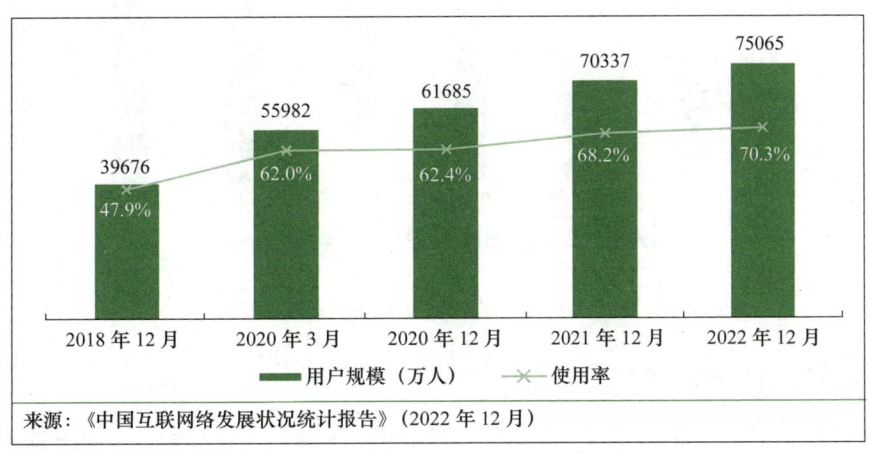

图 1-3　网络直播用户规模及使用率（2018—2022 年）

随着互联网技术的发展，直播电商模式给消费者带来更直观、更生动的购物新体验，该模式也逐渐成为促进销售、拉动消费的新动力。根据数据显示，预计到 2025 年，直播电商规模将达 21373 亿元，直播电商的发展趋势表现在以下几个方面。

1. 直播电商平台加速向农村市场"下沉"

当前，农村电商正为三农发展注入新活力，带动乡村振兴提速。直播电商对乡村振兴最直接的意义，就是帮助农产品、乡村文化旅游产品，以及其他乡村特色品连接大市场，并通过大量曝光与主播信用加持，促进乡村产品销售，提升乡村收入水平。商务部数据显示，我国农产品网络零售额从 2017 年的 2436.6 亿元逐年增长至 2022 年的 5313.8 亿元（如图 1-4 所示）。从数据上看，2019 年农产品网络零售额大幅增长 72.45%。与直播电商爆发时间相符合。

近年来，基于国家政策、发展战略的强势加持，随着乡村振兴战略的持续实施，盘活农村经济、挖掘农村文化发展建设，使用得农产品上行业务快速增加、提量、县域及乡（镇）经济得到快速发展，推动了消费者消费能力的提升，县乡（镇）需求市场快速崛起。越来越多的主播走进农村，把直播间放在乡间地头，带动周边人群使用网络购物，助推我国贫困地区共享普惠成果，实现地域消费进一步均等化。据统计，自淘宝直播 2018 年启动"村播计划"以来有超过 11 万农民主播在淘宝累计开展直播超 330 万场，带动农产品销售额超 150 亿元。随着跨境电商向农村地区的加速渗透，农产品跨境电商模式也同步兴起，将农产品网络销售的出村半径延伸到了海外市场。

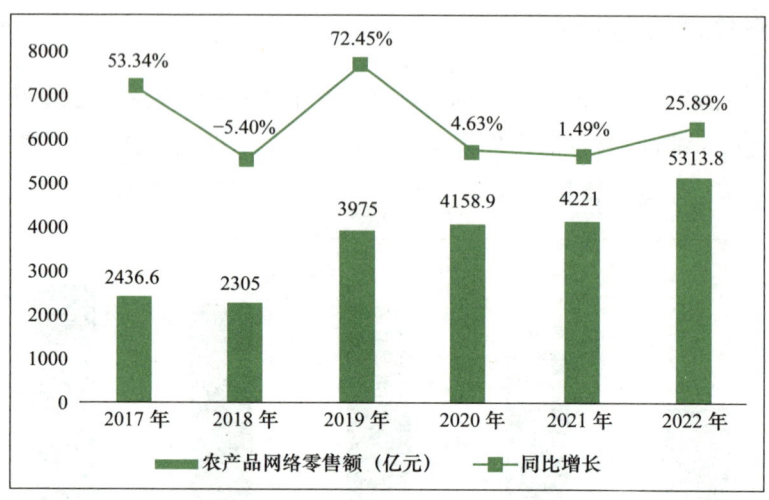

图 1-4　农产品网络零售额及增长率（2017—2022 年）

2. 注重品牌化发展道路

能否长期为消费者提供价值，是商家首要解决的问题。在未来，直播电商将通过品牌孵化来实现更大的价值，形成竞争力。商家通过充分挖掘商业价值和消费新动能，让更多消费者愿意来体验品牌提供给他们的服务和产品，形成更广泛的影响力，给消费者带来全新的品牌体验，激发对品牌的持续关注。品牌化包括主播品牌化、商品品牌化、直播账号的品牌化。有了品牌意味着有了认可度、有了关注度、有了流量，最主要的是拥有了商品溢价能力。

3. 腰部和尾部网红发展空间巨大，去中心化明显

众所周知，在直播电商诞生伊始，知名主播是拥有绝对话语权的。其中最典型的案例就是某年"双 11"期间，某知名主播与某品牌"最低价"引发的风波。由于该品牌给主播的价格高于店铺自播价格，于是该主播选择与该品牌暂停合作关系。这种过度依赖知名主播的现状，显然不健康也不稳定，各大直播平台开始重新思考这一模式的合理性，于是有意扶持腰部主播，均衡主播发展，规避平台风险。2022 年，阿里巴巴披露的数据显示：过去一年，淘宝新增了超过 50 万名主播，腰部主播交易额同比增速为 250%。相关从业人员预测，截至 2025 年电商直播行业的市场规模将扩大至 7 万亿元，而未来"超级主播"的概念将被弱化，主播梯队会呈现百花齐放的状态。

直播电商自 2016 年诞生至今，从之前的很少有人看、很少有人买，到现在无论是日常销售还是节日大促，都能看到它的身影，已然成长为十分成熟的商业模式。在可以预见的未来，直播电商对消费市场乃至社会生活都将产生巨大影响，无疑将成为企业的标配，成为一种主流营销模式，也影响着其他产业的电商化发展转型。

三、直播电商的产业链

直播电商作为新型的商业模式，在增加就业、扩大内需、促进数字经济发展等方面发挥了积极的作用，同时其产业链也在逐步完善、日趋成熟。一条完整的直播电商产业链由品牌商/厂家、MCN（Multi-Channel Network，多渠道网络）机构、主播、消费者、直播平台等构成，其产业链全景如图1-5所示。

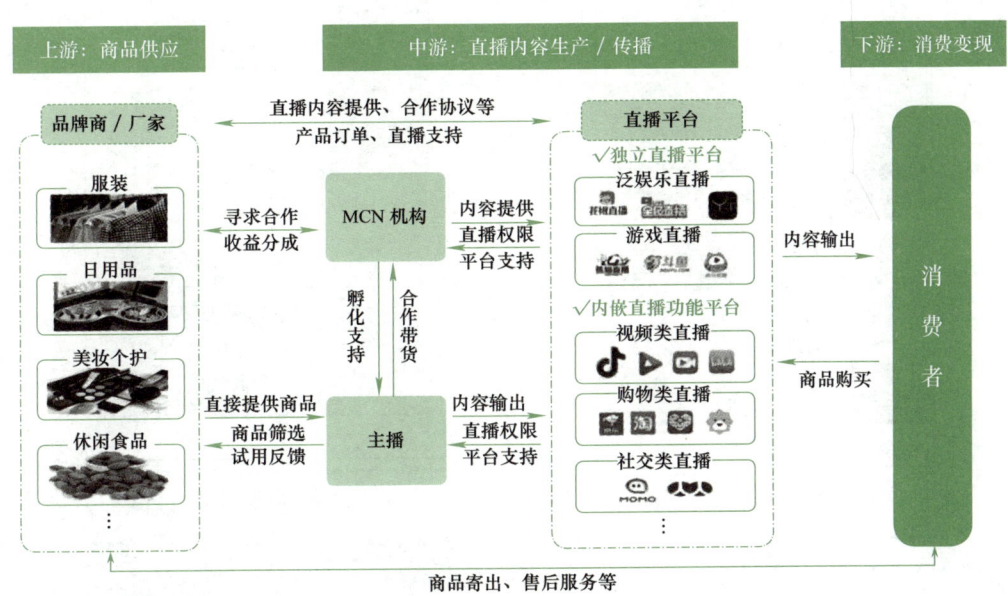

图1-5 直播电商产业链全景

直播电商产业链上游主要为品牌商、经销商或制造商，中游主要为MCN机构、主播以及平台渠道，下游为消费者。上游企业是向直播平台投放广告的主要商家；下游消费者主要是观看直播的用户，他们对直播平台提供的营销内容持有正面态度，并且愿意购买推荐的商品；处于中游环节的直播平台为了更好地服务用户和商家，将物流供应商、技术供应商、内容生产者及支付平台等第三方服务提供商集合在平台中，在帮助商家获得更好营销效果的同时，也提升了用户体验，提高了买卖双方的交易效率。

任务实施

说得再多，也不如实际体验一下，小文决定带父母一起观看一场直播活动，亲身感受一下直播电商的魅力。操作步骤如下。

1）打开手机淘宝App，点击"淘宝直播"，进入淘宝直播频道，如图1-6所示。

2）进入直播频道后，根据自己的兴趣选择"直播精选""产地直供""上新啦""新奇发现""品牌好货"等不同的栏目并进入，如图1-7所示。

3）选择"品牌好货"栏目，点击进入dyson直播间，如图1-8所示。

4）进入直播间，可以看到主播介绍产品画面，如图1-9所示。在直播带货页面，上下滑动可切换直播，也可以点击右上角"更多直播"选择观看其他直播。

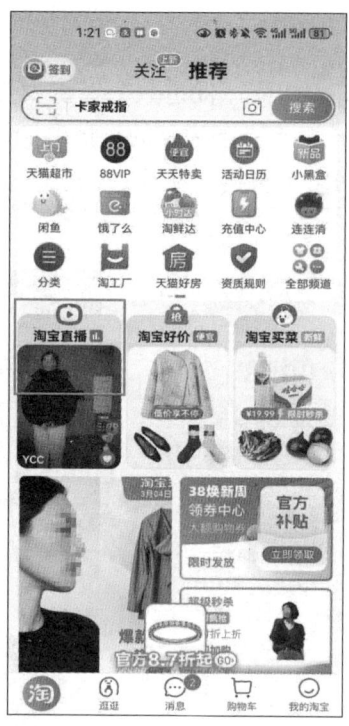

图 1-6 进入淘宝直播

图 1-7 选择直播栏目

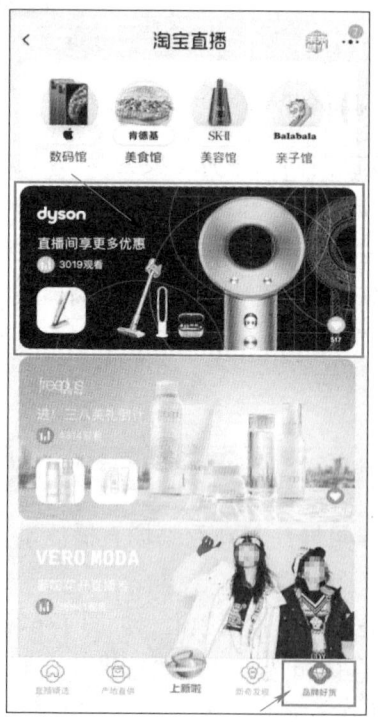

图 1-8 "品牌好货"栏目 dyson 直播间

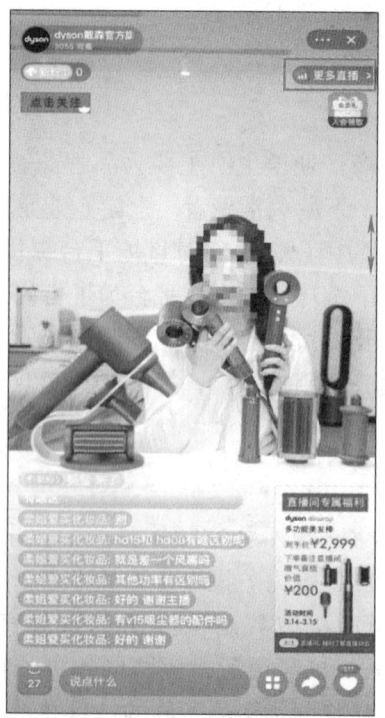

图 1-9 dyson 直播间画面

5）在直播带货页面，点击左上角关注图标，可以关注店铺，也可以查看店铺主页，或者进入店铺，如图 1-10、图 1-11 所示。

图 1-10　关注店铺　　　　　　　图 1-11　店铺首页

6）在直播带货页面，点击左下角红色图标，如图 1-12 所示，显示直播间的商品链接，如图 1-13 所示。

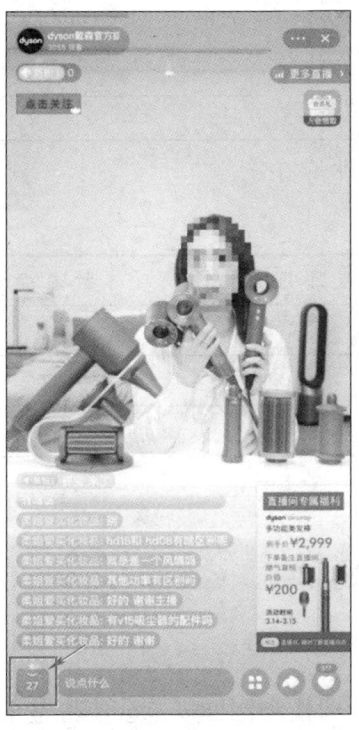

图 1-12　商品链接　　　　　　　图 1-13　直播间商品链接

任务评价

30 分钟的直播观看体验，小文从主播个人形象、语言表达、互动活动、商品价格等方面，帮助父母认识了直播电商的特点。同学们，你的感受是怎样的？请完成你的淘宝直播观后感。

淘宝直播观后感

直播间名称：

直播商品名称：

开始观看直播时间：

结束观看直播时间：

直播间观众人数：

关于本场直播

| 主播个人形象： | □非常好 | □良好 | □一般 | □糟糕 |

| 主播语言表达： | □流利 | □清晰 | □停顿较多 | □听不懂 |

| 直播间气氛： | □热烈活跃 | □一般 | □冷清 |

| 直播间互动活动： | □多 | □一般 | □没有 |

| 直播间优惠力度： | □大 | □一般 | □较小 |

主播对商品的介绍

是否详细、吸引人： □是　　□一般　　□否

请从"人、货、场"三个要素出发，简要评价你观看的这场直播：

_____

_____

_____

请同学们完成后提交观后感，老师按内容进行评价打分。

实训评价表

序号	评分内容	总分	老师打分	老师点评
1	是否进入直播频道	20		
2	是否观看 30 分钟以上的电商直播	30		
3	是否对直播带货有了初步认识	50		

总分：_____

知识拓展

直播电商相关法律法规盘点

由于电商直播属于新兴业态，缺少必要的从业门槛和制度规范会使得整个行业鱼龙混杂、乱象频出。因此，国家有关部委陆续发布相关法律法规予以整顿，制定相关文件规范行

业有序发展。近年来出台的直播电商相关法律法规条例及主要内容，见教学资源包。

任务二　认识直播电商平台

任务描述

小文帮助父母了解了直播电商的发展状况，为了进一步让父母支持她的职业理想，她计划在父母的手机中安装几个直播 App，让他们更方便地观看电商直播活动，深入了解直播领域的相关信息，这样才能更好地消除他们的顾虑。当下，在各大直播电商平台，涌现出了一批当红主播，小文相信父母会被那些主播的创业经历触动。因此，她赶紧着手收集学习直播电商平台的相关资料。

知识储备

一、直播电商平台的类型

直播电商平台是直播产业链中不可或缺的一部分，它为直播提供了内容输入和输出渠道。近两年来，直播电商行业得到了飞速发展，各大行业巨头纷纷布局直播电商行业，搭建直播电商平台。目前，市场上常见的直播电商平台主要有以下几类。

（一）传统电商类平台

传统电商类平台在开展直播电商业务方面具有先天优势，这类平台具有较强的营销性。商家可以通过直播形式与用户互动，以较低的成本吸引用户关注自己的商品并促成交易，而用户在这些平台上观看直播的主要目的也是购买商品。例如，淘宝、京东、拼多多就属于此种类型。它们自带商城，其变现方式以卖货为主，开发直播功能和短视频功能的目的是以此为手段，吸引流量，提高转化率，使自己的平台形成从流量到交易的闭环。

（二）娱乐直播类平台

娱乐直播类平台类型较多，内容丰富，包括才艺表演、游戏、户外、体育赛事等。娱乐直播的内容较宽泛，因为门槛较低、流量池巨大，数量也相对较多。例如，虎牙、斗鱼、花椒直播等，这些都是从国内直播行业兴起时就开始逐渐成熟的模式，也是最为人们所熟知的直播模式。此类直播大多是以唱歌、跳舞、游戏挑战等展示为主，因为直播内容丰富，与网友的互动性强，更容易吸引"粉丝"关注，从而成为有较大流量的主播。这类平台主要是通过接入第三方电商平台来布局直播＋电商的运营模式，将直播作为流量变现的重要方式。

（三）内容社交类平台

在直播电商飞速发展的形势下，抖音、快手、微信、微博等短视频、社交类平台也上线了直播功能,用于丰富平台的内容表现形式。这类平台大多受益于其优质的私域流量和"粉丝"的高黏性,致力于打造"社交+电商+直播"的消费场景,为用户的电商变现提供了很大的空间。

二、直播电商平台的特点

不同的直播电商平台,输入和输出的内容、特点也不同,因而个人或商家在选择直播电商平台时,可以从平台特征、直播类型、商品特征、用户特征等方面进行综合考量,根据自身资源做出选择。各类直播电商平台的特点对比见表1-1。

表1-1 各类直播电商平台的特点对比

对比项目	传统电商类平台	娱乐直播类平台	内容社交类平台
典型平台	淘宝、京东、拼多多等	虎牙、斗鱼、花椒直播等	抖音、快手、微信、微博等
平台特征	电商属性突出	大众娱乐属性强	社交属性强
直播类型	商家自播为主	达人直播为主	商家自播或达人直播
商品特征	商品种类丰富,供应链完善	以品牌商品或"白牌商品"(一些小厂商生产的品牌知名度低的商品)为主,商品种类较丰富,供应链质量参差不齐	以品牌商品或"白牌商品"为主,商品种类较丰富,供应链质量参差不齐
用户特征	购物目的和需求明确	以娱乐为主,购物次之	以社交沟通、休闲娱乐为主,购物次之
流量获取方式	直播间倾向从公域流量中获取流量	直播间倾向从私域流量中获取流量	抖音、微博平台的直播间倾向从公域流量中获取流量;快手、微信平台的直播间倾向从私域流量中获取流量
商品成交模式	在电商平台实现商品交易全流程	用户点击商品链接后,跳转至第三方电商平台完成交易	多家平台已逐步向自建电商平台的目标发展
商品转化率	较高	较低	较低

三、主流直播电商平台

在全民直播时代,各种直播平台层出不穷。在现有的各类直播平台中,由于各自的发展方向不同,每个平台的特点也不同。目前,直播电商的入口主要分布在淘宝、抖音、快手三个平台上。在购物场景方面,淘宝直播更具有明显的优势。随着传统电商类平台纷纷推出直播功能,众多内容社交类平台、娱乐直播类平台则与品牌商等合作,布局直播电商业务。我国直播电商行业竞争格局已逐步形成,如图1-14所示。

图1-14 我国直播电商行业竞争格局

（一）淘宝直播：背靠淘宝，主播卖货主战场

淘宝直播是阿里巴巴基于自身的电商资源推出的消费生活类直播平台，是直播电商的开创者和领军者，也是新零售时代体量庞大、消费量与日俱增的新型购物场景，更是千万商家店铺"粉丝"运营、互动营销的新利器。2016年，淘宝直播正式上线。2018年，淘宝直播平台带货超过1000亿元，同比增速近400%。2019年，超过一半的天猫店铺开通了淘宝直播，数百位总裁和董事长走进了直播间。

据阿里巴巴数据，2019年"双11"，淘宝直播实现商品交易总额（GMV）近200亿元，占"双11"总交易额2684亿元的7.45%。2021年，淘宝直播打造了近500个年销售额过亿元的直播间。

与抖音、快手等短视频平台相比，淘宝本质上是电商平台，淘宝直播的专业性、导购属性和用户购物欲望更强。与京东、拼多多等电商平台相比，淘宝直播已经培养出了许多头部主播，早先入局的流量以及品牌优势，让淘宝直播带货成为品牌以及主播卖货的主战场。

（二）抖音：巨大流量优势，加速直播电商的脚步

抖音是一款音乐创意短视频社交软件，以音乐创意表演内容打开市场，获得了大量的用户。2017年年底，抖音正式上线直播功能。基于庞大的用户规模，抖音在直播营销行业占据着重要位置。

2018年以来，抖音迈出了试水电商的步伐，相继探索了商品橱窗（电商引流）、抖音小店（类似淘宝店）、鲁班电商（付费推广）等形式。2018年"双11"期间，抖音开始电商初尝试，开通购物车分享功能，相关账号一天售出商品达10万件，直接转化销售额突破2亿元，订单增长1000%，验证了抖音的强大变现能力。

2020年起，抖音更是空前重视直播业务。抖音推出了宅家"云逛街"计划、10亿直播流量扶持计划。为扶持新手商家，抖音开通小店入驻绿色通道，免除店铺绑定抖音主账号"粉丝"量必须超过30万的要求，降低了入驻门槛。

2020年4月1日，某主播联手抖音开始直播卖货，3个多小时的直播，最终引导商品交易额超1.8亿元，累计观看人数超4892.2万人，最高在线人数289.3万人，使抖音带货触达更多不同圈层的用户群体。

与淘宝直播的卖场模式不同，抖音直播的消费路径是：用户看到一个打动人的内容，然后产生购物需求。抖音虽在2018年就开通了购物车功能，但更多采取向电商平台引流的方式来做广告收入变现。2020年以来，抖音转换电商业务思路，重新推进自建电商策略，进一步加快直播电商脚步。日活跃用户数量高达4亿的抖音在直播带货领域具有巨大的流量优势。

（三）快手：进入"快进模式"，"老铁"经济是大功臣

快手坚持"每个人的生活都值得记录"的理念，以"记录世界记录你"为口号，鼓励用户上传各类原创生活视频。从日常生活到体育、教育、时尚、购物等，快手的多元内容几乎包含了每一个普通人的"日常和远方"。

2018年年底，快手平台上每日与商业需求相关的评论超过190万条，市场需求已经很强烈。快手小店购物车，已经对接了淘宝、天猫、京东、拼多多、有赞、魔筷六种主流电商交易平台。

2020年3月27日至28日，快手电商联合快手商业化发布"品牌C位计划"首期"原地逛街"活动，包括完美日记、林清轩、李宁、特步、马克华菲等品牌齐聚快手直播卖货，最终获得超过3亿的关注度，销售额超过5000万元，其中韩束销售额超过2000万元。4月12日，快手联合央视新闻举办公益直播活动，售卖湖北商品。最终本场直播在快手累计观看人次达到1.27亿，累计点赞1.41亿，连同66位快手达人发起的"谢谢你为湖北拼单"直播，当晚共卖出6100万元的湖北产品。4月18日，快手电商联合快手商业化共同举办了快手超级品牌日国际美妆品牌狂欢节活动。快手主播化身"快手品牌发现官"直播带货。最终本场直播观看总人次超1000万，单场销售总额破5亿元，用户累计下单量超345万，销售额破亿元仅用时53分钟，创下快手超级品牌日成交额新纪录。

快手兼具媒体和电商双重基因，受益于私域流量和"粉丝"黏性，快手电商发展迅速，已经成为覆盖全国的平台，日活跃用户数量已突破3亿。

（四）拼多多：开启电商助农新模式

2019年11月，拼多多开始内测直播电商项目"多多直播"。2020年1月，拼多多直播功能"多多直播"正式上线，点击即可进入多多超级直播间，直播内容包含衣物、鞋类、钟表、眼镜等，直播主体主要是拼多多商城的商家或线下门店。

2020年年初多地农户的蔬菜水果烂在地里，供需两端严重失衡。借此契机，拼多多在全国多个省市地区联手打造了多个"市县长产业带直播"活动，目的是共同扶持产业带转型。拼多多获得了一份不错的成绩。"市县长直播"累计带动产业带商品订单数超过1800万，为各个企业带来超过167万的"粉丝"。

2020年4月12日晚，在拼多多平台上，前NBA（美国职业篮球联赛）、CBA（中国职业篮球联赛）球员马布里受邀在拼多多开启直播电商首秀，为球迷直播推介他品牌旗下的6款篮球。在前一天，"马教练运动户外旗舰店"正式入驻拼多多，这是马布里站内唯一官方店铺。

拼多多起家于农产品，在直播带货领域，拼多多选择了最难的一步——"直播助农"。"直播助农"活动已经成为拼多多农业类目的长期战略项目，拼多多将持续在全国各大农产品产区与政府进行合作，开启"市县长直播"、万人团、产地直发等模式，协助各地农产品打造农业新品牌，为脱贫攻坚贡献力量。

作为与淘宝、京东平分秋色的电商平台，拼多多的风评一直不太佳。用户群体也定位到三四线城市，尤以宝妈和学生群体为主。这些人群对日用品的需求大，不拘泥于品牌，拼多多正是这些人购物的首选。同时，拼多多平台入驻方式较为简单，保证金额度小，吸引了大批厂商入驻平台。因此，拼多多平台货源稳定，商品丰富，价格低廉。

（五）京东：更注重品牌营销

作为电商零售巨头，京东早已开启了在网红领域的探索。2018年8月8日，京东时尚在"京星计划"中首次推出达人分层成长机制，与内容创作者深度合作，分层打造明星网络达人，实现品牌和商业的共赢。

2019年3月，京东购物圈小程序启动了超级合伙人计划，希望孵化出一批购物圈"种草达人"，建立京东自己的"种草达人"社区平台。

2019年7月，有报道称，京东投入了至少10亿元资金以推进红人孵化计划，包括京东App发现频道、视频直播等站内资源，以及抖音、快手、今日头条等站外流量资源。

2020年2月，京东联合宝洁推出"专家+主播"的跨屏连线创新模式。同时，京东直播还联合旗下京东超市，打造出"云娱乐"场景电商直播带货。

数据显示：2019年，中国直播电商行业的交易额达到4338亿元，其中淘宝直播一家在2019年成交额就超过2000亿元。京东在中国电商平台仍然位居第二，但在直播带货领域则显得不温不火。当然，京东在直播模式上也不是全然跟随淘宝，在结合京东全产业链优势和平台特质后，京东更加注重品牌营销。

（六）微博：强化"社交+电商+直播"消费场景

早在2016年，微博就上线了直播功能，但其作为微博的一项辅助功能，早期发展较为缓慢，并没有较早地发展直播"带货"。如今，微博开始大力发展直播营销，鼓励微博创作者直播，越来越多的微博KOL（关键意见领袖）加入其中。

2020年，微博全面升级电商产品功能，正式推出"微博小店"。"微博小店"为用户提供一整套店铺管理服务，主要包含的功能有商品的添加与管理、核心经营数据服务、推广信息设置等。微博同时宣布推出一系列电商扶持政策，包括电商内容激励计划、小店购物津贴、返佣激励计划、专属运营对接、在线电商学院、专属直播权益等多项权益。

微博已建立起独特的"内容—'粉丝'—用户—变现"的"粉丝"经济模式，在变现方式上提供广告代言、电商、付费订阅等多元化选择。其中，电商是微博内容作者最主要的变现方式，大V用户（指在新浪、网易等微博平台上获得个人认证，拥有众多"粉丝"的微博用户）中发布电商内容的比例达到30%。随着"微博小店"的上线，微博进一步强化了"社交+电商+直播"的消费场景，为用户的电商变现提供了很大的效能。

任务实施

小文决定选择淘宝主播App，注册账号，并开通直播功能，先让自己熟悉一下开通直播基础功能的操作，同时为后续的直播操作做好准备。操作步骤提示如下。

1）下载淘宝主播App并安装，可以通过手机淘宝账号、支付宝账号或淘宝账号进行登录，如图1-15、图1-16所示。

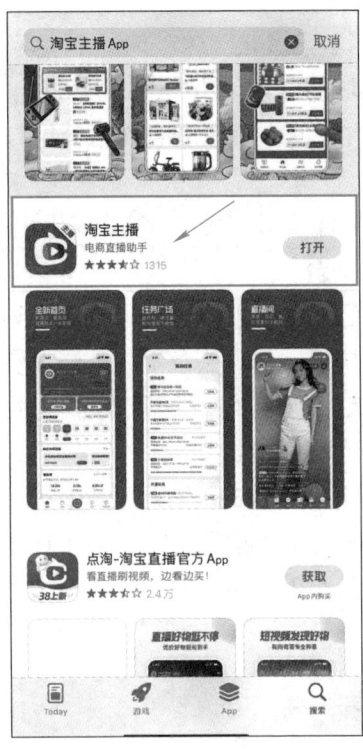

图 1-15　下载淘宝主播 App

图 1-16　选择账号进行登录

2）点击"立即入驻，即可开启直播"按钮，进入"入驻淘宝主播"页面，如图 1-17、图 1-18 所示。

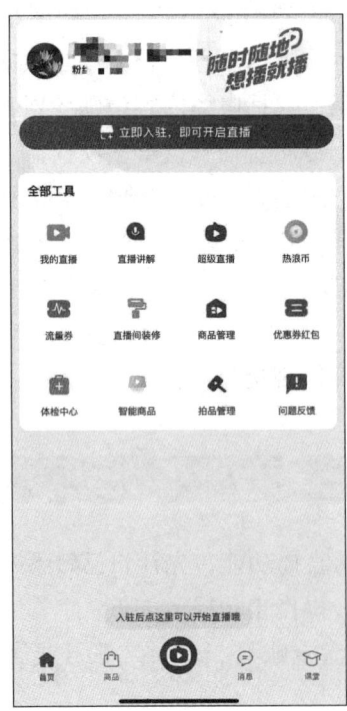

图 1-17　立即入驻

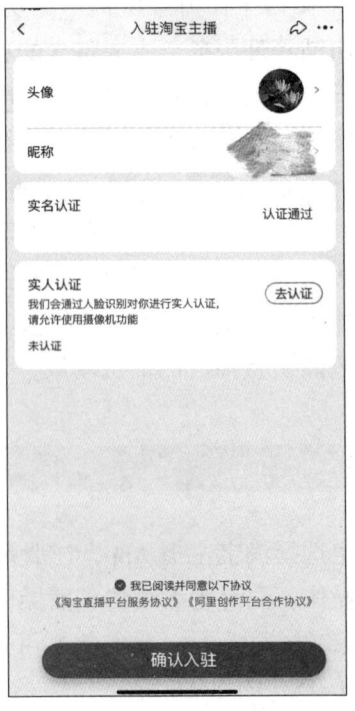

图 1-18　"入驻淘宝主播"页面

3）点击入驻页面的"去认证"按钮，选择同意协议，点击"开始认证"按钮，完成人脸识别认证，如图1-19、图1-20所示。

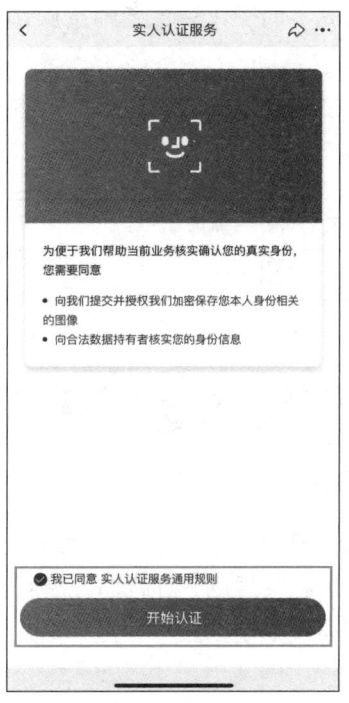

图1-19 选择实人认证　　　　　　　　图1-20 开始认证

4）实人认证通过以后，选择同意协议，完成认证过程，入驻成功，即可开播，如图1-21、图1-22所示。

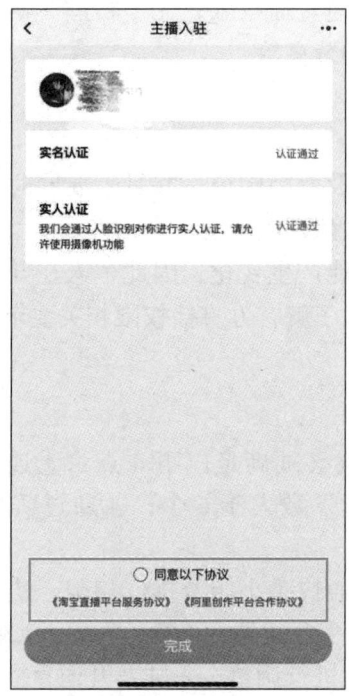

图1-21 同意协议　　　　　　　　图1-22 入驻成功

任务评价

同学们完成实训操作后,老师按操作结果进行评价打分。

实训评价表

序号	评分内容	总分	老师打分	老师点评
1	是否成功下载淘宝主播App	20		
2	是否完成淘宝主播账号注册	30		
3	是否开通直播功能	50		

总分:＿＿＿＿

知识拓展

直播开通权限

直播权限是直播平台对各类账号开通直播功能的具体要求和规范。提前了解直播平台直播开通权限的相关规则,对后期开展直播活动有着积极的作用。下面介绍一下抖音、快手、淘宝直播的开通权限规则。

一、抖音直播开通权限

(一)普通直播

抖音个人注册账号后,通过实名认证即可开通直播权限,无"粉丝"量要求,可以在直播间进行内容分享,如唱歌、跳舞、某知识教程分享等。

(二)直播带货

如需开通直播带货功能,则应开通视频购物及商品橱窗,并且需要同时满足"粉丝"量不少于1000人、发布视频作品10个以上、实名认证成功这三个条件。

由于抖音平台入驻和开通直播的规则随时可能产生变化,因此个人在开通前需要认真阅读平台上最新的月度《抖音主播入驻协议》,以了解官方直播权限相关要求。

二、快手直播开通权限

个人注册快手账号后,要开通快手直播权限必须满足以下4点:①连续观看视频7天及以上;②至少发布公开作品1个;③"粉丝"数大于6个;④通过实名认证且年满18周岁。

如需在直播中挂货(开通小黄车),需要开通快手小店及推广权限。快手平台目前支持的货源形式有3种:①商家自有商品;②第三方平台商品(有赞、魔筷、京东、淘宝等);③快手好物联盟商品。快手平台规则也会经常性地进行调整,入驻及开通直播带货功能需要按照官方最新引导操作。

三、淘宝直播开通权限

（一）淘宝直播达人入驻要求

1. 个人

个人必须完成支付宝个人实名认证，且年满18周岁（同一身份信息下只能允许1个淘宝账户入驻）。

2. 企业

企业必须完成支付宝企业实名认证（同一营业执照下最多允许10个淘宝账户入驻）。

3. 淘宝平台卖家申请成为达人（可推广他人商品）

达人必须同时满足：①本自然年度内不存在出售假冒商品的违规行为；②具有一定的店铺运营能力和客户服务能力；③经淘宝平台排查认定，该账户及其实际控制人的淘宝平台账户未被淘宝平台处以特定严重违规行为处罚或未发生过严重危及交易安全的情形。

如入驻淘宝直播平台成为达人主播，除满足上述要求外，还必须满足：①达人账户状态正常；②根据平台要求完成认证；③具备一定的主播素质和能力。

（二）淘宝直播商家入驻要求

1）在淘宝平台开设店铺，且店铺状态正常的商家。
2）根据平台要求完成认证。
3）店铺具备一定的综合竞争力。
4）具备一定的主播素质和能力。
5）近30天DSR（店铺动态评分）三项≥4.5分。
6）近30天内店铺纠纷退款率不超过店铺所在主营类目纠纷退款率均值的5倍或纠纷退款笔数≤5笔。
7）近30天内店铺品质退款率不超过店铺所在主营类目品质退款率均值的5倍或品质退款笔数≤5笔。

淘宝网个人店铺卖家，还必须符合：①店铺信用等级为1钻及以上；②主营类目在线商品数≥5个，且近90天店铺成交金额≥1000元；③符合"淘宝网络营销活动规范"；④本自然年度内不存在出售假冒商品的违规行为。

淘宝直播入驻权限开通规则自淘宝直播功能上线以来，已经过几次调整，因此在实际开通时需要仔细了解官方最近淘宝主播入驻的规则。

项目二

直播电商技能储备

▌任务情境

小文在了解相关直播电商平台的基础和发展情况后,感觉直播电商有着大好的发展前景,准备大展拳脚。但是做好一场直播要做哪些直播准备呢?毕业实习期间小文来到相关电商企业开始了系统的直播学习,正值商家"周年庆"活动,商家打算筹备一种大型的直播促销活动。作为骨干培养的小文,到底需要掌握哪些技能才能组织好这场直播活动?

▌学习目标

知识目标

- 了解直播营销岗位职责与团队配置。
- 了解主播人设的类型以及打造人设的方法。
- 了解常见的直播设备,熟悉搭建场景的方法。
- 掌握直播间布景技巧、布光技巧。
- 掌握直播间选品的策略及方法。
- 掌握直播间商品定价的策略和方法。

技能目标

- 能够根据直播要求完成团队人员的组建。
- 能够提升主播的素养。
- 能够完成主播人设的塑造。
- 能够根据直播场景选择合适的直播设备。
- 能够根据直播需求搭建直播场景。
- 能够完成直播间商品的选择。
- 能够依据实际情况灵活制定商品价格。

素养目标

- 了解直播电商行业的相关法律法规。
- 选择合法合规的直播商品,提升用户的消费体验。
- 树立诚实守信、依法经商的职业理念。

任务一　组建直播团队

任务描述

小文在公司参与了多场直播，知道直播带货的三要素为"人、货、场"。人员配置是直播营销的第一要点。一场优秀的直播活动离不开一个团队的整体活动。那么一个团队应如何配置？每个人又该如何分工？主播作为直播团队的核心人物，又该具备哪些技能？这些都是小文需要学习和解决的问题。

知识储备

一、团队成员配置

随着新媒体技术的飞速发展，直播行业呈现快速发展的态势，作为当今新媒体时代的一种营销手段，直播营销无疑给商家和企业带来了缓解经营压力以及突破销量增长瓶颈的机会，吸引越来越多的个人、商家或MCN（多频道网络）机构涌入电商直播这片蓝海行业，导致直播营销的竞争日趋激烈。

无论个人还是商家要想真正做好直播带货，组建团队是必不可少的，依据发展阶段以及企业规模可以组建不同层级的直播运营团队。根据直播团队中人员数量的多少，可以将直播团队分为低配版团队、标配版团队以及升级版团队。

（一）低配版团队

直播初期，对于处在起步阶段的电商企业来说，在有限的经费预算条件下，可以组建低配版团队。根据工作的职责和内容，团队至少需要配置1名主播、1名运营。由于人数有限，运营需要身兼数职，承担营销、运营、策划、商务、场控等多项职责。低配版团队人员职能分工见表2-1。

表2-1　低配版团队人员职能分工

运营1人				主播1人
营销任务分解、货品组成、品类规划、结构规划、陈列规划、直播间数据运营	商品权益活动、直播间权重活动、"粉丝"分层活动、排位赛制活动、流量资源策划	商品脚本、活动脚本、关注话术脚本、控评话术脚本、封面场景策划、下单角标设计、妆容、服饰、道具等	直播设备调试、直播软件调试、保障直播视觉效果、发券、配合表演、后台回复、数据即时登记反馈	熟悉商品脚本，熟悉活动脚本，运用话术做好复盘，控制直播节奏，总结情绪、表情、声音等

（二）标配版团队

在有一定"粉丝"量的基础上，企业或商家为了更好地开展直播带货，可以按照一场完整的直播的流程组建一支标配版团队。标配版团队在低配版团队的基础上增加1名策划和1名场控人员，减少运营人员的压力，分工更加细化和合理。标配版团队人员职能分工见表2-2。

表2-2 标配版团队人员职能分工

运营1人	策划1人	场控1人	主播1人
营销任务分解、货品组成、品类规划、结构规划、陈列规划、直播间数据运营	商品权益活动、直播间权重活动、"粉丝"分层活动、排位赛制活动、流量资源策划、商品脚本、活动脚本、关注话术脚本、控评话术脚本、封面场景策划、下单角标设计、妆容、服饰、道具等	直播设备调试、直播软件调试、保障直播视觉效果、发券、配合表演、后台回复、数据即时登记反馈	熟悉商品脚本、熟悉活动脚本，运用话术做好复盘，控制直播节奏，总结情绪、表情、声音等

（三）升级版团队

随着规模的不断扩大，直播团队需要增加人员才能更有效地服务直播运营。因此，直播团队成员可以再次细化分工，提升直播营销效果。升级版团队人员职能分工见表2-3。

表2-3 升级版团队人员职能分工

主播团队（3人）	主播1人	直播前熟悉直播流程、商品信息以及直播脚本内容 直播中介绍、展示商品，与用户互动，活跃直播间气氛，介绍直播间福利 直播后做好复盘，总结话术、情绪、表情、声音等
	副播1人	协助主播介绍商品，介绍直播间福利，主播有事时担任临时主播
	助理1人	准备直播商品、使用道具等；协助配合主播工作，做主播模特、互动对象，完成画外音互动等
策划（1人）		规划直播内容，确定直播主题，准备直播商品，做好直播前的预热宣传，规划好开播时间段，做好直播间外部引流和内部用户留存等
编导（1人）		编写商品脚本、活动脚本、关注话术脚本、控评话术脚本，做好封面场景策划、下单角标设计、妆容和服饰道具等
场控（1人）		做好直播设备如摄像头、灯光等相关软硬件的调试工作 负责直播中控台的后台操作，包括直播推送、商品上架、监测直播实时数据等 接收并传达指令，例如运营有需要传达的信息，场控在接到信息后要传达给主播和副播，由他们告诉用户
运营（2人）		营销任务分解、商品组成规划、品类规划、结构规划、陈列规划、直播间数据运营、活动宣传推广、"粉丝"管理等
店长导购（2人）		帮助主播介绍商品特点，强调商品卖点，为用户"种草"商品，同时协助主播与用户互动
拍摄剪辑（1人）		负责视频拍摄、剪辑（直播花絮、主播短视频及商品的相关信息），辅助主播工作
客服（2人）		配合主播与用户进行在线互动和答疑，修改商品价格，上线优惠链接，转化订单，解决发货、售后等问题

二、打造主播人设

（一）主播人设类型

人设即人物设定。在直播行业中，要想在众多主播中脱颖而出，打造人设是非常重要的。独特的人设可以展示自己的与众不同，让主播更有辨识度。例如，当下东方甄选的主播拥有渊博的知识、强大的学习能力、真诚地沟通等一系列标签，立体饱满的记忆点吸引很多"粉丝"关注，使得主播快速火爆直播圈。因此，成功的人设不仅可以使主播在公众心中树立形象，得到用户的认可，还可以带来流量，提升个人价值。

主播要树立好人设，需要对自己有明确的定位和认识，找到适合自己发展的方向。通过挖掘自身的特色，可以从自己的才华、天赋或者兴趣爱好等方面分析，进而决定自己要进入的细分领域，在这一领域通过精耕细作和专业知识或积累的经验最大化发挥自己的优势，塑造自己独特的人设。常见的主播人设主要有 4 种类型，见表 2-4。

表 2-4　常见的主播人设类型

类　型	特　征	举　例
专家人设	这一类型的主播是在一定领域内具有较高造诣的专业人士，通过一定的方式输出行业内专业知识，有效解决某一领域的各种问题	例如法律服务、在线教育、创业服务，以及文化类商品等方面的主播
知己人设	这一类型的主播能够站在受众的角度根据受众的需求提供建议，主要特点是"与用户站在一起"，能够让用户真实体验商品的价值	例如女性受众群的"女闺蜜"，男性受众群的"好兄弟"，主要适用于推荐食品、生活用品、汽车或数码产品的主播
榜样人设	这一类型的主播在某个或某些方面能力比较突出，堪称榜样或达人。例如，有人善于社交，处理人际关系游刃有余，可以设立"社交达人"人设	例如负责娱乐服务、旅行服务、生活服务等品类商品的主播
偶像人设	这一类型的主播主要在外形、才艺等方面突出而被人崇拜	推广潮流的商品，例如美妆、运动、旅行、服饰等商品的主播

（二）如何打造人设

人设定位可以从三个层面进行打造，分为需求层、规划层和差异层，具体是指："我服务的对象是谁？我能给别人提供什么价值？如何实现差异化的我？"人设打造具体思路如图 2-1 所示。

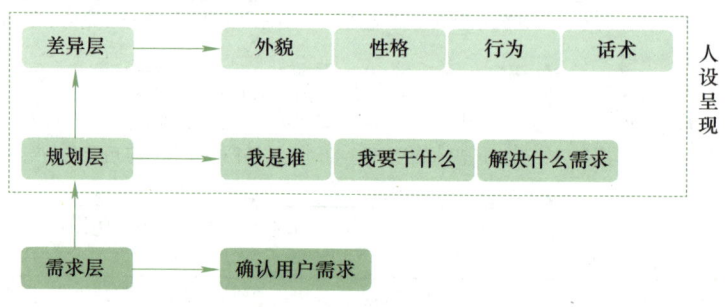

图 2-1　人设打造具体思路

1. 需求层分析

需求层分析需要确认用户的需求。首先要确定目标人群，对于主播而言，无论是资源还是精力，只能满足特定的人群。因此，一定要了解目标人群的消费习惯、兴趣爱好和需求。知道用户的"痛点"和"痒点"，才能精准营销，获得用户的认可。

2. 规划层分析

规划层分析需要解决三个问题：我是谁？我要干什么？解决什么需求？

我是谁？确认自己的身份，明确自己擅长的领域。例如，一名农产品体验师，要接触了解各类农产品，非常擅长鉴别农产品品质，经验丰富。

我要干什么？突出自己的核心竞争力，可以通过自己擅长的领域向用户输出专业价值信息。例如，可以通过测评分析农产品的农药成分，用直播的方式带领用户去农产品生产基地寻找产品，现场直播农产品生长的环境，现场评价农产品的口感，告诉用户自己对农产品真实的体验感受。

解决什么需求？对于喜欢购买农产品的用户，面对市场上褒贬不一、品质无法确定的产品种类，可以通过专业人士的品鉴解决用户对绿色无污染、美味可口的农产品的需求。

3. 差异层分析

无论是在需求层还是在规划层，很多主播存在很多相通或相似的地方而无法凸显自己的差异化。差异层分析就是通过 X 变量，如外貌、性格、话术、行为等因素形成自己独特的人设或标签，见表 2-5。

表 2-5 差异层分析因素

因素	差异化人设或标签设计思路
外貌	可以通过发型、妆容、服装等方面形成特色，例如，某主播主要通过男扮女装利用各种色泽亮丽的长假发塑造一个具有个性的人设
性格	有冲动型、温柔型、知书达理型，要形成自己独特的性格，例如，某电竞主播虽然被吐槽"长得丑"，但在玩游戏时就是真性情，不做作，获得讨喜的人设
话术	在众多普通话标准的主播中因为一口方言可以让自己与众不同；通过一个词、一句话等形成自己特有的口头禅，通过鲜明的话术形成记忆点，走入大众心中
行为	眼神、语气的表达、动作等，例如抖音网红跳舞女主播每一个作品都会留下"甜美微笑"的动作，给大众塑造了甜妹人设形象；例如素人测评主播可以亲自采摘农产品，现场品尝并给出中肯的评价

通过以上思路分析，一个活跃在直播镜头前的农产品体验师主播，可以塑造一个穿着普通、说话诚恳、热爱生活、比较接地气的主播形象，打造四处寻找优质农产品的人设定位。要传达给用户的理念是"寻找大自然的美味，原生态的才是健康的"。

三、提升主播素养

（一）形象管理能力

主播是一场直播的核心人物，主播的妆容、服饰以及言谈举止都直接关系用户对主播的第一印象。主播穿着整洁大方，言谈举止自信得体，会给用户留下美好的印象并获得一定的好感。主播训练有素的举止可以提升用户的认可度，使其相信主播有能力提供专业的产品或服务。主播的形象管理可以包含妆容、服装、表情等多方面的内容。

1. 妆容

一个妆容得体的主播比起一个不修边幅的主播更有精气神和感染力，尤其在面对直播镜头时，上镜妆容可以使五官更加立体和生动，更容易获得用户的好感。一般来说，主播在化妆时要注意选择适合自己的底妆颜色，让皮肤在镜头前显得白皙和健康，同时也可以通过设备（例如手机的美颜功能）提升主播的镜头美感。

2. 服装

懂得服饰穿搭的主播不仅可以掩饰自己身材的不足，还能放大身材优势，提升主播在镜头前的表现力。服饰穿搭关键在于色彩的搭配，不太会穿搭的主播应选择白色、灰色等比较经典百搭的颜色，会穿搭的主播可以选择符合自身人设的颜色搭配服饰。

3. 表情

直播间主播需要长期说话，在交流的过程中通过亲切、自然的表情可以拉近与用户的距离并获得好感，面对镜头避免出现冷漠、凶的表情。因此，主播在平时要注重对眼神的训练、笑容的管理。坚定灵动的眼神以及发自内心的微笑隔着屏幕也能让用户感受到是在真心的交流。

（二）语言表达能力

1. 语言幽默化

幽默风趣是一个成功主播必备的技能。幽默风趣的话术是主播内在气质在语言运用中的外化。主播可以通过自嘲的方式、搞笑的故事或言论吸引用户的关注，带动直播间的氛围。对于新手主播而言，要注意收集生活中的搞笑素材，培养自己的幽默感。

2. 语言要有亲和力

主播的语言亲和力可以让陌生的用户想要去聆听和互动。主播在与用户交流的过程中要注意使用亲切的问候语，可以通过通俗易懂的语言介绍产品信息。当然主播要使自己的语言更有亲和力，首先要从语言技巧的基本功开始练习，具体见表2-6。

表2-6　主播语言技巧

项目	解释说明
语调	说话语调要有高低升降，包括升调、降调、平调、曲折调。适当加入幽默语言、重音、轻读等多种形式。声音要洪亮，吐字清晰可辨
语速	语速是由说话人的感情决定的。兴奋、高兴时可以加快语速，例如发红包。讲解商品功能、试用商品时语速要慢一些，让用户充分理解商品的特点
语气	语气是主播的立场、态度、个性、情感、心境等起伏变化的语言形式。主播应该带入真实的感情，发自内心地认可自己说的事，顺其自然地表露出应有的语气

3. 积极互动，有效沟通

在直播过程中，主播要与观众及时互动，通过一定的口语表达能力等随时调节现场的气氛。例如，可以通过点赞、关注、评论、送礼物等方式引导用户进行有效互动。在主播和用户交流沟通的互动过程中，虽然表面上看来是主播占主导，但实际上是以用户为主。主播要想了解用户关心什么、想要讨论什么话题，就一定要认真倾听用户的声音和反馈。

（三）良好的心理素质

直播工作即时性非常强，在直播过程中可能会遇到各种突发情况，要求从事直播行业的人员具备比较高的临场应变能力。例如，在直播过程中，会遇到用户在现场提出刁钻的问题或无理要求，作为主播一定要控制好情绪，迅速采取恰当的措施解决问题。

（四）专业的业务能力

作为一名优秀的专业主播，首先自己必须具备一定领域的专业能力。其次，直播营销的本质是销售。主播需要掌握一定的销售技巧，能够在直播过程中自然而然地去推荐商品，并获得用户的认可，实现"种草"。

东方甄选某主播在介绍商品时出口就是一连串精妙的比喻,例如"你的大脑告诉你,这一切都很美好,美好得就如山泉,就如明月,就如穿过峡谷的风,就如仲夏夜的梦",以及信手拈来的诗词歌赋,介绍铁锅是"妈妈的手、父亲忧愁的面容,是老人盼游子回家的心"。主播把自身文人的素养融入产品的销售中,让观众不仅仅看到产品的质量和价格,更看到了产品的内在品质。

任务实施

南京市溧水区农户的蓝莓获得大丰收,准备策划一场关于农产品的直播促销活动,根据直播营销的岗位职责和团队配置,按照表2-7的要求组建一支标配版的直播团队方案,填写表2-8并以小组方式展示汇报。

表2-7 组建标配版直播团队

序 号	组 建 目 标
1	了解直播营销岗位职责
2	了解直播营销团队配置
序 号	组 建 步 骤
1	确定标配版直播团队的人员分配
2	明确各人员的岗位职责

表2-8 蓝莓农产品直播团队组建方案(标配版)

直播团队人员岗位	直播团队人员职责

任务评价

同学们完成任务实施操作后,老师按操作结果进行评价打分。

实训评价表

序 号	评分内容	总 分	老师打分	老师点评
1	直播团队标配版人员分配	30		
2	直播团队标配版人员岗位职责	30		
3	各组展示人员方案并优化调整	40		

总分:_____

知识拓展

2020年国家网信办发布了《互联网直播营销信息内容服务管理规定（征求意见稿）》，明确从事互联网直播营销信息内容服务，应当弘扬社会主义核心价值观，坚持正确导向，遵守法律法规，尊重社会公德，促进行业健康发展，营造良好网络生态。关于直播间运营者和直播营销人员规范具体见教学资源包。

任务二　搭建直播场地

任务描述

小文已经解决了直播团队人员配置问题，接下来面临直播场地的搭建难题。为了使这次商家"周年庆"的直播场景具有专业化的水平，更能在同类的直播场景中脱颖而出，也给观众留下一个美好的印象，小文该如何去搭建合适的直播场地呢？

知识储备

一、配置直播设备

直播设备的性能直接影响直播内容的效果。一般直播可以分为室内直播和室外直播两种，其直播设备清单见表2-9。

表2-9　直播设备清单

项　　目	直　播　设　备
室内直播	计算机、手机、支架、摄像头、耳机、声卡、直播伴侣、麦克风、灯光设备、支架、网络
室外直播	手机、收音设备、上网流量卡、手持稳定器、运动相机、自拍杆、移动电池等

常见直播设备的具体要求如下。

（一）手机

手机是直播时常用设备之一，也是操作简单、方便易行的一种直播设备。用手机进行直播，强调画面的清晰度以及画面的稳定流畅，因此对手机前置摄像头的像素以及系统性能要求比较高，前者可以保证直播间的画质，后者可以确保手机与直播软件的兼容性，避免画面的卡顿。如果考虑夜间直播，需要考虑夜间拍摄效果好的手机。

（二）计算机

如果场地固定且资金充足，建议使用计算机直播，因为计算机的像素以及稳定性比手机都要好。计算机直播对处理器的要求非常高，尽量选择高配置CPU（中央处理器），避免在直播过程中出现卡顿现象。如果是游戏主播，可以配装双计算机，方便在另外一台计算机操作以及与"粉丝"在弹幕上互动和沟通。

（三）网络

网络对于直播至关重要，建议使用 4G 或 5G 网络，直播之前最好进行网速测试，保障直播的稳定清晰，避免外界信号差等干扰现象。一般通用型主播可以选择 30Mb/s 以上的宽带网速，游戏主播宽带网速至少要 100Mb/s。

（四）摄像头

目前市场上常见的摄像头主要是高清摄像头和红外线摄像头。高清摄像头有更强的光谱矫正能力，可以更真实地呈现画面内容，缺点就是脸色瑕疵会全暴露出来；而红外线摄像头可以自动补光，提高皮肤光泽度。挑选摄像头要确保画面清晰，否则会影响直播效果。常见的摄像头品牌如罗技系列，如图 2-2 和图 2-3 所示。C1000E 为高端系列，可以拍摄 4K 超高清画面，C920 性价比较高，市场品类较多，最好选择自带美颜、瘦身等功能的产品。

图 2-2　C1000E 高清广角

图 2-3　C920 自动对焦

（五）支架

支架的主要作用是固定手机等设备，可以防抖，确保直播画面清晰、稳定。支架的高度、角度可以灵活调节，同时可以连接数据线、话筒、补光灯等多种设备。常见的支架组合如图 2-4 所示。

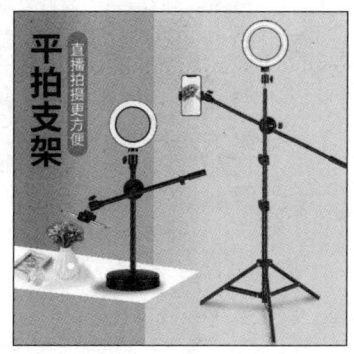

图 2-4　常见的支架组合

（六）麦克风

麦克风的主要作用是收音，也是提升主播音效的重要设备，更有助于吸引用户。麦克风主要有两种类型：一种是动圈式麦克风，另一种是电容式麦克风。一般 Vlog（视频记录）拍摄、网络直播、课程录制等选择电容式麦克风。如果在室外直播，还会使用无线领夹式麦克风。这种麦克风体积小、重量轻，方便携带，但也存在续航不足的缺陷，并需要配备移动电源。常见的麦克风如图 2-5 所示。

 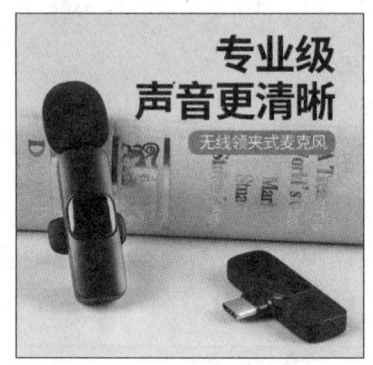

图 2-5 常见的麦克风

（七）声卡

声卡的主要作用是改善音质。在直播过程中为了活跃氛围，主播需要同时开启直播软件和音乐播放软件，通过独立声卡播放音乐可以有效活跃直播间氛围，也能帮助主播提供更好的音质，提升直播效果。声卡一般分为内置声卡和外置声卡两种。由于大部分内置声卡的功能有限，所以外置独立声卡是很多主播配置的设备。外置独立声卡如图 2-6 所示。

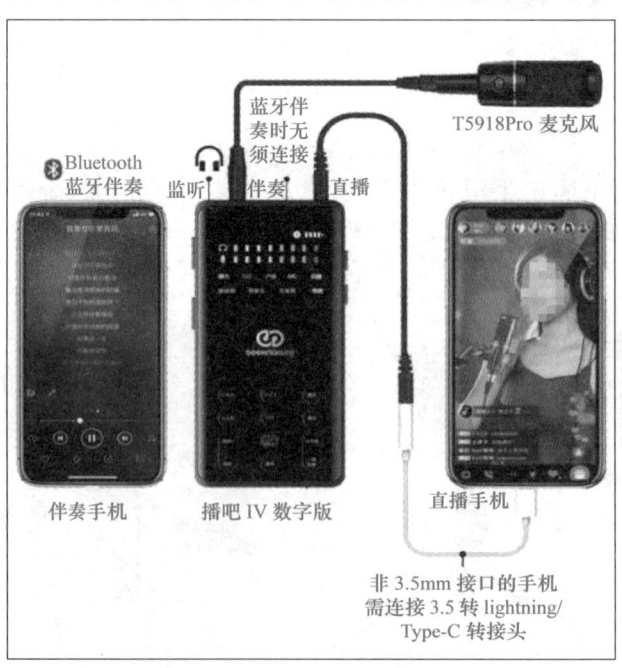

图 2-6 外置独立声卡

（八）直播伴侣

一场直播的展示除了需要硬件设备，也要借助一些软件辅助直播。直播伴侣就是直播平台、直播软件的辅助工具，具备桌面音效、屏幕捕捉、画面质量调节、分屏、画质调整、超清大屏幕、大量歌库、智能特效、音视频录制等功能，让直播变得更加轻松顺畅。随着网络直播平台的兴起，如虎牙、斗鱼、龙珠直播等，产生了各种各样的直播伴侣，常见的如抖音直播伴侣、OBS（开放广播软件）、快手直播伴侣（如图2-7所示）以及计算机直播伴侣等。

图2-7　快手直播伴侣

二、布置直播场地

直播场地就是主播进行直播的地方。场地布置的整体效果决定了用户的第一印象，不同的场地布局会影响用户的感官体验。好的直播场地不仅可以提升视觉效果，而且能提升直播效果，带来直播转化率。

（一）直播场地的类型与布局

1. 直播场地的类型

（1）户外直播　户外直播就是将直播间搬到户外，围绕户外自然特色风光进行场地打造。例如，"东方甄选"带货农产品桃子直接把直播间搬到桃园，如图2-8所示。

图2-8　户外直播

（2）工厂产地直播　直播场景中展示产品的生产流程和生产设备，让用户能够直观地了解品牌的生产过程和供应链。例如，直播农产品，可以现场直播产品采摘的全过程，主播可以现场采摘试吃，提升消费者对产品的好感度和信任度。

（3）货架场地直播　货架场地主要是指品牌实体店或仓库的货架场地，展示其相关品牌、产品特点、折扣等信息，让用户能够了解相关品牌的产品。

（4）虚拟直播场地　除了实景直播间搭建外，还可以搭建虚拟直播间，主要通过"绿幕抠图＋虚拟背景"等方式实现直播间各种场地的切换，更加方便快捷，也可以让用户产生沉浸式消费感，如图2-9所示。

图2-9　虚拟直播场地

2. 直播场地布局

直播间整体布局就是按功能划分为不同的区域，主要分为：直播区，包括主播直播区域和副播直播区域，展示直播背景、直播商品、道具；后台区，即直播幕后工作人员所在区域，放置直播使用的计算机、摄像头等设备，以及直播辅助工具；商品摆放区，摆放直播中需要讲解的商品样品，如果商品数量较多，则需要安排货架方便工作人员能快速找到对应商品；其他区域，即直播试衣间或放置其他搭配品的场地。直播间整体布局如图2-10所示。

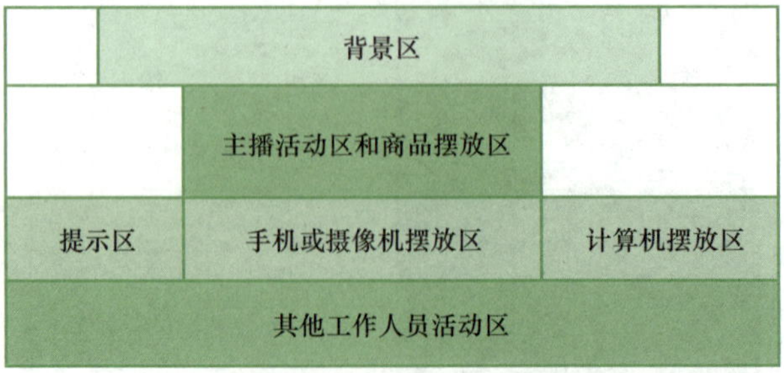

图2-10　直播间整体布局

（二）直播场地背景布置

直播场地背景主要是指主播身后的背景，可以是一面墙，也可以是窗帘、壁纸等。为了提升直播的视觉效果，建议从以下几个方面进行背景布置。

1. 背景颜色

直播的背景颜色以浅色或纯色为佳，这样简洁大方，视觉效果也更宽阔，如图2-11所示。直播的背景颜色也可以通过直播伴侣设置虚拟背景，通过绿幕技术可以随时更换与商品风格契合的背景图片。

图2-11 常见直播间的背景色

2. 装饰

当直播间空间较大时，为避免空旷，可以适当放一些物品，例如挂画、沙发、椅子等，营造温馨舒适的感觉；也可以在直播间适当地放置一些小物品，如绿植、玩具等，达到赏心悦目的效果；如果碰上节假日，可以适当地布置一些与节日气息相关的物品，例如，元宵节可以用一碗元宵烘托节日气氛，以此提升直播人气。

3. 置物架

直播间背景还可以通过置物架来布置。置物架上放置自己卖的产品或体现主播风格的小物件。例如，美妆达人可以摆一个陈列架，摆满要推荐的美妆产品，这样更容易获得用户的好感。如图2-12所示，某主播的直播间会放置口红的背景陈列货架，虽然口红众多，但在陈列架上是分类、整齐摆放的。

图 2-12　直播间口红置物架

直播间的布局、风格、陈设等都会影响用户对直播的第一印象。直播间不管摆什么，都要注意干净整洁，开播前要把各种物品摆放整齐，营造一个简洁、舒适、明亮的直播环境，同时也要注意摆放物品的比例，不要占据太多镜头空间，以免抢占观众的注意力。

（三）直播间灯光的配备

直播间除了合理的布局以及适当的背景装饰外，最重要的就是灯光。优秀的布光不仅能提升主播颜值，也能展示产品细节，提高画面的质感，提升订单转化率。一套完整的灯光设备主要包含环境灯、主灯、补光灯以及辅助背景灯，如图 2-13 所示。

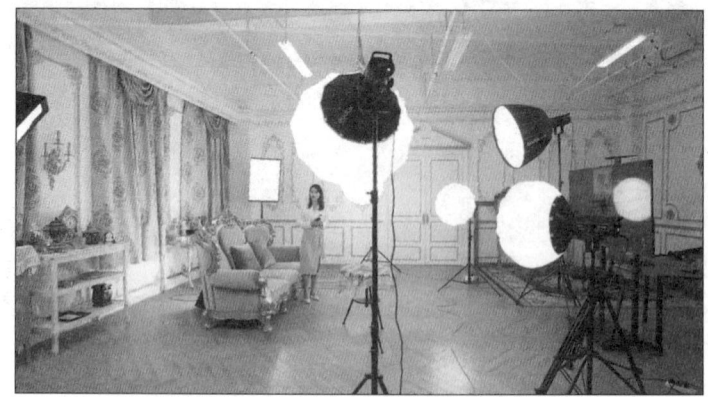

图 2-13　直播间各种灯光布置

1. 环境灯

环境灯主要起照明作用，负责整个直播间的亮度，使直播间各点光照度都尽可能统一，一般是直播间的顶灯或者 LED 灯。但需要注意的是，环境灯的设置要尽可能简单，切忌喧宾夺主。

2. 主灯

主灯是直播间的核心灯光设备，主要承担照明的作用，如图 2-14 所示。一般选择冷光的 LED 灯，用来辅助主播脸部与产品接收到的灯光保持均匀，也可以使主播皮肤在视觉效果上更加白皙、透亮，给观众舒适的视觉感受。

3. 补光灯

补光灯放在两侧主要起到美颜的作用，如果想让主播的皮肤看起来细腻有光泽，一般都会用到圆圈补光灯，既能补光又能柔光，如图 2-15 所示。

图 2-14　主灯

图 2-15　圆圈补光灯

4. 辅助背景灯

辅助背景灯主要辅助主灯的灯光，一般安装在主播身后的背景处，用于辅助主灯塑形，起到突出侧面轮廓的作用，明暗对比使画面更加立体。

> **专家提示**
>
> 三点式布光法：包括主光、辅光和轮廓光。主光布置在主播前方，用于照亮主播的面部；辅光布置在主光的侧面，用于补充主光的光线，使主播面部更加明亮；轮廓光布置在主播后方，用于照亮背景和塑造轮廓，使人物五官更加立体，具体如图 2-16 所示。
>
>
>
> 图 2-16　灯光布置方案

任务实施

南京市溧水区农户的蓝莓获得大丰收,商家准备策划一场关于农产品的直播促销活动,请以团队为单位为这次直播活动设计场地搭建方案,根据表 2-10 的要求从直播设备的筹备、布光方式的选择以及道具装饰和产品陈列等方面进行方案设计。

表 2-10　布置直播场景

序号	目标
1	了解直播设备
2	了解直播背景技巧、设备使用以及布光的技巧

序号	步骤
1	直播软硬件的认知及熟练操作
2	直播间背景布置
3	直播间灯光设备的布置
4	直播间装饰及产品的布置

任务评价

同学们完成实训操作后,老师按操作结果进行评价打分。

实训评价表

序号	评分内容	总分	老师打分	老师点评
1	直播硬软件的认知及熟练操作	20		
2	直播间背景的技巧	20		
3	直播间灯光设备及布光的技巧	20		
4	直播间装饰及产品陈列	20		
5	直播间整体搭建场地的展示	20		

总分:＿＿＿＿

知识拓展

直播间色彩搭配

目前,直播间非常火爆,趋于同质化的直播间需要更多的优化方案。当用户进入直播间时,色彩会首先影响用户的认知,使其形成主观印象,重要性不言而喻。选择正确的色彩色调,有助于直播间传递产品信息,与用户产生情感共鸣。直播间色彩与色调的选择,需要基于产品内涵、产品定位、差异化策略以及结合时尚文化来确定。

色彩的选择一般参考如下几种。

1. 品牌色

用品牌色装修直播间是最佳选择。使用品牌色既可以巩固、提升品牌及其产品在消费者心中的形象，又能够表达直播间的产品定位和情感态度。

2. 商品色

商品与直播间是一个整体，两者相辅相成。根据商品颜色以及店铺形象定位，选择匹配的色彩，能让直播间呈现出整体、协调、舒适的心理感受。

3. 品类色

选择与店铺品类相符的颜色，能够为直播间营造整体协调的感知，且选色贴合商品类目，有利于传达商品信息和提高商品认可度。

4. 活动色

直播间装饰除了商品本身，还应该根据季节、节日、活动主题及时更换，既可以增添节日氛围、助力营销，又可以避免用户视觉疲劳，同时也增添新意。

任务三　进行直播选品

任务描述

小文为了筹备好这场直播活动，精心布置了直播场地，现在只差最后一步——"货"的选择。商家经营的产品以农副产品为主，小文查看了商家提供的商品表，发现商品种类繁多，但并不是所有的商品都适合在直播间销售。为了提高销量，提升直播效果，小文应该如何选品，才能营造好的直播效果？

知识储备

一、了解直播选品策略

"巧妇难为无米之炊"，主播同样如此，没有好的产品很难取得营销成功。产品的选择是直播营销的起点，选品本身质量过硬，同时满足目标受众的需求，才能促进订单转化率，才能打造一间高关注度、高销量的直播间。因此，选品是决定直播间盈利或亏损的重要决策，掌握正确的选品策略非常重要。

（一）根据用户画像选品

用户画像是根据用户的社会属性、消费习惯、使用行为等方面抽象出的标签化的用户模型，核心工作就是给用户"贴标签"。只有了解用户的属性和需求，才能做好精准选品，完成用户喜好的精准定位。图2-17所示为某时间段抖音平台用户基础画像，表2-11为抖音平台八大典型人群。

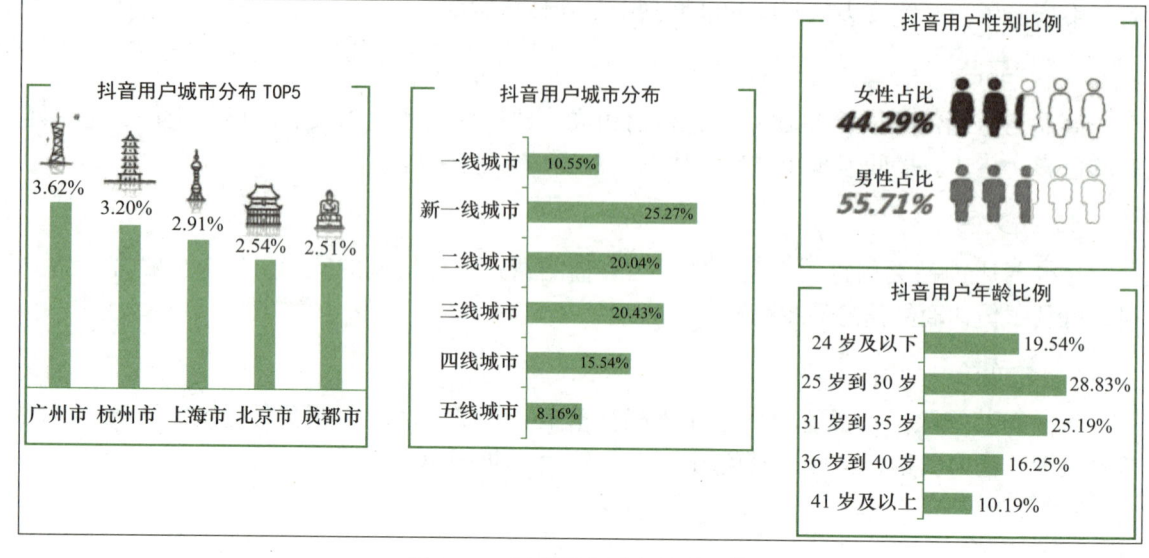

图 2-17 抖音平台用户基础画像

从用户年龄上来分析，针对 25 岁～35 岁的年轻群体，这类群体消费能力较强，追求时尚、潮流的产品，因此主播在选品时要挑选时尚、新颖的产品；如果目标用户是中老年群体，这类群体消费更加理性，追求产品质量和实用，主播在选品时应选择性价比高、大众化的经济实用产品。

从性别上来分析，针对男性群体，主要是按需消费，主播在选品时可偏向电子产品、游戏设备以及生活必需品；针对女性群体，偏向冲动消费，主播可以挑选美妆、护肤、服饰以及家居用品等产品。

从地域分布来看，总的来说北方人口味重，南方人口味轻；湖南无辣不欢，四川、重庆偏爱麻辣；广东、广西偏爱清淡鲜香。因此，主播在选品时应挑选符合地域特色的产品。

表 2-11 抖音平台八大典型人群

人　群	圈层特点	内容偏好
Z 世代	往往从小众开始聚集"发烧友"；圈内人有自豪感和认同感	乐于观看高调性的星聚力资源；分享明星/垂直达人带货素材
养系青年	以 90 后为核心，主动拥抱生活；消费习惯改变，为美好生活而花钱	信任真诚不夸张的主播和内容；期待极致性价比的好货推荐
新锐白领	社会中产后继者，心态年轻；有一定的成就，对生活有掌控力	对限定限量敏感度高；乐于享受定制服务，注重概念感
新手辣妈	满足孩子成长需求；关注孩子成长需求	育儿科普式"种草"、母婴话题类内容
小镇新贵	经济独立，自我晋升；偏好通过视频获取信息	生活常识科普、知识性"种草"内容
精致打工人	都市蓝领，消费潜力股；再忙也要精致，苦中作乐，自我和解	传递美好与治愈性的内容；聚焦"好的生活，没那么贵"
单身贵族	情感寄托于自己，为悦己、为寄托、为未来消费	帮助解决决策内容，提升个人形象气质的产品推荐
时尚银发	老当益壮，新型养老需求；尝试新事物，体验新世界	银发先锋们的生活方式分享；新奇特产品"种草"，与年轻人对话

（二）根据主播人设选品

"人设"就是大众对主播形成的印象标签。例如，某主播是美妆达人，那么用户就知道他（她）对美妆领域有一定的专业知识并能推荐与美妆相关的好产品。因此，主播在选品时要注意保持商品和主播人设之间的匹配度，这样才更容易获得用户的认可。

主播在选品时，可以根据自己的人设定位以及自己擅长的领域，选择与自己人设以及条件契合的产品，这样不仅可以体现主播自身的专业性，也能更好地展现产品的优势，从而抓住用户的心理，提高订单的成交率。例如，针对母婴产品，如果选择男性或未婚的年轻女性，很难真正了解用户的痛点需求，而选择宝妈就可以很好地把产品的优势和用户的需求结合在一起，宝妈可以通过自身的经历向用户传授使用心得以及育儿经验。专业的宝妈不仅能提高产品销量，更能提升用户黏性。

（三）根据市场趋势选品

根据市场趋势选品其实就是根据市场的需求和某些产品的销售趋势选择产品。一方面按季节特点推销应季产品，例如，春季可以选择户外用品、野餐用品；夏天可以选择风扇、凉鞋、防晒用品、连衣裙、T恤等产品；冬季可以选择暖手宝、烘干机、加热器、派克服、羽绒服、羊毛衫等。另一方面可以按照节日来推销特定节日的产品，在我国有很多传统的节日，例如端午节吃粽子、中秋节赏月吃月饼、春节贴对联等各种传统习俗流传至今，主播可以在相应的节点做好节日的宣传，通过直播不仅宣传产品的使用价值，更让用户了解产品的文化价值。

（四）根据货源和供应链选品

直播带货要想留住用户，一定要保证货源的稳定供应和服务。货源是主播需要考虑的问题之一，要避免出现商家货源单一、供应不足以及发货缓慢等问题，要选择有稳定供货能力的供货商，还要注意运输、包装以及存储等问题。可靠的货源可以从以下几个渠道选择。

1. 带货平台

作为新手主播，可以选择和电商平台合作，如淘宝、抖音、京东、快手、拼多多等。这些平台本身已经有丰富的产品资源，例如淘宝有千万量级的淘宝商家，平台能够直接调动大量的供应链基地、工厂供应链上游机构为主播提供货源。

2. 合作商

主播可以选择与商家合作，如批发商、品牌商等。主播和批发商合作，既可以降低进货成本，又可以减少库存压力。

3. 厂家

主播可以直接和厂家合作，从厂家直接拿货。主播需要严选产品，保证产品的质量，价格一般比较便宜。

（五）借助直播数据选品

如果无法判断某款产品是否有市场，是否能带来销量，那么直播团队、主播可以利用选品工具，借助直播数据选品。平台数据可以为选品提供可靠的支持，避免出现误选的情况。

1. 微信小程序抖宝宝选品

抖宝宝选品是一款基于抖音生态的高佣爆款选品平台，通过分析不同类目的产品销量、热度、点击率、转化率等数据，设置了爆品榜，包括网络实时热销、当日热销、30日内热销爆品，并提供产品销售趋势数据分析，帮助团队进行更高效、更精准的选品，如图2-18所示。

图2-18　微信小程序抖宝宝选品

2. 淘宝生意参谋选品

主播可以借助生意参谋大数据分析平台，查找分析搜索人气、交易指数、点击率、支付转化率以及访问人气等数据指标，通过对各项数据的分析能够更精准地预测市场的走势和大众的需求，精选出点击率和交易较多的产品，结合自身定位以及用户需求，选择适合直播销售的产品，如图2-19所示。

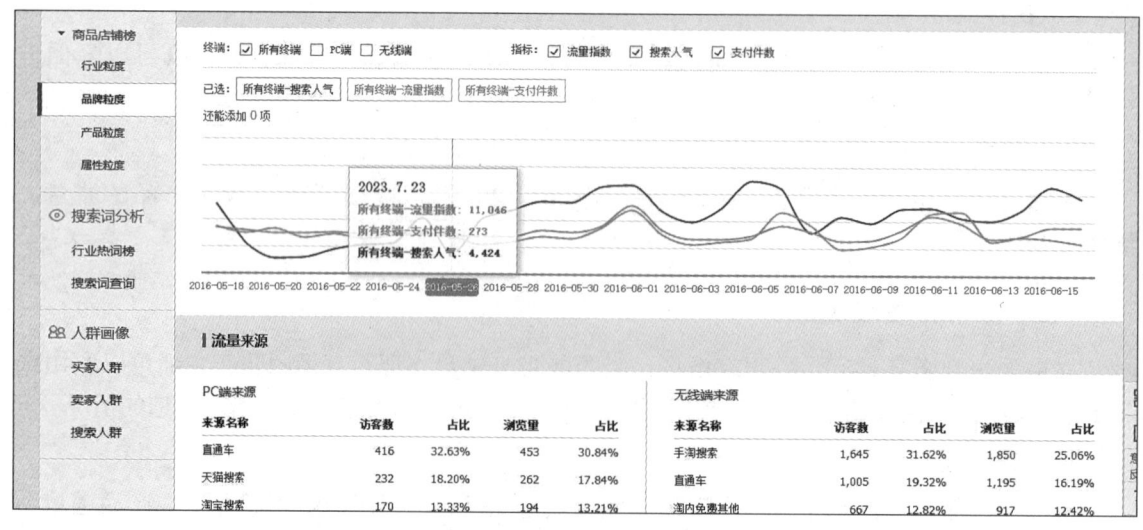

图2-19　淘宝生意参谋选品

3. 谷歌趋势选品

谷歌趋势选品是免费工具，不仅可以查看产品的搜索量，还能知道产品的搜索趋势是上升的还是下降的，同时可以知道不同地区的搜索量。

直播选品的工具种类非常多，主播及其团队在进行直播选品时可以借助当下流行的电商工具进行选品，除了以上介绍的，还有诸如快选品、蝉妈妈、灰豚数据等。部分网站的信息是要付费的，可以根据自己的实际情况挑选合适的平台选择适合自己的产品。

二、选择合适的直播产品

（一）常见直播间选品类型

1. 引流款产品

引流款产品是直播间吸引人气的产品，因为这类产品价格低、普适性强等，能够吸引大众进入直播间观看。例如，在卖女装产品时可以以低价搭配售卖配套的配饰，如9.9元帽子、1元的腰带等以低价吸引用户。直播间在开始阶段通过引流款产品可以提升直播间人气指数和流量，同时在直播中穿插使用可以拉动在线人气。一款好的引流产品能够带来很好的转化率，促进销售。在选择引流款产品时要注意选择大众普遍接受的产品，而非满足小众个性需求的产品，因此引流款产品具有以下特性：普适性、低价和热度高。

2. 福利款产品

顾名思义，福利款产品就是直播间给"粉丝"的福利，即"宠粉产品"。福利款产品区别于引流款产品，更是对引流款产品的补充或者承接流量。这类产品的主要目的是增加销量以及提升"粉丝"黏性。这类产品一般选择差价比较大的产品，例如原价499元的基础价格通过较低的折扣促进"粉丝"产生冲动消费的心理。该类产品多选择同行爆款或性价比高的产品，因此也是产品结构中利润率比较低的产品，此类产品具有三个特征：性价比高、吸引力强和普适性高。

3. 利润款产品

利润款产品主要是指给直播间带来利润的产品，也称为"跑量款产品"，主要目的是提升产品销售额，是直播间的核心产品、盈利产品，也是直播间重点推荐的产品。例如，卖低价1元的东西，假设利润率是50%，成交1000单，通过薄利多销总利润是500元。利润款产品可以分为低客单价低利润、低客单价高利润、高客单价低利润及高客单价高利润四类，主播可以选择高客单价低利润的产品，提升直播间销售额进而提升总利润。

利润款产品是直播间的主要收入来源，主要作用是提升直播间的客单价和盈利空间，在直播产品结构中比例偏高，通常要达到60%以上，为了保障直播间一定的销售量，利润款产品要满足两个基本条件：挑选知名品牌，保证产品的质量；定价合理，满足用户需求，给忠实的"粉丝"群体提供高品质的产品，做到互利互惠。

4. 形象款产品

形象款产品主要是用于提升品牌形象的产品，通过独特的设计、高端的品质等特性让用户对品牌留下美好的印象。尤其在信息爆炸时代，当用户面对的产品琳琅满目、质量参差不齐陷入选择困境时，会首选品牌产品，因为品牌具有市场先导地位。因此，直播间可以推出形象款产品，选择高品质、高调性、高客单价的小众产品来提升品牌形象。

（二）带货产品的选择

1. 高频率和刚需产品

直播间主播通常选择购买频率高的产品以及刚需产品作为带货产品。高频率的产品可以引发用户反复购买，提升"粉丝"的活跃度。例如，牙膏、牙刷（如图2-20所示）家人天天用，复购率很高，也是刚需产品，一旦形成忠实"粉丝"群体，可以有效促进产品的销量和销售额。

图 2-20　高复购率、刚需产品

很多"网红"主播，他们的选品以美妆、服饰、护肤等快消品为主，这些产品针对年轻群体，用户基数大，消耗快。同时，一些有很大"粉丝"群体的主播的选品以生活日用、食品饮料、家用电器等耐用品为主。这类产品销售周期长，不会因为季节变化、市场的变化以及产品热度下降而滞销。尤其对于初创的直播团队而言，考虑产品的滞销风险和库存风险，可以优先选择高频率和刚需产品。

2. 高性价比产品

近几年直播间火爆的根本原因是用户在直播平台买东西既方便又便宜，直播平台售卖的东西更符合大众的心理预期。例如，同样价值30元的东西在直播间可能只需要15元，用户购买此产品享受价格优惠为自己省钱，这种价格优势形成利益驱动，驱使用户产生购买欲望。因此，主播在直播间要挑选高性价比的产品，让用户觉得花更少的钱买到满足自己需求的产品。一般这类产品属于有较大价差的产品及低价、价值较高的产品。

产品的高性价比不仅仅体现在产品的价格上面，还体现在赠送的优惠券上，尤其是大额的优惠券。例如，在直播间购买价值满100元的产品活动期间可以赠送30元优惠券，在直播间购物很多主播给出"无条件退换"等福利，这些都是直播间带给用户的便利和福利，促进了产品的销售。高性价比产品如图2-21所示。

图 2-21 高性价比的产品

3. 展示性强的产品

直播营销是对传统电商平台有力的补充,主播可以在直播间以现场试穿、试用、试品等方式全面立体地展示商品,可以通过生动专业的语言讲解及表情让用户了解产品。因此,主播在直播间选择展示性强的产品,更容易满足用户的需求和增强用户的信任,可以高效促进转化率。

4. 使用体验好的产品

作为主播,为了对用户负责,为了保证产品质量,最好亲自使用产品并在直播间推出使用体验好的产品。一方面可以避免产品存在的质量问题,另一方面主播有了使用体验,可以在直播间更好地介绍产品的质地、特性、使用方法以及适用的目标人群,尤其是在主播原本不熟悉的产品领域,避免在直播中出现突发或意外情况,通过体验使用可以有效降低可能的损失。例如,某测评主播在测试同等价位家用车的性能时,从速度、外观、性能以及乘坐舒适感等方面给出了自己的使用体验和参考意见,这样的直播带货才更有说服力,带货能力才能更持久,如图 2-22 所示。

图 2-22 直播带货,亲自使用

5. 选择有热度的产品

主播要有敏锐的洞察力，随时关注当下的热点事件。直播间产品的选择可以结合热点，选择风口产品。可以结合电视剧、电影等当下热点，也可以参考时政热点。例如，当年北京冬奥会除了备受瞩目的运动健儿们，就是网上最红的吉祥物冰墩墩了，由于用户对这些热点产品一直保持较高的关注度，直播选品时选择这些热点产品可以迅速提升直播间的热度。

三、直播产品价格策略

直播间的产品定价也是一项复杂且重要的工作。用户对价格比较敏感，价格是否适中直接影响直播间的销量。如果产品价格过高，导致产品销量不高，没有销售额；如果产品价格过低，可能导致盈利过少或脱销现象。因此，主播要根据营销的目的和商品的类型，制定合理的定价策略，在保证商家盈利的基础上为用户提供更多的优惠，刺激用户产生购买欲望。

定价策略

1. 阶梯定价

阶梯定价也称为花式定价，主要是指同一类产品随着时间的推移或数量的变化出现价格阶梯式的变化。例如，某类产品在直播间销售，第一件售价39元（原价），第二件售价19元，第三件售价9元，第四件直接免费送。"第三件售价9元，第四件售价0元"的超低折扣就可以有效刺激用户的购买欲望，提升购买数量。

这种阶梯定价策略其实就是传统的买一送一模式下衍生出来的升级版，主要适用于客单价较低的产品。阶梯定价在直播中的优势也是非常明显的，一方面通过价格递减可以带给用户巨大的冲击力，刺激用户产生购买欲望；另一方面，阶梯价格对于有冲击销量需求的单品，可以引导用户多件购买，不但能完成销量指标，也能帮商家降低库存成本。

2. 产品组合定价

产品组合定价是指为了迎合某些用户的心理，把某些特定产品组合在一起统一定价。组合定价通过降低单件产品利润达到整体产品盈利的目标，也是营销中常用的一种定价方法。

（1）买赠模式　买赠模式就是商家对销售的主产品设定一个合理价格，同时免费赠送一个其他产品，附赠产品最好保持与主产品一定的关联性，激发消费者的购买欲望。例如，直播间销售手机，可以附赠免费配套的手机壳。这样做的好处可以通过赠送模式让消费者认为花较少的钱可以获得更大价值的产品，不仅可以激发消费者的购买欲望，还对企业品牌有很好的宣传作用。

（2）套装模式　套装模式就是商家把不同的产品组合成一个套装，并对组合产品设定一个合理的价格。例如，在直播间销售护肤品时推出各种套装组合，经常把面霜、精华液、洗面奶等组合形成套装，降低单个产品的价格敏感度，但商家获得总体收益不低。

3. 惊喜定价

常规的直播形式可能没有新意，令"粉丝"觉得枯燥，有时直播间可以通过惊喜定价营造购买氛围，刺激消费者购买。例如，主播在介绍一款新品时给"粉丝"的价格是99元，但当直播间的"粉丝"下单时发现只要79元，通过惊喜定价给"粉丝"福利，通过各种情境给"粉丝"制造一定的惊喜，可以达到更好的营销效果。

4. 锚点定价

锚点定价就是对给定产品的定价找到一个参考的标准，依据其价格设定销售产品的价格。消费者衡量一件产品的价格是否划算，会参考其他同类产品的价格，例如，衣服售价标的是699元，现价只要199元，通过价格对比让用户产生购买欲望，觉得自己买的衣服质量好、价格实惠，从而激起购买欲望。

5. 非整数定价

非整数定价也称为零头定价，主要是指产品在价格设定时都以非整数结尾，通常以8或9结尾，而非0结尾。在生活中常见的定价，如79.9元、89元、199元等。如图2-23和图2-24所示产品采用的都是非整数定价。

采用非整数定价主要基于以下3个作用：首先，非整数定价给人便宜的感觉。10元的产品以9.9元定价，给人感觉商品不到10元；其次，价格19.9元而非20元，让消费者感觉直播间定价认真、严谨；最后，很多商品以8或9结尾，符合中国喜欢吉利数字的习俗，更容易获得消费者的认可，从而使其做出快速购买决策。

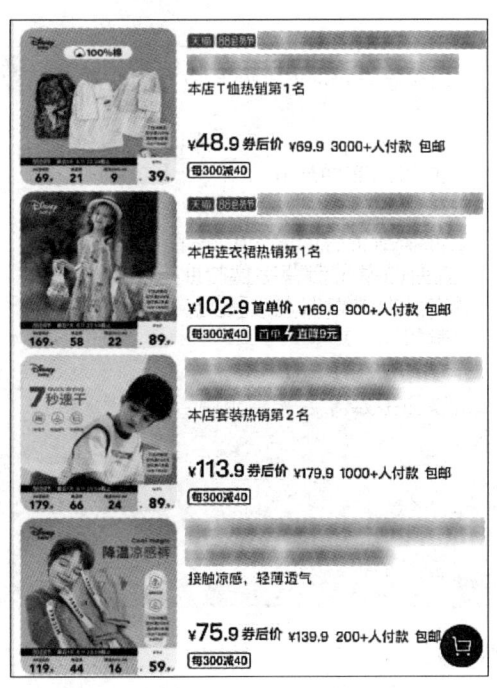

图2-23 小数定价

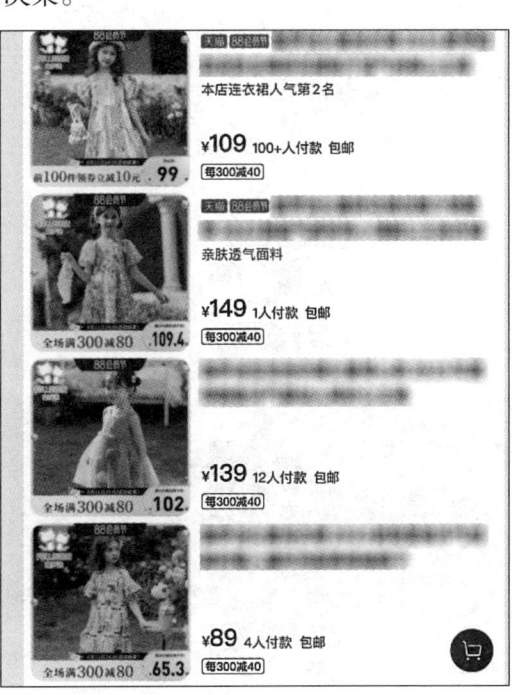

图2-24 非整数定价

任务实施

蝉妈妈是知名的直播电商数字营销服务平台,整合了抖音、小红书中高佣金的热门商品和达人资源。主播利用蝉妈妈自有直播选品库,可以快速高效进行选品,具体操作如下所述。

1)在计算机上打开蝉妈妈官网,单击右上角的"注册/登录"按钮,按步骤输入手机号和密码,单击"登录"按钮,同时选择左上角的"抖音分析平台",如图2-25和图2-26所示。

图 2-25　蝉妈妈平台密码登录

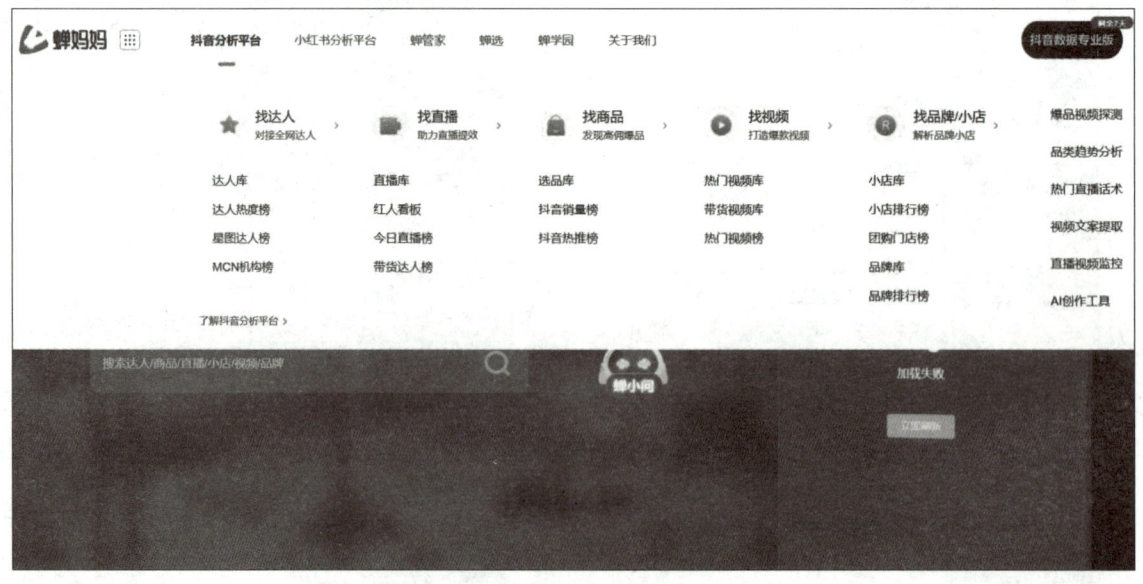

图 2-26　蝉妈妈抖音分析平台

2)登录成功后,选择页面上方"商品"选项,在弹出的下拉列表中选择"商品库"选项,具体如图2-27所示。

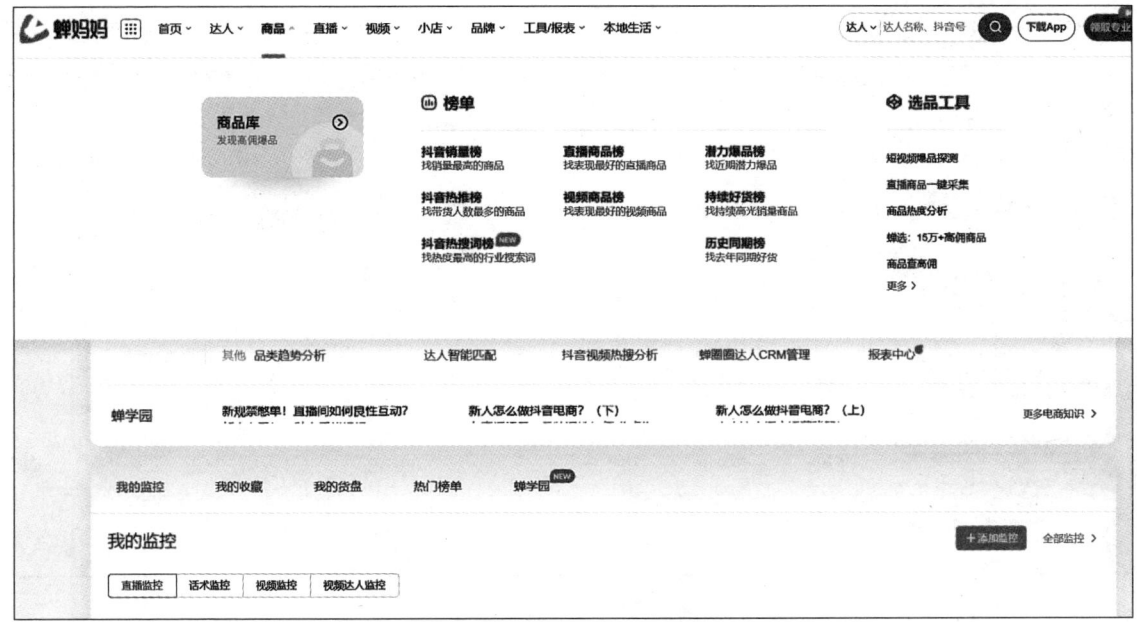

图 2-27 蝉妈妈抖音商品库

3)在"商品库"页面,首先选择"商品分类",从而选择带货的类目,如单击"服饰内衣",在出现的下拉菜单中选择"童装/婴儿装/亲子装";依次在"商品信息"栏中将"价格"设为"50～399",在"商品佣金"栏中将"佣金比例"设为"10%～20%",在"带货信息"栏中将"销量"设为"≥2000",如图 2-28 所示。

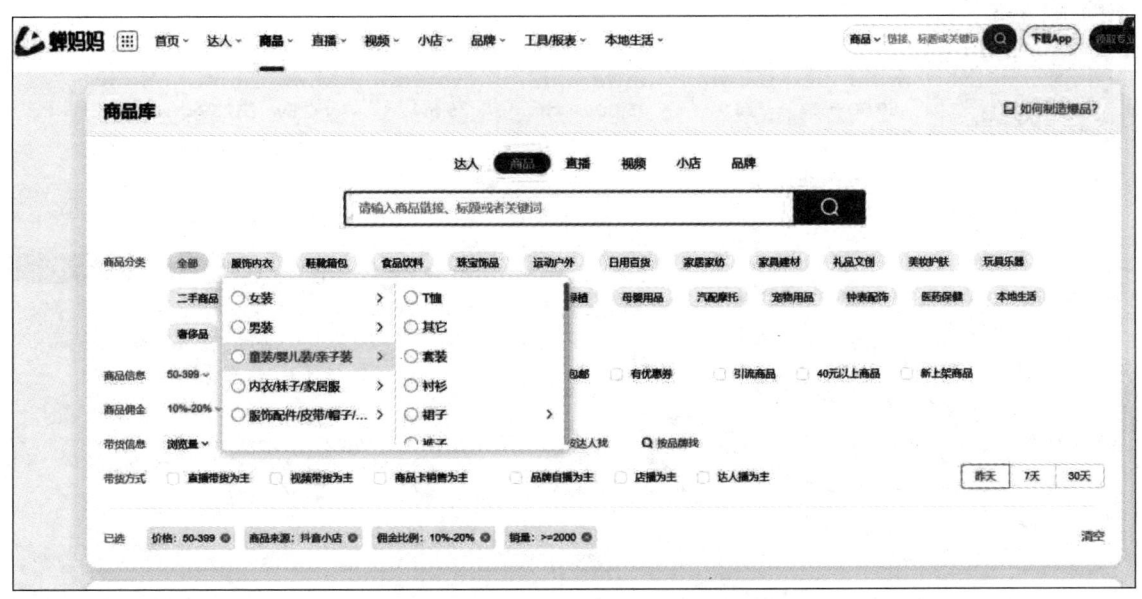

图 2-28 蝉妈妈抖音商品库设置商品分类

4)在"带货方式"栏选择"直播带货为主"选项,同时在"每日持续更新抖音数据"右侧选择"7 天"选项,页面下方出现搜索结果的商品信息,具体如图 2-29 所示。

商品	佣金比例	近7天销量	直播销量	视频销量	商品卡销量	关联达人	关联直播	关联视频	30天销量趋势
南极人青少年内裤透气网孔初中生中大儿童内裤平角夏季中学... ¥59.90	15.00%	2.5w~5w	1w~2.5w	750~1000	1000~2500	1	7	145	
小篮球【青少年内裤】春夏款发育期舒适透气网孔内裤四角... ¥59.90	15.00%	1w~2.5w	1w~2.5w	25~50	1000~2500	1	8	42	
MiiOW/猫人莫代尔男童内裤平角儿童四角运动中大童小童男孩... ¥59.90	蝉选 20% 公开15.00%	1w~2.5w	7500~1w	1000~2500	1000~2500	17	10	54	
【专享】巴拉巴拉男童长袖毛衫儿童上衣小童打底衫衣服2083... ¥139.00	15.00%	7500~1w	7500~1w	0	250~500	7	34	1	
儿童菜卡无骨纯棉内衣套装宝宝秋衣秋裤男女秋装睡衣家居服... ¥59.00	15.00%	7500~1w	7500~1w	1~25	100~250	7	14	2	
猫人青少年成长发育期儿童内裤男大童夏季男孩学生随款... ¥59.90	20.00%	7500~1w	5000~7500	50~75	750~1000	16	10	22	

图 2-29 浏览商品信息

5）打开商品详情页信息，可以查看商品名单、价格、佣金比例、销量以及转化率。主播可以根据商品详情页信息分析用户目标以及销售趋势，决定此款商品是否适合作为直播选品。具体商品详情页信息，如图 2-30 所示。

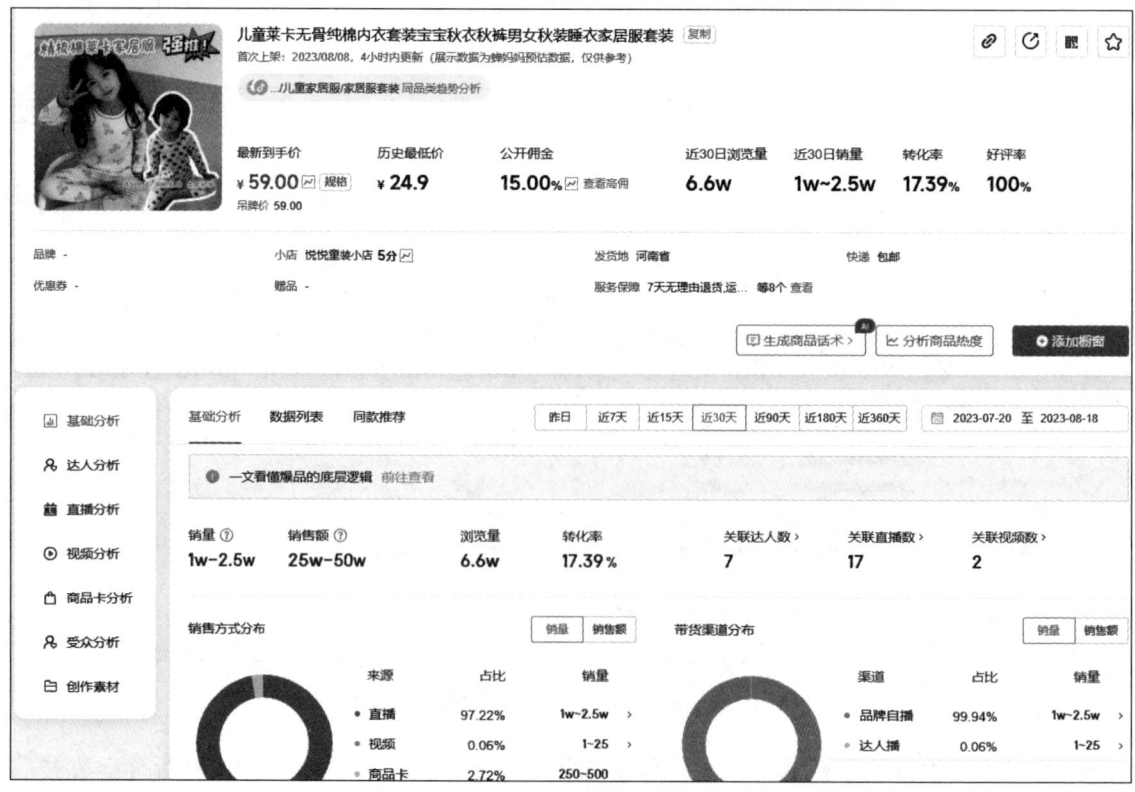

图 2-30 商品详情页信息

任务评价

同学们完成实训操作,保留操作流程截图以及分析选择直播商品的原因。老师按照操作结果进行评价打分。

实训评价表

序 号	评 分 内 容	总 分	老 师 打 分	老 师 点 评
1	是否使用蝉妈妈快速完成选品	30		
2	是否按要求找到所需商品	30		
3	是否有清晰的选品想法和思路	40		

总分:_____

项目三

直播电商内容策划

▍任务情境

小文回到家乡后,一边熟悉家乡特产的制作流程,一边和父母一起学习直播电商的专业知识,并成立了直播运营团队,进行特产直播销售。在学习理论和实训实践的过程中,小文全家了解了直播的整体流程和基本步骤,掌握了直播的每一个流程和步骤的要点,他们深知每一场直播都需要精心规划和设计,这样才能保证直播活动有条不紊地进行,从而取得更好的销售结果。

▍学习目标

🌿 知识目标

- 🍃 了解直播的整体流程与基本步骤。
- 🍃 掌握直播脚本策划的设计要点。
- 🍃 掌握直播间大型活动策划的设计要点。

🌿 技能目标

- 🍃 能够设计整场直播脚本和单品直播脚本。
- 🍃 能够设计直播间大型活动策划书。

🌿 素养目标

- 🍃 了解并遵守相关政策,发布并传播有内涵、有深度、正能量的内容。
- 🍃 培养社会责任意识,提升个人文化素养。

任务一　了解直播的整体流程与基本步骤

任务描述

小文的父母在小文的指导下了解了商家还可以通过直播电商渠道进行商品销售,他们开始关注各大平台的直播带货视频,但他们认为直播电商就是主播对着镜头随意不停地介绍商品,对于商品的成交率表示怀疑,而且他们觉得直播带货就靠主播的一张嘴,从开始直播讲到直播结束,非常辛苦。小文在了解了父母的想法后,耐心地和父母讲解了什么是直播活动。

知识储备

完整的直播活动是有基本的流程和操作步骤的,包括明确直播目标、明确主播的选择、制定直播方案、做好直播宣传规划、实时跟进直播活动和直播复盘总结等流程。

一、明确直播目标

明确直播目标有助于商家有目的、有针对性地策划与开展直播活动。在明确直播目标时,商家要遵循 SMART(明确的、可衡量的、可实现的、相关的、具有时限的)原则(如图 3-1 所示),尽量让目标科学化、明确化、规范化。这就需要商家在明确直播目标时对直播商品与目标消费者进行分析,量化目标并明确目标完成的时间。

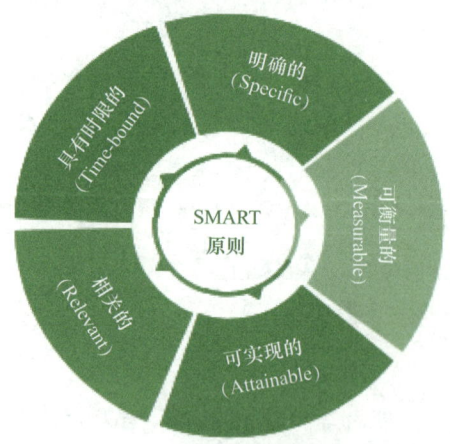

图 3-1　SMART 原则

SMART 原则的具体内容如下:

(一)明确的

所谓明确的(Specific)就是要用具体的语言清楚地说明直播要实现的目标。明确的目标几乎是所有成功团队的一致特点。很多直播运营团队不成功的重要原因之一就是目标定得模棱两可,或是没有将目标有效地传达给相关成员。因此,直播的目标要切中特定的指标,不能笼统、模糊。

（二）可衡量的

可衡量的（Measurable）是指直播目标是数量化的或者行为化的，应该有一组明确的数据作为衡量目标是否实现的标准。直播目标的衡量标准遵循"能量化的量化，不能量化的质化"原则，使整个直播运营团队有一个统一的、标准的、清晰的可度量的标尺，杜绝在直播目标设置中使用概念模糊、无法衡量的描述。直播目标应该首先从数量、质量、成本、时间、上级或客户的满意程度五个方面来进行衡量。如果仍不能进行衡量，可考虑将目标细化，细化成分目标后再从以上五个方面进行衡量。如果还是不能衡量，可以将完成直播目标的工作进行流程化，通过流程化使直播目标可衡量。

（三）可实现的

可实现的（Attainable）是指目标要客观，通过付出努力是可以实现的。制定的直播目标是可以让直播运营团队实现、达到的，如果团队领导一厢情愿地把自己制定的目标强加给团队成员，团队成员就会从心理和行为上反对。因此，直播运营团队领导者应该更多地吸纳团队成员参与直播目标制定的过程，这就形成了整个直播运营团队整体的奋斗目标。当然，团队在制定目标时，先不要想实现目标的困难，不然热情还没点燃就先被畏惧打消了念头。

（四）相关的

相关的（Relevant）是指直播的目标要与商家设定的其他营销目标相关。如果实现了这个目标，但这个目标与其他的目标完全不相关，或者相关度很低，那么意义也不是很大。

（五）具有时限的

具有时限的（Time-bound）是指目标的达成要有时间限制，这样的目标才有督促作用，才能避免目标的实现被拖延。设置团队直播目标要根据工作任务的权重、事情的轻重缓急，拟定出完成直播目标各项目的时间要求，及时检查项目的进度，及时掌握项目进展的变化情况，以方便对各项目进行及时的指导，以及根据直播计划的异常情况及时地调整制订的直播计划。

总之，在明确直播目标时必须符合上述原则。直播目标的制定过程也是整个直播运营团队掌控能力提升的过程，完成计划的过程也是现代化管理能力历练和实践的过程。

二、主播的选择

主播的选择是商家直播策划中十分重要的一环，商家应根据直播目标确定主播人选。

（一）选择直播主播的两种情况

一是商家选择外部专业主播担任直播主播。专业主播具备主播的专业能力和直播带货的经验，但是商家需要根据预期的直播目标找到符合要求的主播，花费的时间、精力、资金等更多。

二是由商家内部人员担任直播主播。商家内部人员（如导购）担任主播的优势是内部人员比较了解直播商品的特点，不足是内部人员欠缺主播的专业能力和直播带货的经验。请内部人员担任直播主播一般适用于高频次、常态化直播的商家，也可以实现多人替换持续直播。

（二）商家与外部专业主播的合作方式

（1）专场直播　在专场直播中，主播只针对商家的品牌进行直播销售，入驻主播直播间的商品数量一般没有限制。专场直播的时间越久，佣金（一般占商品销售额的20%）和坑位费（或服务费）等费用就越高，但对商家而言，专场直播的营销效果往往更好。

（2）拼场混播　拼场混播是指在同一场直播中，主播按一定的顺序对多个商家的商品进行推广销售。主播一天直播一场，如果直播时间为6小时，直播间有60个不同商家的商品，那么每个商家的商品讲解时间约6分钟，商家根据讲解时间付费。

此外，商家可以通过多次拼场混播与不同的主播合作，根据直播效果寻找适合自己的主播，从而与之建立长期合作关系。

（三）外部专业主播选择的途径

商家可以借助直播数据分析工具了解主播信息并选择主播，如飞瓜数据、蝉妈妈、灰豚数据等。这些工具的使用方法类似，部分功能需要付费使用。

以灰豚数据为例，演示如何查询抖音直播平台上的主播信息，具体操作如下。

1. 登录灰豚数据平台

打开灰豚数据软件，如图3-2所示，注册并登录账号（可通过微信扫一扫直接登录，如图3-3所示）。在灰豚数据主页面右上方单击下拉菜单，显示了"抖系版""快手版""红薯版""破站版""淘宝版"按钮，如图3-4所示，分别用于对应平台上的直播数据分析，这里单击"抖系版"按钮。

图3-2　灰豚数据软件登录页面

图 3-3　软件扫描注册登录

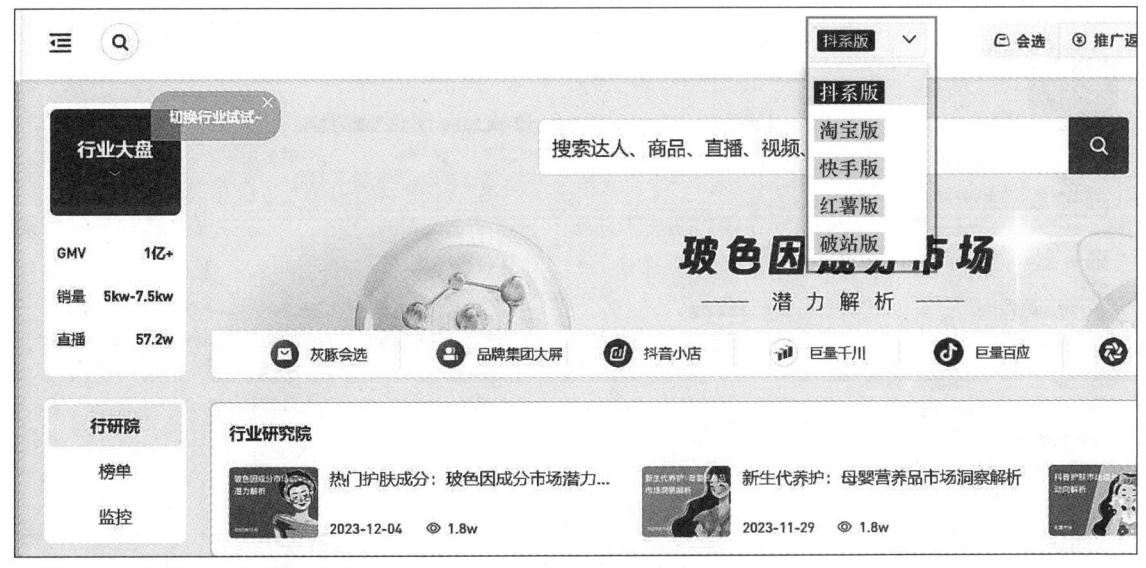

图 3-4　不同直播平台

2. 根据直播数据筛选主播

打开抖音直播数据的分析页面,在左侧列表的"达人"栏中选择"达人排行榜"选项,如图 3-5 所示。商家在"达人分类"栏中可以选择主播所属的行业类别,在"筛选条件"栏中可根据"粉丝数"等条件筛选主播。

图 3-5 抖音直播数据的分析页面

3. 选择主播

在打开的主播个人信息页面上方可以查看主播的基本信息，包括主播的等级与类型、有无签约机构、擅长领域等。页面上方有"数据概览""粉丝分析""达人作品"等选项，如图 3-6 所示，可以进一步查看主播的相关信息。

图 3-6 主播个人信息页面

通过以上主播信息查询，商家可以清楚地了解主播在行业内的影响力、擅长推荐的商品品类、"粉丝"的覆盖面、带货效果等信息，然后根据自己的商品定位、目标消费者定位与直播目标找到合适的主播。另外，商家可以通过直播平台主页搜索栏输入商品关键词来查询与商品匹配的主播。

如果商家有中意的主播人选，可以在直播平台上搜索并关注主播后，通过私信的方式与主播联系，寻求合作。图 3-7 所示的是在抖音上搜索主播，进入主播的账号主页后点击

"关注"按钮关注主播，然后点击"私信"按钮，在打开的聊天窗口中输入文字内容以表达与主播的合作意向，等待主播的回复。如果主播有合作意愿，则可进一步商讨合作事宜。

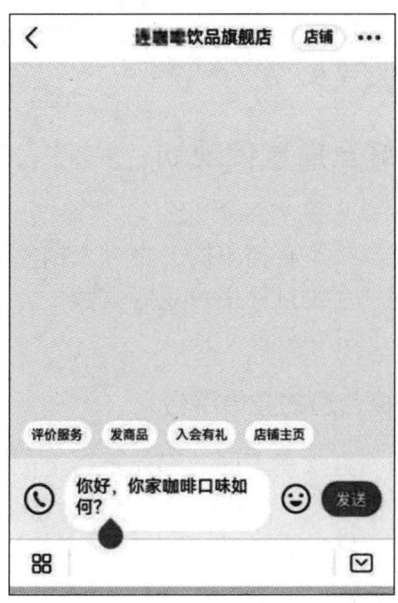

图 3-7　私信主播表达合作意愿

三、制定直播方案

制定直播方案有助于直播运营团队梳理直播思路，也能让参与直播的人员熟悉直播活动的流程。直播方案主要在直播参与人员内部使用，内容要求条理清晰、简明扼要、直达主题。直播方案的内容主要包括直播目标、直播简述、人员分工、时间节点、预算估计等内容。

（一）直播目标

直播方案首先要说明这场直播需要实现的目标，如"通过本次直播，店铺特产销售额达到 3 万元以上"。

（二）直播简述

直播简述是对本场直播的整体思路进行简要描述，说明直播形式（如商家自播、邀请明星合作直播）、直播平台（如抖音）和直播主题。

（三）人员分工

人员分工是指明确直播参与人员的职责、分组等，如宣传策划、商品准备、场地布置等，每组都需要明确负责人对接相应的工作等。

（四）时间节点

时间节点是指明确直播的各个时间节点，包括直播前期筹备时间、直播预热时间、直播起止时间等，以便各组人员能实时跟进直播活动。

（五）预算估计

预算估计是指说明正常直播的预算情况，如商家自播增添的直播设备需要 600 元，直播红包派送 400 元，参与直播工作人员薪资 800 元/人等对直播各环节进行预算估计，便于商家合理地控制成本。

四、做好直播宣传规划

为了达到良好的直播效果，在直播活动开始之前，直播运营团队需要对直播活动进行宣传。与泛娱乐类直播不同，带有营销性质的电商直播追求的并不是简单的"在线观看人数"，而是"在线目标用户观看人数"。具体来说，直播运营团队在设计直播宣传规划时，可以从以下三个方面入手。

（一）选择合适的宣传平台

不同的用户喜欢在不同的媒体平台上浏览信息，直播运营团队需要分析目标用户群体的上网行为习惯，选择在目标用户群体经常出现或活跃的平台上发布直播宣传信息，为直播尽可能多地吸引目标用户。

（二）选择合适的宣传形式

选择合适的宣传形式是指直播运营团队要选择符合宣传媒体平台特性的信息展现方式来推送宣传信息。例如，在微博平台上，直播运营团队可以采用"文字＋图片"的形式（如图 3-8 所示）或"文字＋短视频"的形式（如图 3-9 所示）来宣传直播活动；在微信群、微信朋友圈、微信公众号中，直播运营团队可以通过九宫格图、创意信息长图（如图 3-10 所示）来宣传直播活动；在抖音、快手等平台上，直播运营团队可以通过短视频来宣传活动。

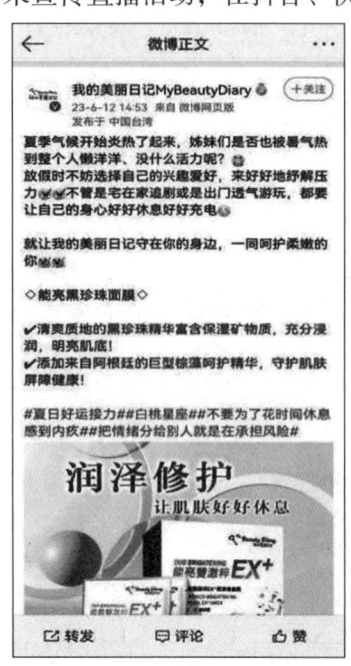

图 3-8　微博平台上"文字＋图片"式宣传

图 3-9　微博平台上"文字＋短视频"式宣传

 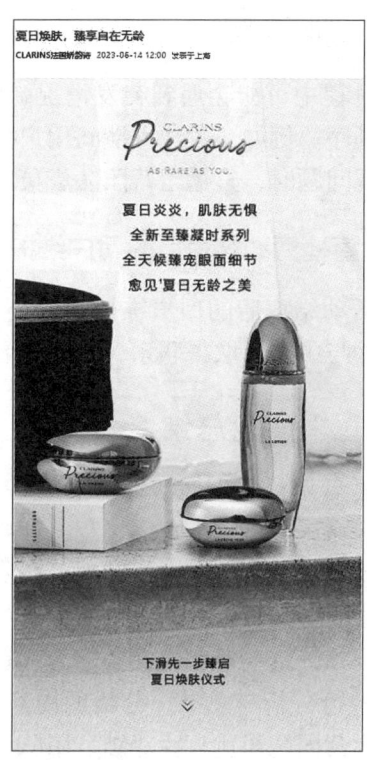

图 3-10　微信公众号创意信息长图

直播运营团队可以在个人简介中发布直播预告，还可以在线下门店以发放海报、宣传单等方式，配合直播活动的亮点环节或优惠策略等宣传推广直播活动，以吸引用户了解直播活动并关注直播间。

（三）选择合适的宣传频率

在新媒体时代，用户在浏览信息时自主选择的余地比较大，可以根据自己的喜好选择自己需要的信息。但是，如果直播运营团队过于频繁地向用户发送直播活动宣传信息，就可能引起用户的反感，导致用户屏蔽相关信息。为了避免这种情况出现，直播运营团队可以在用户能够承受的最大宣传频率的基础上设计多轮宣传。

五、实时跟进直播活动

为了使直播活动顺利进行、圆满结束，直播运营团队除了做好直播活动的前期准备工作外，在正式开播之后，还应实时跟进直播活动，以便及时应对突发情况。实时跟进直播活动主要有以下三个方面的工作。

（一）渠道监测

在正式开播之后，直播运营团队应将直播链接分享到各个平台，用户可以通过不同渠道顺利进入直播间。

（二）直播间维护

直播过程中可能会遇到突发情况，因此直播运营团队要密切注意直播间的情况，维护直播间的秩序。例如，关注直播间用户提出的问题，协助主播为用户解惑答疑。当主播的直播节奏出现问题时，直播运营团队成员应及时提醒。

（三）直播活动结束后的用户维护

直播活动结束后的用户维护主要是为了提升用户的消费体验，主要工作包括及时公布中奖名单并与中奖者取得联系，及时查看直播活动的订单处理、赠品发放等情况。

六、直播复盘总结

直播复盘是整场直播活动的最后一个环节。它是指直播运营团队在直播结束后对本次直播进行回顾，分析整个直播过程，评判直播效果，总结直播经验教训，为后续的直播提供参考。直播复盘总结包括直播数据分析和直播经验总结两个部分。直播数据分析主要是利用直播中形成的客观数据对直播进行复盘，体现的是直播的客观效果。例如，分析直播间累计观看人数、累计订单量和成交额、人均观看时长等数据。直播经验总结主要是从主观层面对直播过程进行分析与总结，分析的内容包括直播流程设计、团队协作效率、主播现场表现等。直播运营团队通过自我总结、团队讨论等方式对这些无法通过客观数据表现的内容进行分析，并将其整理成经验手册，为后续开展直播活动提供有效的参考。

任务实施

制定直播方案

小文为了进一步推广家乡的特产，准备和父母一起采用自播的方式在抖音平台上进行一场以"遇见家乡味"为主题的直播。她请爸爸负责介绍特产，妈妈准备直播，自己则担任商品链接管理员。小文购买了直播设备，并带父母一起整理了直播需要的特产，针对每一种特产讨论了卖点、促销形式和赠品数量。为了能让小文的父母更好地明白直播思路以及直播流程，请同学们根据以上内容和表 3-1 为小文以表格的形式制定一份直播方案，并填写表 3-2。

表 3-1 直播方案示例

方案项目	说　明
直播目标	说明这场直播需要实现的目标，目标要遵循 SMART 原则
直播简述	简要描述直播的整体思路，说明直播形式、直播平台、直播主题等
人员分工	直播参与人员的职责、分组等
时间节点	直播的各个时间节点
预算估计	正常直播的预算情况

表 3-2　直播方案制定

方案项目	说　　明
直播目标	
直播简述	
人员分工	
时间节点	
预算估计	

任务评价

同学们完成后，提交直播方案。老师根据直播方案内容进行评价打分。

实训评价表

序　号	评分内容	总　　分	老师打分	老师点评
1	是否掌握了直播的整体流程与基本步骤	50		
2	能否撰写出条理清晰的直播方案主体内容	50		

总分：_____

知识拓展

直播特殊情况的处理

在直播过程中出现各类突发情况在所难免，如何应对这些突发情况是对直播运营团队的一大考验。以下介绍直播间最容易出现的两类突发情况及其应对方法。

一、技术故障

技术故障属于客观因素造成的突发情况，如直播中断、直播画面卡顿、闪退等。此时，直播运营团队需要具体问题具体分析，并寻求解决办法。

（一）直播中断

一般来说，造成直播中断的原因有两种：一是网络问题；二是直播内容违规，被直播平台处罚。直播运营团队要先检查直播间使用的网络是否在正常运行，如果是因为网络不稳定造成的直播中断，直播运营团队将直播间换到网络稳定的区域进行直播就可以了。在条件允许的情况下，直播运营团队最好为直播间单独配置一条网线，以保证在直播时网络畅通。如果直播运营团队检查网络后，确定不是因为网络问题造成的直播中断，就要考虑是不是直播中出现了违规内容因而被平台处罚了。直播运营团队可以登录直播账号进行确认，然后根据具体情况寻找解决方法。

（二）直播画面卡顿

造成直播画面卡顿的原因通常有两种：一是网络较差，此种情况下，直播运营团队可参考前文给出的方法来解决；二是直播设备配置较差，无法带动直播，此时直播运营团队需要更换配置更高的设备来支持直播。

（三）闪退

导致闪退的原因可能是设备内存被其他程序占用，也可能是设备本身内存空间不足。面对闪退，最好的处理方法就是退出当前直播，然后再次登录。

二、商品环节的问题

商品是直播电商中的核心环节，直播中因商品环节的问题导致的突发情况也是最棘手的一类，稍有不慎就可能导致直播失败，甚至毁掉品牌或主播的声誉。在直播过程中，商品环节的问题最常见的有质量问题、价格问题和链接问题。

（一）质量问题

这里说的质量问题是指因为主播未了解清楚商品的性能、质量，或展示商品时操作失误而导致的问题。为了避免这些情况的出现，直播运营团队和主播在选品过程中要选择有品质保障的商品。此外，主播要试用商品，详细了解商品的各项信息、商品的使用方法等，保证能在直播中向用户全面、正确地展示商品的信息和性能。

（二）价格问题

价格问题主要有两种。第一种是主播在直播间销售的商品的价格未做到保价，主播向用户表明直播间某款商品的价格低于该款商品线下专柜价和线上旗舰店的价格，但是用户购买后发现并非如此，这种情况就会引起用户的不满。为了避免这种情况的发生，直播运营团队在与品牌方商谈直播商品价格时，最好向品牌方争取保价，确保品牌方在数月内不会以低于直播间价格的价格来销售商品。

第二种是用户支付的价格与主播在直播间承诺的价格不相符。这种情况多是用户未正确领取优惠券或未使用红包导致的。在直播过程中，主播要向用户解释清楚如何领取和使用优惠券、红包才能以直播间的价格购得商品，并向用户展示领取和使用优惠券、红包的方法。

（三）链接问题

链接问题是指在直播过程中，上架至直播间的商品链接出错、失效，或商品链接中的价格、优惠券标注错误等。处理此类问题最常见的做法就是先将商品链接下架，告知用户不要购买，向已经下单购买的用户表示歉意，并为他们办理退款。与此同时，直播运营团队与品牌方进行沟通，修改商品链接，待商品链接修改好后重新上架，并告知用户可以继续购买。如果商品链接无法及时得到修复，直播运营团队可以直接将此款商品下架，主播则向用户解释下架原因和表示歉意，然后继续直播。

任务二　直播脚本策划

任务描述

小文和父母第一次直播并未达到预期的效果，未实现直播目标。父亲在直播过程中由于紧张经常忘记介绍特产的卖点，忽视了很多细节，如和用户之间的互动等。小文意识到一场直播的时间比较长，在直播之前仅仅制定直播方案是不够的，需要细致地策划直播流程、撰写直播脚本、设计直播营销话术等，这样才能帮助主播更好地控制直播节奏，保障直播的顺利进行，实现直播的预期目标，并将直播效果最大化。所以，商家和个人要想做好一场直播，必须培养直播能力，掌握策划与开通直播的技能。

知识储备

一、熟悉直播流程

在直播电商运营中，直播的主要内容就是主播通过向用户讲解商品，将商品销售出去。目前，主播在讲解商品时经常采用的流程主要有两种，即"过款式"流程和"循环式"流程。

（一）"过款式"流程

所谓"过款式"流程，是指主播在直播中按照一定的顺序一款一款地讲解直播间的商品。由于一场直播持续的时间较长，直播期间会不断地有用户离开直播间，也会不断地有新用户进入直播间。因此，在直播结束前的20分钟左右，主播可以将本场直播中的所有商品再快速地过一遍。这样不仅可以让新进入直播间的用户了解本场直播中的各款商品，还可以通过"捡漏"形成一些订单，以提升本场直播的成交额。表3-3为一场时间为2小时的"过款式"流程示例。

表3-3　"过款式"流程示例

时间安排	直播内容
19:00—19:10	热场互动
19:10—19:30	介绍本场直播的第一款商品
19:30—19:50	介绍本场直播的第二款商品
19:50—20:00	与用户互动环节
20:00—20:20	介绍本场直播的第三款商品
20:20—20:40	介绍本场直播的第四款商品
20:40—21:00	再次将本场直播中所有商品快速地介绍一遍

（二）"循环式"流程

所谓"循环式"流程，就是指主播在直播中循环介绍直播间里的商品。假如在一场直播中主播要推荐4款商品，那么主播可以30～40分钟为一个周期，将4款商品在一场130分钟的直播里循环三四遍。表3-4所示的是一场时间为130分钟的"循环式"流程示例。

表3-4 "循环式"流程示例

时间安排	直播内容
19:00—19:10	热场互动
19:10—19:40	介绍本场直播的第三款主推商品
19:40—19:50	介绍本场直播中的一款"宠粉"款商品
19:50—20:20	介绍本场直播的第三款主推商品（第一次循环）
20:20—20:30	介绍本场直播中的一款"宠粉"款商品（第一次循环）
20:30—21:00	介绍本场直播的第三款主推商品（第二次循环）
21:00—21:10	介绍本场直播中的一款"宠粉"款商品（第二次循环）

二、直播脚本的策划

直播脚本是直播活动的关键影响因素之一。优质的直播脚本能够帮助主播把控直播节奏，保证直播流程的顺利进行，实现直播的预期目标，并将直播效果最大化。

（一）直播脚本的定义

直播脚本就是直播的剧本，它以一篇稿件为基础，形成直播的工作框架，规范并引导直播有序地推进。在直播过程中，主播在没有脚本的情况下，介绍商品容易因为信息琐碎造成重点与卖点不突出，或因时间控制不当导致商品介绍时间超时或剩余时间过多等一系列问题。

直播脚本一般以完整的直播为单位，或以单品解说为单位，所以分为整场直播脚本和单品直播脚本两种类型。一般来说，整场直播脚本应强调流程、时间、工作配合、技术指导等；单品直播脚本应侧重于突出商品卖点，强调与用户利益的结合点，以及如何在直播中以体验的方式证明商品的真实性、高效性、优惠力度等。

（二）直播主题脚本的策划

做好直播营销的第一步，就是选好直播主题。一个引人瞩目的优秀主题是直播不可或缺的，因此如何确立直播主题、吸引用户观看是直播营销中的关键步骤。

1. 明确直播目的

首先，商家要明确直播目的是单纯营销还是提升知名度。因此，如果商家只是想要提高销售量，那么直播运营团队就将直播主题定为卖货，吸引用户立刻购买；如果商家的目的是通过直播提升企业的知名度和品牌影响力，那么直播的主题就要策划得宽泛一些，最重要的是要具有深远的意义。

2. 从用户角度切入

在服务行业有一句经典的话"每一位顾客都是上帝"。在直播行业，用户同样也是"上帝"，因为他们决定了直播的火热与否。没有人气的直播是无法经营并维持下去的。因此，直播运营团队对直播主题的策划应以用户为主，从用户角度切入。

3. 利用热点做直播

在飞速发展的网络时代，热点就意味着大量的关注和流量，所以在这个时代做营销，尤其是直播营销，需要及时发现时代热点并以此开展直播。

（1）关注热点　直播运营团队在策划直播时，必须时刻关注市场的发展和变化趋势，尤其要关注市场的热点。热点的特点是关注度高，吸引的人足够多，如果率先以这个热点借势营销，在信息差的影响下会比别的商家较早获得这波热点的红利。抓住热点做直播，不仅很容易吸粉，商家的品牌也能够通过热点的传播进行最大范围的扩散。

（2）跟住热风向，快速出击　当直播运营团队判断了一个热点在市场中的影响力时，就需要跟住这个热风向，主动并快速出击。这时，直播脚本一定不能偏离营销的主题，而是在此基础上加入热点元素，这样就能完美融合市场，做出抵达吸引更多"粉丝"的直播。

直播运营团队作为走在时代前沿的群体，要时刻关注直播的大环境和大趋势，将热点作为直播主题的策划方向，只要抓住这个机会，就可能迎来"收割的季节"。

4. 利用噱头打造直播话题

从直播营销的本质上讲，话题才是信息传播的根本，也是一种高明的营销手段。拥有一个好的话题可以让直播营销事半功倍。因此，制造一个好的话题就成了直播营销的根本点。

当然，在话题的制造过程中，噱头一直以来都被人们称为"有效的佐料"。制造噱头也可以成为直播主题的选择之一。

（1）引用关键热词做噱头　在策划直播主题时，直播运营团队要学会利用关键热点词汇来做噱头，因为热点词汇往往是最能吸引用户的。在互联网时代，网上的热点词汇和事件往往能够带动用户的传播与分享。

（2）抛出噱头　直播运营团队在做直播主题策划时，为了满足"粉丝"的猎奇心理，可以适当设计一些活动，给"粉丝"一点新鲜感，前提是不能触碰社会道德底线。

（三）直播内容脚本的策划

1. 直播内容的优质性

优质的直播内容是吸引观众观看直播的关键因素，主要表现在内容的精彩程度和内容的表现形式上。

（1）内容的精彩程度　直播内容要有一定的水平，在直播脚本策划过程中要重视三个方面，如图3-11所示。

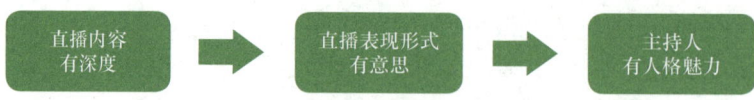

图 3-11　直播内容有水平的表现

在此，需要特别强调内容的深度。要想直播内容有深度，就需要直播运营团队在策划直播内容脚本时有自己独特的观点和见解，而且这些见解要言之有物，具有很强的说服力，能够被观众接受和理解。概括来说，有深度的内容具备三个特征，如图 3-12 所示。

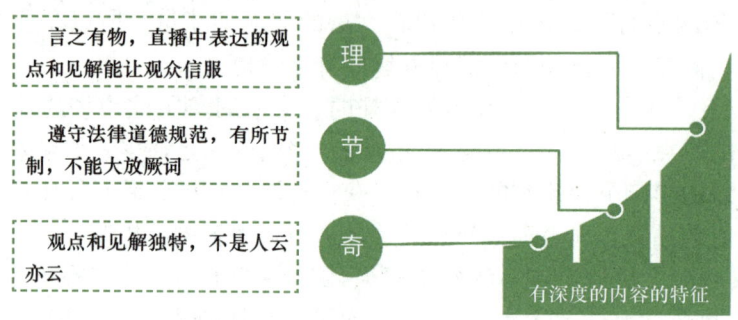

图 3-12　有深度的内容的特征

（2）内容的表现形式　直播运营团队要结合直播产品的特点选择合适的主播，并根据主播的自身特点为其选择合适的直播表现形式，如娱乐幽默式直播、表演式直播、教学培训式直播、卖货式直播、开箱测评式直播等。

2. 直播内容的创意性

有创意的直播内容是直播形成有效流量的关键，增强直播内容的创意性可以让直播内容变得更有新鲜感和吸引力。增强直播内容创意性的方法如图 3-13 所示。

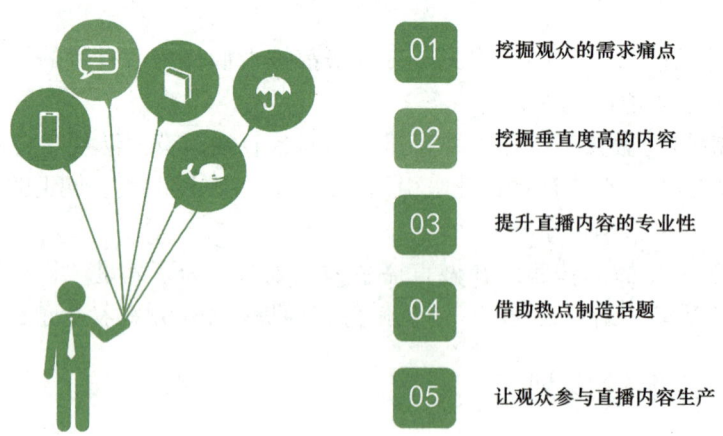

图 3-13　增强直播内容创意性的方法

（1）挖掘观众的需求痛点　要想打造高质量的直播内容，最根本的是从观众的需求出发，聚焦观众的痛点，即寻找观众的兴趣点和刚需，挖掘他们最关心的内容。所谓"需求至上"，就是说只有当直播的内容刺中观众的需求痛点时，才能持续吸引其关注，并让观众产生依赖，进而提高其留存率。

直播运营团队在挖掘直播观众需求痛点时，首先要对自身的能力与优势有充分的了解，并对竞争对手的直播内容和特点进行深入分析，以此开展差异化的内容定位，通过细分内容来寻找观众的需求痛点；其次要对观众的心理进行深入分析，只有对观众有了充分的了解，才能更精准地挖掘观众的需求，从而打造符合其需求的直播内容。

在挖掘观众需求痛点时，直播运营团队可以尝试以下几种方法。

1）充分发挥主播的优势，与观众建立情感连接，激发观众产生共鸣。情感是一切痛点的源头。对于很多人来说，他们之所以喜欢某个主播，是因为能够从这个主播身上找到情感寄托。只有主播和观众之间建立了情感连接，才容易激发观众产生共鸣。

2）为观众创造超越心理预期的内容。要想激发观众对直播内容进行分享和口碑宣传，就必须为他们创造令其激动和喜悦的内容，而关键点无外乎两个：一是在直播的细节上让观众感受到贴心；二是让观众从直播中获得既定内容以外的收获。对于直播运营团队来说，创造能够超越观众心理预期的直播内容，才更容易给其带来惊喜。

3）运用同理心，站在观众的角度进行思考。直播运营团队在策划直播内容时要懂得换位思考，要注意增加主播与观众的互动环节，这样更容易让观众感觉自己受到了重视，满足了他们的心理需求。

（2）挖掘垂直度高的内容　要想提高直播内容对观众的吸引力，让观众对直播间保持持续的关注，最有效的一种方式是采取垂直性策略，为观众提供垂直度高的内容。所谓垂直性策略，就是针对某个特定领域、特定人群或者某些特定需求来提供信息或服务。垂直性策略的特点是专、精、深，内容专注于某个特定领域或方向，具有浓郁的行业色彩，直播时主播推送的直播内容都是与该领域或方向密切相关的内容，没有该领域或方向之外的闲杂内容。

（3）提升直播内容的专业性　直播运营团队要想长久地吸引观众关注直播间，不能单靠主播在直播间撒娇、卖萌等手段，而应该从专业化信息入手，为观众提供具有专业性的直播内容，让观众能够从直播中获得新的、有价值的信息，从而对直播间保持长期关注。

总而言之，只要直播内容能够持续地为观众带来有价值的信息，观众就会认可其专业度，从而长期保持关注。

（4）借助热点制造话题　在移动互联网时代，热点具有影响范围广、传播速度快的特点，因此热点往往意味着关注和流量。因此，在策划直播内容时，直播运营团队如果能够充分利用好热点，就有可能以极低的创作成本获得非常可观的流量。

1）热点的类型。热点通常可分为两类，即可预见性热点和突发性热点。

可预见性热点是指大众熟知的一些信息，如国家法定节假日、大型赛事活动等，这类热点备受大众关注，持续的时长相对稳定，但同质化内容较多，考验主播的创意能力。直播运营团队可以帮助主播提前做好准备，减轻其创作压力。

突发性热点是指不可预见的突然发生的事件或活动。这类热点的特点是突然爆发，留给主播反应、准备的时间极短，非常考验主播的即时反应能力和快速创作能力，但流量极大。

2）热点的收集。直播运营团队要想借助热点来做直播，首先要能快速、准确地获得热点信息。针对不同类型的热点，直播运营团队在收集热点时可以参考以下方法。

一是对于可预见性热点，直播运营团队可以将每个月、每周会出现的节日、节气、体育赛事、颁奖典礼等事件整理出来，制作成一个热点事件日历，然后按照这个热点事件日历来策划直播内容，准备直播资料。

二是对于突发性热点，直播运营团队可以借助微博热搜榜、搜狗热搜榜、头条指数、百度热点、清博大数据等平台收集热点。

3）对热点进行分析。当遇到一个热点时，主播不能为了追求热点的及时性就马上将其应用到直播中，而应和直播运营团队一起对热点进行分析，判断该热点是否值得使用，是否符合主播的直播定位，以及在直播时应当如何运用该热点等。通常来说，直播运营团队可以从以下几个维度对热点进行分析。

一是热点的来龙去脉。直播运营团队要了解热点的内容和始末，明白热点是如何发生的，热点的真实经过是什么，不能看到一个热点就想着去"蹭"，为了抢占热点的时间优势而不去考究热点的真实性。

二是热点所处的传播阶段。热点具有很强的时效性，直播运营团队需要判断热点所处的传播阶段，从而采取不同的策略。对于刚爆发的热点，只要能够及时抓住，往往能够获得比较可观的流量；对于已经传播了几个小时的热点，直播运营团队要和主播一起对其进行深入分析与深度解读，就热点发表自己的见解和看法；对于传播时间已经超过一天的热点，直播运营团队可以对热点进行复盘、整合、反转再创作。在直播时，主播要从全新的角度对热点进行解读，另辟蹊径地吸引观众的关注。

三是热点的话题性。热点的话题性是指该热点是否具备可讨论性。热点之所以成为热点，是因为它能够在观众之间形成广泛分享和传播，因此具有话题性的热点更容易引起观众的主动参与、互动和传播。

四是热点的受众范围。所谓热点的受众范围，就是分析哪些领域、哪种类型的受众群体会对该热点感兴趣，以及这些受众群体的规模有多大。

五是热点的相关度。热点的相关度是指该热点与直播推广的商品或品牌是否存在某些关联，以及关联的程度。如果某个热点与直播推广的商品或品牌毫无关系，最终只能加深观众对热点的印象，却不能为直播带来任何经济效益。

六是热点的风险性。在运用热点时，主播一定要保持理智，不能触碰"红线"，有悖法律法规、伦理道德等的内容不要去用，不能为了"蹭热点"而毫无底线。

4）根据热点策划直播内容。直播运营团队在根据热点策划直播内容时，需要做好以下三个方面的工作，如图 3-14 所示。

图 3-14　借助热点策划直播内容的要点

一是找准热点的切入角度。借助热点制造话题的本质是借势营销，在借热点的"势"时，直播运营团队首先要做的是找准热点的切入角度。以推广或销售商品的直播来说，要根据观众和商品的特点选择合适的切入角度。

二是对直播内容进行整体规划。选好热点的切入角度后，直播运营团队还需要根据热点对直播内容进行整体规划，以减轻直播时主播的压力。

三是找准发布直播视频的时间点。热点是有时效性的，所以主播在发布借势热点的直播视频时要注意时效性，不能到热点过去之后再发布直播视频。主播要能在极短的时间内获取热点，并抓住利用热点吸引流量的时机。

（5）让观众参与直播内容生产　主播的直播账号在运营一段时间以后，一般都会积累一定数量的忠实观众。此时，主播就可以发动观众的力量，让观众主动参与直播内容的生产，扩大直播内容的生产线，提高直播内容的精准性。主播可以采取以下三种方式来刺激观众主动参与直播内容的生产。

1）情绪化渲染。主播可以对直播内容进行情绪上的渲染，这样更容易引起观众的互动。例如，主播可以在直播过程中讲述一些温馨或充满正能量的小故事。这样很容易让观众感动，从而激发其评论、转发的欲望。

2）在评论区征集观众的意见。在观看直播的过程中，观众可以在评论区畅所欲言。作为直播视频的创作者，主播要懂得利用评论区来加强与观众的互动。主播可以在直播过程中发起讨论议题，鼓励观众在评论区发表自己的观点和看法，并在直播中分享观众的观点和看法。

3）向观众请教问题。主播在直播过程中向观众请教问题，是一种非常有效的提升观众互动兴趣的方式。这样会让观众感觉自己受到重视，从而愿意主动参与直播内容的生产。

3. 直播内容的吸引力

直播是一种内容呈现方式，要想吸引观众、聚拢人气，最重要的是提升直播内容对观众的吸引力。在提升直播内容吸引力的策略上，直播运营团队可以从三个方面来入手：一是坚持直播内容的原创性；二是注重直播内容的真实性；三是提升直播内容的文化内涵。

（1）坚持直播内容的原创性　随着直播市场的不断发展和规范，观众的需求也在不断提升，高质量、原创性的内容会逐渐成为稀缺资源。因此，在直播内容脚本策划时，直播运营团队要坚持直播内容的原创性，要善于运用创新性思维，创作高质量的原创性内容。直播运营团队要坚持直播内容的原创性，需要做好以下两个方面的工作。

1）遵守直播的基本原则。在直播视频时，首先要遵循以下三个原则。

趣味性：直播内容要具有独特的趣味性，能够给观众带来不一样的感受。需要注意的是，不能为了吸引观众关注而违背大众审美情趣。

实用性：直播内容要具有实用价值，能够帮助观众解决一些实际问题。

独特性：推广商品或品牌的直播要根据商品或品牌的特点来打造个性化的内容，向观众展示商品或品牌的价值。

2）做好直播内容规划。在策划原创性的直播内容时，直播运营团队要做好直播内容规划，为直播提供方向和思路，从而让后续的直播有的放矢。

直播运营团队在进行营销类直播内容规划时，需要结合商品或品牌的特点及优势。主播可以将商品或品牌的特点用几个关键词概括出来，然后根据关键词规划直播内容和表现风格。

（2）注重直播内容的真实性　虽然直播运营团队和主播在策划直播内容时可以充分发挥自己的创意，但直播的内容最好能够与观众产生联系。也就是说，在直播时，主播要用真实的信息和情感来打动观众，而不是策划一些无中生有的内容，虚情假意地表达自己对某些事物的看法。

（3）提升直播内容的文化内涵　随着直播行业内容运营的不断细化，观众对直播内容质量的要求也在不断提高。当前，直播行业已经不再是单纯拼颜值的时代了，高质量、有内涵的直播内容更受观众的青睐。因此，直播运营团队要精心创作具有深刻的文化内涵、具有艺术审美性、积极健康的直播内容，让观众能够通过观看直播得到艺术的熏陶和精神的升华。尤其是对于通过直播开展营销活动的品牌商和企业来说，更需要在提升直播内容的文化内涵上下一番功夫。

在企业直播营销中，提升直播内容的文化内涵，不仅是为了提升直播行业的整体水平，还是为了让直播内容与企业的形象更加贴合。正是因为直播能够为观众带来更加直观的视觉体验，所以观众可以通过直播画面看到企业的形象和品牌的形象。具有文化内涵的直播内容会让观众感受到企业的高端品质，而多数观众在购买商品时会在自己消费能力范围内尽可能地选择具有高端品质的企业产品。因此，直播运营团队开展直播营销，必须为观众打造具有文化内涵的直播内容，让观众感受到企业的高端品质和品牌价值。

（四）整场直播脚本设计

一场直播通常会持续几个小时，在这几个小时里，主播先讲什么、什么时间互动、什么时间推荐商品、什么时间送福利等，都需要提前规划好。因此，直播运营团队需要提前准备好整场直播脚本。

整场直播脚本是对整场直播活动的内容与流程的规划与安排，重点是规划直播活动中的"玩法"和直播节奏，这可以让直播运营团队的成员根据工作职责实现默契配合。在为一场直播设计整场直播脚本时，通常按以下两个步骤进行。

第一步，明确整场直播脚本的要点。整场直播脚本的要点一般包含直播主题、直播目标、主播介绍、直播时间、直播地点、商品数量、注意事项、人员安排、直播的流程细节等，见表3-5。

表3-5　整场直播脚本的要点

直播脚本要点	说　明
直播主题	从用户需求出发，明确直播的主题，使用户了解直播信息，如"××品牌春装新品上市特卖会""××文具旗舰店开学大乐购"等，避免直播内容没有营养
直播目标	明确开直播要实现何种目标，即明确是以积累用户为主，是以提高销售额为主，还是以宣传新品为主。注意直播目标设定要遵循SMART原则，以便衡量直播效果
主播介绍	介绍主播、副播的名称、身份等

（续）

直播脚本要点	说　　明
直播时间	明确直播开始到结束的时间
直播地点	明确直播地点
商品数量	注明商品的数量
注意事项	说明直播中需要注意的事项
人员安排	明确直播参与人员的职责。例如，主播负责讲解商品、解释活动规则、引导用户关注、下单等；助理负责协助主播与用户互动、回复用户提出的问题、发放优惠信息等；场控、客服负责商品上下架、修改商品价格、与用户沟通转化订单、发货与售后等
直播的流程细节	直播的流程细节要非常具体，详细说明开场控制、商品讲解、优惠信息、用户互动、结束预告等各个环节的具体内容、如何操作等问题。例如，什么时间讲解第一款商品，具体讲解多长时间，什么时间抽奖等，尽可能把时间都规划好，并按照规划来执行

> **直播小贴士**
>
> 整场直播脚本的作用具体体现在：一是明确直播主题和目标；二是把控直播节奏；三是指导主播、助播、策划等直播参与人员的动作、行为和话术；四是控制直播预算成本，商家预算有限，可以提前在脚本中设计好优惠券面额或者优惠活动、赠品支出等。

第二步，撰写整场直播脚本。整场直播脚本通常以表格的形式呈现。整场直播脚本中的直播时间、直播地点、直播主题、直播目标、商品数量等按实际直播情况填写，直播流程需详细具体，以便主播把控直播节奏。"过款式"整场直播脚本示例见表3-6。

表3-6 "过款式"整场直播脚本示例

直播活动概述	
直播主题	××护肤小课堂
直播目标	"吸粉"目标：吸引10万用户观看 销售目标：从直播开始至直播结束，直播中推荐的10款新品销售量突破10万件
主播、副播	主播：×××，品牌主理人、时尚播主 副播：×××
直播时间	2023年6月18日，20:00—22:30
直播地点	××直播室
商品数量	10款
注意事项	① 丰富互动"玩法"，提高用户活跃度，增加"粉丝"数量 ② 直播讲解节奏为商品讲解＋回复用户问题＋互动；直播讲解时间分配为商品讲解60%＋回复用户问题30%＋互动10% ③ 不同商品契合不同的应用场景 ④ 多讲解××系列新品

（续）

直播流程				
时间段	流程安排	人员分工		
^^	^^	主播	副播	场控/客服
20:00—20:10	开场预热	自我介绍，向进入直播间的用户问好，介绍开场直播截屏抽奖规则，强调开播时间，简单介绍今日主推款商品，引导进入直播间的用户关注直播间	演示直播截屏抽奖的方法，并回复用户提出的问题	向各平台分享开播链接，给"粉丝"群推送开播通知，收集中奖信息
20:10—20:20	活动剧透	剧透今日新款商品、主推款商品，以及直播间优惠力度	商品配套展示，补充主播遗漏的内容	向各平台、"粉丝"群推送本场直播活动信息
20:20—20:25	商品推荐	分享冬季护肤注意事项，并讲解、试用第一款商品，全方位展示商品的包装，介绍商品的特点和功能，回复用户提出的问题，引导用户下单	配合主播演示商品使用方法和使用效果，引导用户下单	在直播间添加商品链接；回复用户关于订单的问题，收集在线人数和转化数据
20:25—20:30	商品推荐	讲解、试用第二款商品，全方位展示商品的包装，介绍商品的特点和功能，回复用户提出的问题，引导用户下单	配合主播演示商品使用方法和使用效果，引导用户下单	在直播间添加商品链接；回复用户关于订单的问题，收集在线人数和转化数据
20:30—20:35	红包活动	与用户进行互动，发送红包	提示发送红包的时间节点，介绍红包活动规则	发送红包，收集互动信息
20:35—20:40	商品推荐	讲解、试用第三款商品，全方位展示商品的包装，介绍商品的特点和功能，回复用户提出的问题，引导用户下单	配合主播演示商品使用方法和使用效果，引导用户下单	在直播间添加商品链接；回复用户关于订单的问题，收集在线人数和转化数据
20:40—20:45	商品推荐	讲解、试用第四款商品，全方位展示商品的包装，介绍商品的特点和功能，回复用户提出的问题，引导用户下单	配合主播演示商品使用方法和使用效果，引导用户下单	在直播间添加商品链接；回复用户关于订单的问题，收集在线人数和转化数据
20:45—20:50	福利赠送	新增关注的500人进行抽奖，中奖者获得新品试用装一份	提示发送福利的时间节点，介绍抽奖规则	收集中奖信息，与中奖者取得联系
20:50—21:00	商品推荐	讲解、试用第五款商品，全方位展示商品的包装，介绍商品的特点和功能，回复用户提出的问题，引导用户下单	配合主播演示商品使用方法和使用效果，引导用户下单	在直播间添加商品链接；回复用户关于订单的问题，收集在线人数和转化数据
21:00—21:05	商品推荐	讲解、试用第六款商品，全方位展示商品的包装，介绍商品的特点和功能，回复用户提出的问题，引导用户下单	配合主播演示商品使用方法和使用效果，引导用户下单	在直播间添加商品链接；回复用户关于订单的问题，收集在线人数和转化数据
21:05—21:10	商品推荐	讲解、试用第七款商品，全方位展示商品的包装，介绍商品的特点和功能，回复用户提出的问题，引导用户下单	配合主播演示商品使用方法和使用效果，引导用户下单	在直播间添加商品链接；回复用户关于订单的问题，收集在线人数和转化数据

（续）

直播流程				
时间段	流程安排	人员分工		
		主播	副播	场控/客服
21:10—21:20	福利赠送	新增关注的500人进行抽奖，中奖者获得新品试用装一份	提示发送福利的时间节点，介绍抽奖规则	收集中奖信息，与中奖者取得联系
21:20—21:25	商品推荐	讲解、试用第八款商品，全方位展示商品的包装，介绍商品的特点和功能，回复用户提出的问题，引导用户下单	配合主播演示商品使用方法和使用效果，引导用户下单	在直播间添加商品链接；回复用户关于订单的问题，收集在线人数和转化数据
21:25—21:30	商品推荐	讲解、试用第九款商品，全方位展示商品的包装，介绍商品的特点和功能，回复用户提出的问题，引导用户下单	配合主播演示商品使用方法和使用效果，引导用户下单	在直播间添加商品链接；回复用户关于订单的问题，收集在线人数和转化数据
21:30—21:35	商品推荐	讲解、试用第十款商品，全方位展示商品的包装，介绍商品的特点和功能，回复用户提出的问题，引导用户下单	配合主播演示商品使用方法和使用效果，引导用户提出的下单	在直播间添加商品链接；回复用户关于订单的问题，收集在线人数和转化数据
21:35—21:40	红包活动	与用户进行互动，发送红包	提示发送红包的时间节点，介绍红包活动规则	发送红包，收集互动信息
21:40—21:50	商品返场	对销售情况较好的商品进行返场讲解	协助场控向主播提示返场商品，协助主播回复用户提出的问题	收集、分析每款商品的在线人数和点击转化数据，向助理与主播提示返场商品，回复用户的订单咨询
21:50—22:00	直播预告	预告下一场直播的时间、福利、直播商品等	协助主播引导用户关注直播间	回复用户关于订单的问题

优秀的整场直播脚本要考虑到直播过程中的细枝末节，让主播从上播到下播都有条不紊，让每个参与人员、道具都得到充分的调配。

（五）单品直播脚本设计

单品直播脚本是基于单个商品的脚本设计，其核心是突出商品卖点，它对应整场直播脚本的商品推荐部分。在一场直播中，主播会向用户推荐多款商品，主播只有对每款商品的特点和优惠措施有清晰的了解，才能更好地将商品的亮点和优惠活动传达给用户，刺激用户的购买欲。因此，为了帮助主播明确商品的特点，熟知对每款商品应采用的营销手段，直播运营团队最好为直播中的每一款商品都准备一个直播脚本。以服装为例，其单品直播脚本设计可以围绕尺码、面料、颜色、款式、细节特点、使用场景、搭配方法等进行说明。

直播运营团队可以将单品直播脚本设计成表格的形式，要点包含商品导入、商品卖点、商品利益点、引导转化等，各要点呈现层层递进的关系，见表3-7。

表 3-7　设计单品直播脚本的要点

要　点	说　明
商品导入	为引出商品做铺垫，向用户说明"为什么要买"。常用方法是用话题引出商品，如用"眉型对气质的影响"的话题引出修眉工具，用"夏天容易晒黑甚至晒伤"的话题引出防晒霜或者防晒喷雾等
商品卖点	介绍商品属性和商品的功能或作用，向用户说明"为什么值得买"。商品属性，如商品款式、颜色、材质、品牌、尺寸大小等；商品的功能或作用，如加厚加绒的衣服能保暖御寒等
商品利益点	介绍商品给用户带来的利益，即商品具有的作用、能够给用户带来的好处，如安全、舒适、经济、耐用、耐看、方便等，向用户说明"为什么'必须'买"。例如，亚麻针织衫轻薄透气，并且方便打理
引导转化	引导用户"马上买"，通常采用"限时限量"的手法营造出紧迫感，或通过"比价"体现价格优势促进用户下单。"限时限量"，如"本款商品仅有 100 件，先拍先得"；"比价"，如"商品的市场价是 169 元，直播间只要 69 元"

根据单品直播脚本的要点，现为某品牌不粘锅产品设计 5 分钟的单品直播脚本，见表 3-8。

表 3-8　某品牌不粘锅的单品直播脚本示例

要　点	脚 本 内 容
商品导入	××品牌历史悠久，旗下商品销往全球 50 多个国家和地区，其中 6 个品类的商品市场占有率名列前茅。它的设计一向遵循"健康""丝滑""轻巧"的理念。××品牌至今有 30 年历史了，真材实料，价格"亲民"，性价比很高。其他品牌同类商品均需 900～1000 元，但是这款不粘锅直播间价格仅售 299 元（约 1 分钟）
商品卖点	① 用途多样，具有煎、焖、炸、烙等多种烹饪功能 ② 锅体内表面健康不涂层，采用麦饭石色撒点工艺，时尚美观，耐磨耐用 ③ 锅面光滑，烹饪食物不粘黏，易冲洗 ④ 锅体为加厚铝合金基材，耐高温，经久耐用 ⑤ 锅体底厚壁薄，导热均匀 ⑥ 磁感应加厚复合锅底，燃气灶、电磁炉均可使用 ⑦ 手柄设计遵循人体工程学原理，手握舒适、轻巧 ⑧ 打理容易，全锅可用洗碗机清洗，解放双手 （约 2 分钟）
商品利益点	锅，要好看！才对下厨心动。外表精美，不怕粘，实力与颜值双在线，让下厨更简单。这款锅真正做到了 6 倍耐磨，锅底采用熔射工艺，全锅可安全放入洗碗机。另外，这款锅的火红点感温设计更适合新手的你，掌握下菜时机，少油烟，更健康（约 1 分钟）
引导转化	这款不粘锅的标价是 988 元，你们猜它在直播间的售价为多少？只要 299 元！惊不惊喜？意不意外？同时，这款不粘锅还提前享受"双 11"优惠：今天在直播间购买此款不粘锅享受"双 11"同价，并且赠送可视玻璃锅盖和不粘锅专用铲，下单备注主播名称即可（约 1 分钟）

直播小贴士

在直播进行时，直播间页面应持续显示"关注店铺"卡片，主播要引导用户关注、分享直播间，在为直播间点赞的同时，加入"粉丝"团并完成下单。

一个直播脚本的质量是否高，需要通过真实的直播来验证。所以，每次直播后，直播运营团队都需要及时复盘不同时段的数据和问题，分析直播间在不同节点的优缺点，进而对脚本进行改进和优化。通过多次直播的锤炼，直播运营团队可形成一套适合自己直播间的脚本制作策略，让脚本更高效地为直播服务，使商品销量不断攀升。

任务实施

设计单品直播脚本：现有一款设计简约、休闲百搭的短袖 T 恤，请同学们依据该短袖 T 恤的商品简介与表 3-9 为该短袖 T 恤设计一份单品直播脚本，并填写表 3-10。

1）材质：由高档棉质面料精制而成，质地柔软、亲肤。
2）领口：采用拉架式螺纹工艺，较普通领口有不易变形的优势，弧度恰当，穿上无松弛和紧绷现象。
3）肩部：独特修型剪裁，贴合肩部，更加突显肩部的线条，舒适不紧绷。
4）印花：采用国际领先的热烫印技术，图案清晰，经多次洗涤检验，图案不脱色，时尚美观。
5）袖口：双车线缝制高品质袖口，便于活动，舒适自如。
6）下摆：精密车线缝制的下摆，做工细致，不易脱线、变形，耐穿耐洗。
7）颜色：绿色、白色、蓝色、粉蓝色和浅紫色。
8）优惠：电商平台旗舰店 108 元一件，直播间 78 元一件，再送两双全棉袜子。

表 3-9　单品直播脚本示例

要　点	内　容
商品导入	①衣服不仅仅是一种服饰，还体现了人们内心深处对美的理解和人们的精神生活，这就是××T 恤想传达的理念 ②夏天来了，T 恤是我们常穿的衣服类型之一。一个一本正经、工作认真的大叔，和一个穿着粉色或紫色、古典或卡通 T 恤的一本正经、工作认真的大叔，哪个更容易吸引人注意？显然，后者更加引人注目
商品卖点	这是一款做工精良、时尚个性的 T 恤。××T 恤由高档棉质面料精制而成，质地柔软、颜色丰富。它的领口、肩部、袖口、下摆，每一次剪裁、每一处收边，都经得起挑选和检验，穿上不易变形，无松弛和紧绷现象
商品利益点	××T 恤穿着贴身，舒适而不紧绷，耐穿耐洗，不易脱色，也不易变形，既可以满足人们对 T 恤外观靓丽、穿着舒适的物质需求，又可以满足人们追求创意与个性的精神需求。在阳光灿烂的春天，如何在人群中展示品位？××T 恤帮助您！细节的处理和印花的别具匠心，是展现您气质的首选。闷热的夏天让人郁闷烦恼，××T 恤让您在潮流前线行走，跳出都市铁笼般的沉闷、枯燥与乏味，让都市生活不再单调
引导转化	××T 恤××平台旗舰店 108 元一件，现在直播间只要 78 元一件，下单再送两双全棉袜子

表 3-10　短袖 T 恤单品直播脚本

要　点	内　容
商品导入	
商品卖点	
商品利益点	
引导转化	

任务评价

同学们完成任务后,提交短袖T恤单品直播脚本。老师根据内容进行评价打分。

实训评价表

序号	评分内容	总分	老师打分	老师点评
1	是否掌握了单品直播脚本的要点	50		
2	是否能撰写出条理清晰的单品直播脚本	50		

总分:_____

知识拓展

直播控场策略

商家开直播的目的之一是销售商品,但是即便直播运营团队把直播脚本设计得再好,直播中也可能遇到各种突发情况,这就需要直播运营团队和主播能够灵活应对并设计具有感染力的直播营销话术。设计直播营销话术需要把握好以下要点。

一、话术用词要符合规范

直播电商正朝着规范化的方向发展,一系列规范直播参与者行为的政策、法规相继出台。因此,主播的营销话术要符合相应的政策要求,在介绍商品时不能使用违规词,不能夸大其词。直播运营团队和主播在设计话术时要避开争议性词语或敏感性话题,以文明、礼貌为前提,既要让表达的信息直击用户的内心,又要营造出融洽的直播氛围。

二、话术要具有专业性

直播话术的专业性体现在两个方面:一是主播对商品的认知程度,主播对商品认知得越全面、越深刻,在进行商品介绍时就越游刃有余,越能彰显自己的专业性,也就越能让用户产生信任感;二是主播语言表达方式的成熟度,同样的一些话,由经验丰富的主播说出来,往往比由新手主播说出来更容易,更能赢得用户的认同和信任,这是因为经验丰富的主播有着更成熟的语言表达方式,他们知道如何说才能让自己的语言更具说服力。对于新手主播来说,在直播营销话术的专业性方面,需要重点关注以下三点。

1)如何说才能让用户更容易理解,听得更舒服?
2)如何说才能凸显自身的专业性,让用户更信服?
3)如何说才能让自己的语言表达形成个人风格?

三、话术要体现真诚

在直播过程中,主播不要总想着怎样讨好用户,而应该与用户交朋友,以真诚的态度和语言来介绍商品。真诚的力量是不可估量的,真诚的态度和语言容易让用户产生共鸣,拉近主播与用户的关系，这样用户才有可能配合主播做些互动。

四、语言要口语化，富有感染力

高成交直播营销话术设计的重点是让主播在介绍商品时语言要口语化，同时搭配丰富的肢体语言、面部表情等。主播的整体表现具有很强的感染力，能够把用户带入描绘的场景中。

例如，主播在介绍一款垃圾袋时，可以这样设计话术："不知道大家有没有遇到过类似的情况，倒垃圾时垃圾袋漏出一些带腥味的液体，味道很难闻，有时不得不套两个垃圾袋。在超市里买的垃圾袋明明写着是加厚的，买回来一看还是很薄。如果有人遇到这种情况，那你一定要买这款垃圾袋。我特别喜欢它的款式，它带着一个抽拉绳，能够非常牢固地套在垃圾桶上。它能承重10千克，日常装垃圾完全没有问题，非常方便耐用，直接买就对了。"这样一段浅显易懂的话术加上直播现场的操作演示，能够直接戳中用户的痛点，用户感受更真实，更容易做出购买行为。

任务三　直播间大型活动策划

任务描述

在直播脚本的帮助下，小文的父母对直播越来越感兴趣，特别是小文的爸爸逐渐掌握了直播节奏，直播效果越来越好。每次直播后，小文一家都非常重视复盘不同阶段的数据和问题。小文也通过专业学习对脚本进行多次改进和优化，让脚本更高效地为直播服务，她家的特产在直播间的销量不断攀升。与此同时，小文观察到商家为了更好地实现营销目标，他们会参加各直播平台举办的各项大促活动。于是，小文带着父母一起关注各大平台直播间的大型活动，学习并总结经验，寻找新的突破口，为家乡特产的销售增长开辟新天地。

知识储备

直播间大型活动是商家必须经历的重要"战役"，也是商家在直播领域获得成长的必经环节。策划直播间特色主题活动更能助力商家成长，也是提高直播间对用户吸引力的有效方法之一。

但是，直播运营团队在做直播间大型活动方案策划时，切忌主观臆断，要从用户的角度出发，多为用户考虑，从而达到更好的直播效果。

一、直播间大型活动策划要点

（一）确定直播开始时间和持续时长

确定直播开始时间和持续时长是直播间大型活动方案策划的第一项内容。在规划直播开始时间和持续时长前，直播运营团队要清楚以下三个问题。

1）什么时间开播最合适？
2）直播预计持续多长时间？
3）要用多长时间做好直播收尾？

直播运营团队应综合考虑各方面的因素，确定直播开始时间和持续时长，并严格执行。建议直播时间段固定，并保持准时开播，这样能够促进"粉丝"形成按时观看直播的习惯。在直播临近结束的时候，及时预告下次直播，能让"粉丝"持续关注下一场直播。

> **直播小贴士**
>
> 推荐几个流量高的直播时间段：
>
> 1. 7:00—10:00，**赖床时间**
>
> 此时观看直播的人，时间相对自由，收入相对稳定可观。此时平台上开播的主播人数少、竞争小，是圈粉的好时机。
>
> 2. 12:00—14:00，**午休时间**
>
> 此时观看直播的人大多数是上班族，收入稳定可观。此时平台上开播的主播人数逐渐增加、竞争逐渐变大，是维护"粉丝"的时间。
>
> 3. 19:00—次日4:00，**高峰时间**
>
> 此时平台迎来流量高峰，无论是主播还是观众都在这段时间涌进平台，消费也达到高峰，是刺激消费的时间。

（二）确定直播互动方式

直播互动方式可以影响直播间的氛围和人气。只有直播间有人气，观众才会停留。和"粉丝"互动的方式有很多种，主播可以在直播间引导"粉丝"评论，也可以通过游戏互动、连麦互动来活跃直播间的氛围。

1. 引导"粉丝"评论

主播要提前了解"粉丝"的偏好，与"粉丝"互动，引导"粉丝"评论。例如，主播可以直接向"粉丝"说"喜欢的请扣1""想要这个赠品吗？想要的扣1"等，让更多的人参与直播互动中来。

2. 游戏互动

主播还可以通过游戏互动的方式来活跃直播间氛围，如开展答题活动、领红包活动等。例如，主播可以说"大家觉得橘色大衣好看还是黄色大衣好看？选橘色的扣1，选黄色的扣2"。

3. 连麦互动

"粉丝"和主播连麦互动，不仅有助于提高直播间的热度，调动直播间的氛围，提高"粉丝"的积极性，还能帮助主播塑造权威和专业的形象。

（三）确定直播促销活动

利用各种礼品促销活动、点赞活动、周期性活动、竞价活动、随机活动等留住观众和有意向的用户。

1. 礼品促销活动

礼品促销是商家促销商品的一种销售手段。礼品促销活动成本低、效果好，是性价比较高的促销活动之一。在激烈的竞争中，礼品促销可以为商家争取更多的生意、更快的成交速度。礼品促销有签到礼、互动礼、分享礼、下单礼等。图3-15所示为礼品促销活动。

图3-15　礼品促销活动

开展礼品促销活动，首先参加活动的商品要经过精挑细选，一般是受欢迎的、比较热门的商品；其次要选择时间，也就是确定哪个时间段是活动时间，直播运营团队需要对时间进行分段规划，不能一直开展活动。

2. 点赞活动

点赞数体现了活跃人数。点赞数越多，直播间的人气也就越高，所以直播运营团队一般都会设置点赞数达到多少就发红包、发福利。这样有购买欲望的人就会主动支持主播，为主播点赞、提升人气，以获取自身需要的优惠。

3. 周期性活动

周期性活动一般是每周固定时间开展的直播活动，或者每月固定时间开展的直播活动。这样的活动对看直播时间很少的"粉丝"有很好的维护作用，同时也能增加直播间的趣味性。

4. 竞价活动

竞价活动包括设置1元起拍等，适用于人气比较高的直播间，尤其适用于推销新品。

5. 随机活动

随机活动的特点是给主播提供更大的权限，如主播可以临时决定送礼品的额度。因此，主播的积极性更高和自由度更大。这也有利于提升直播间的人气，但是权限大小需要根据主播的实际执行力来确定。

（四）确定直播引流方案

直播引流的目的在于提升直播间人气，有更多的人进入直播间才能有更高的转化率。确定直播引流方案，有利于最大限度地提升直播间人气。

1. 通过短视频引流

直播运营团队可提前 1～2 天发布直播预告短视频进行直播预热。从预热视频的评论中，直播运营团队可以了解"粉丝"的需求，从而在直播中有针对性地进行推广。这样既能提升"粉丝"的好感度，又能提高直播商品的转化率。

2. 优惠促销引流

不定期在直播间发放优惠券，利用专属利益刺激消费，可以刺激用户的购买欲望，提高商品的转化率，同时还能活跃直播间气氛。直播运营团队也可以发布定时抽奖活动，以延长用户的留存时间。

3. 站外资源宣传引流

直播运营团队可以用站外资源对直播进行大力宣传，如通过朋友圈、QQ 群、微博等社交平台，告诉用户具体的直播时间、直播相关内容等。

二、平台大促直播活动策划

每年的"6·18""双 11"大促都是每个商家必须经历的重要"战役"，尤其是"双 11"大促对商家全年的销售额有着至关重要的影响。下面以"双 11"大促为例，介绍平台大促直播活动的策划策略。

"双 11"大促周期可以分为五个阶段，即蓄水期、预售期、预热期、爆发期和售后服务期，如图 3-16 所示。在不同的阶段，直播运营团队需要采取不同的策略。

① 蓄水期（10 月 1 日—10 月 20 日）
② 预售期（10 月 21 日—10 月 31 日）
③ 预热期（11 月 1 日—11 月 10 日）
④ 爆发期（11 月 11 日）
⑤ 售后服务期（11 月 12 日及以后）

图 3-16 "双 11"大促周期的五个阶段

（一）蓄水期（10月1日—10月20日）

在蓄水期，直播运营团队的工作核心是用户"种草"，创造需求，为"双11"大促积累流量。在此阶段，直播运营团队需要重点做好以下几项工作。

1. 备货测款

在蓄水期，直播运营团队可以通过直播进行大促商品的测款工作，并进行备货，从供应链端做好商品准备。在测款的时候，直播运营团队可以将店铺内的商品依次上架到直播间进行直播销售，通过商品的直播数据表现和用户反馈，选出"双11"大促期间的主推款商品，然后以主推款为核心在抖音、快手、小红书等不同平台投放引流内容，对用户进行"种草"，激发他们对商品的需求。

在测款直播中，直播运营团队要注意监测各款商品的销售数量，预估"双11"大促的备货量，把握商品库存，尽量降低库存风险。

2. 确定目标

直播运营团队结合店铺运营策略制定直播目标，以合理规划"双11"大促费用，安排"双11"大促人员。

3. 策划活动方案

直播运营团队要做好"双11"大促直播活动方案策划及相关准备工作。例如，撰写"双11"大促直播脚本，设计并测试直播封面图、直播标题等。

4. 组建直播运营团队

直播运营团队是做好直播活动的重要保障。因此，在"双11"大促开始之前，商家要组建专业的直播运营团队，明确人员职责，以确保在"双11"大促直播中人员的相互协调与配合。

5. 筛选"达人"主播

在"双11"大促中，有的商家可能会与"达人"主播合作，借助"达人"主播的影响力提高店铺的销售业绩。在蓄水期，商家必须和直播运营团队一起，结合自身品牌、商品的特性，以及商品购买人群的特点去筛选"达人"主播，确定合作对象，并确定合作流程和内容，确保"双11"大促直播的顺利进行。

6. 拉新"增粉"

商家店铺的资源位可以为直播间拉新"增粉"做准备。直播运营团队可以在店铺首页轮播图片、商品详情页等资源位，展示"双11"福利。例如，发放与"双11"大促相关的优惠券，利用优惠利益吸引更多用户关注店铺和"双11"直播活动。

直播运营团队还可以为新会员提供更多福利，加大优惠力度。例如，新加入会员可以领取"满×元减×元""双11"大促专享优惠券或者"预付×元抵×元"优惠活动。这些活动宣传能吸引更多用户成为店铺"粉丝"或会员，增强新用户的黏性，以更好地激发用户参与店铺"双11"大促的意愿。

（二）预售期（10月21日—10月31日）

进入预售期，直播运营团队的工作重点是提升用户在直播间的互动率，增加用户在直播间的停留时间。

1. "粉丝"召回

在日常直播中，直播运营团队可以在直播间设置"粉丝"亲密度，将"粉丝"进行分级。这样有利于直播运营团队对不同级别的"粉丝"采取不同的营销策略。在"双11"大促预售期，直播运营团队可以为直播间不同级别的"粉丝"设置不同的福利权益，提升"粉丝"的回访率，延长"粉丝"在直播间的停留时长。

2. 预付订金引导

主播需要根据店铺的营销规划和商品布局，有重点地引导用户预付订金，提高商品被用户加入购物车的概率。对于主推款商品来说，直播运营团队可以为其设计更具吸引力的优惠力度，如限量赠送礼品、付订金减免等，以刺激用户预付订金，提高商品转化率。

一般来说，每年的10月21日为"双11"大促预售开启日。因此，直播运营团队可以延长10月20日直播的时长，让直播跨过零点，让用户有充足的时间将商品添加至购物车，并支付订金。在直播时，主播尤其要注重10月21日预售开始的前两个小时。这一时间段的预售会对商品权重造成影响，直播运营团队可以将主推款商品放在该时间段直播，并为商品设置"免订金"福利。在讲解商品时，主播也要重点强调商品"免订金"这一利益点，以刺激用户下单，提高商品转化率。

3. 预售打榜

在淘宝上直播，平台方会举办预售排位赛，根据排位赛的成绩分发流量。因此，直播运营团队和主播要重视并打好预售期排位赛，为后期直播争夺更多的流量。

（三）预热期（11月1日—11月10日）

经过预售期，直播运营团队需要全力备战"双11"，采取多种方式为"双11"直播预热，对用户进行深度"种草"，提升用户留存率。

1. 优化用户权益

直播运营团队对蓄水期、预售期的直播数据进行复盘分析，针对新老用户的下单情况、商品转化率以及竞品的数据表现等，调整并优化用户权益，用差异化的用户权益提高用户的购买欲。

2. 多渠道引流

直播运营团队通过店铺微淘、"粉丝"群等渠道进行引流预热。此外，直播运营团队还可以与抖音、快手等平台上的"达人"进行合作，借助"达人"的影响力对用户进行深度"种草"。

（四）爆发期（11月11日）

爆发期就是"双11"当天，在这一天，直播运营团队和主播的核心目标只有一个，就是极致转化,全力冲刺,做好"双11"当天的直播,助力品牌爆发。在爆发期,直播运营团队需要做好以下工作。

1. 直播氛围的营造

直播运营团队要在直播间的装修上融入大促元素,用来加深用户的印象,吸引用户关注直播间,并购买商品。例如,直播运营团队可以在直播封面图、直播标题、直播间的背景设置、直播间贴片等素材上添加大促元素。此外,主播可以佩戴上具有大促氛围的头箍,成为移动的广告位,同时也能增加直播的趣味性。

2. 超长时间直播

在大促期间,直播运营团队要适时调整直播时长。在大促预热期,直播运营团队应该保持在每天的固定时间点开播,并每天逐步延长直播的时间,培养用户观看直播的习惯。在大促爆发期,直播运营团队可以尝试超长时间直播,从11月10日晚上7点或8点开始直播,并且直播跨过零点,一直播到大促爆发期结束。

3. 直播节奏的把控

在大促爆发期,直播运营团队要把控好直播节奏。爆发期直播间不同时间点的工作侧重点见表3-11。

表3-11 爆发期直播间不同时间点的工作侧重点

时间节点	侧重点	具体措施
11月11日 00:00—8:00	营造购物氛围	及时优化和调整直播时间内的贴片,向用户展示直播间的优惠信息,让用户不错过任何优惠信息;多次提示用户支付预售商品的尾款时间;与商品管控人员保持及时沟通,保证商品充足;提醒观看直播的用户关注并分享直播间,为直播间不断吸引流量
11月11日 8:00—16:00	积极引流	及时优化和调整直播间内的贴片,向用户展示直播间的优惠信息,让用户不错过任何优惠信息;引导用户关注并分享直播间
11月11日 16:00—20:00	活动刺激	向用户分享当天的店铺活动、商品活动、会员活动等,用利益点将用户的碎片化时间转化为购物时间
11月11日 20:00—24:00	营造紧张氛围	引导支付定金的用户付尾款,给用户营造紧张感。例如,在直播间添加"双11"倒计时提示牌,刺激用户下单

(五)售后服务期(11月12日及以后)

"双11"大促结束后即进入售后服务期。直播运营团队可能会遇到大量的退款退货、物流等问题,主播也将承担很多售后服务的职能。因为可能会有很多用户在直播间向主播反映商品售后问题,如"如何领取优惠券""如何修改订单地址""如何退款""为什么商品拍下后的价格与直播预告或页面引导中展示的价格不一致"等。对于用户提出的问题,直播运营团队和主播要以积极的态度应对,通过有效渠道及时向用户提出解决方案,为用户创造良好的购物体验。

三、直播间特色主题活动策划

在日常直播中，直播运营团队可以设计一些别出心裁的特色主题活动，为用户制造新鲜感，增强直播间对用户的吸引力，引爆直播间的销量。直播运营团队在策划直播间特色主题活动时要重点关注以下三项内容。

（一）确定活动主题

与日常直播不同，直播运营团队要为特色主题活动设定一个具有吸引力的主题。例如，销售服装的商家可以在初春上春装之际策划一场"夏日约会穿搭"的直播。

（二）根据活动主题选品

直播运营团队先根据活动主题选出本场直播活动的主推款商品，然后根据主推款商品选择辅推款商品。主推款商品的风格与活动主题相契合。表3-12为两个特色主题活动的选品规划方案示例。

表3-12 特色主题活动的选品规划方案示例

所属类目	特色主题	主推款商品	辅推款商品
女装类目	夏日约会穿搭	清爽、显瘦、浅色调为主；以裙装为主，符合夏日约会主题	①裙装搭配款，如遮阳帽、空调衫、T恤、衬衣等 ②裙装替代品，如短裤、七分裤等 ③女装换新速度较快，可以推一些早秋新品
食品类目	寻找"90后"童年的味道	20～30岁年轻人童年常吃的食品，符合怀旧主题	①礼包款零食，提高各种零食的单价 ②推出一定数量的新品或店铺独有的商品，例如正常直播推出6～10款怀旧主题食品，搭配两三款店铺新品，为用户提供更多选择

选好特色主题活动的商品后，直播运营团队还需要规划主推款商品和辅推款商品的配比，以有效地提高商品的利用率，为用户制造惊喜感。直播运营团队可以采取以下商品配比模式：在整场特色主题活动直播中，主推款商品的数量占直播商品总数的50%，辅推款中具有销售潜力的商品数量占直播商品总数的30%，辅推款中可能不太好卖的商品数量占直播商品总数的10%，剩下10%的商品可以向用户征求意见，由用户来选择。

（三）做好预热

在特色主题活动开播前的一两天，直播运营团队要通过各种渠道进行活动预热，提醒用户关注直播。在日常直播中，直播运营团队也可以在直播间的公告栏中对特色主题活动的时间进行预告。

任务实施

小文全家经过一段时间的学习后，了解了直播间大型活动策划要点和基本流程，于是全家商量在"双11"时策划一期直播间特色主题活动，主要销售家乡的特产，从而增强直播间对用户的吸引力，引爆直播间的销量。请同学们完成以下策划。

1）从多角度考虑，为本次活动设计具有特色的直播活动主题，并填入表 3-13。

表 3-13　特色主题活动主题策划

序　号	主 题 策 划
1	
2	
3	

2）从多方面考虑，为本次活动挖掘创意点，让直播内容有特色，并填入表 3-14。

表 3-14　特色主题活动创意策划

序　号	创 意 点
1	
2	
3	

3）请同学们根据表 3-13 的主题，结合表 3-12 为各特色主题选品，完成表 3-15。

表 3-15　特色主题活动的选品规划方案

所属类目	特色主题	主推款商品	辅推款商品

任务评价

同学们完成表格填写后，以 3～5 人为单位自由组成讨论小组，讨论并制定最佳策划，将讨论结果制作成 PPT。各组派一名组员代表进行演示。老师根据演示和设计进行评价打分。

实训评价表

序　号	评分内容	总　分	老师打分	老师点评
1	直播活动主题是否有特色	20		
2	直播创意点是否新颖、有吸引力	50		
3	直播选品的风格与活动主题是否相契合	30		

总分：_____

知识拓展

直播选品的要点

直播运营团队在选品过程中，应重视以下几个要点，如图 3-17 所示。

品相
品相好的商品，能够从外观、质地等方面对用户形成强烈的视觉冲击力，更能激发用户的购物欲望

品质
商品质量上佳，可以增强用户黏性，提高用户的复购率和用户对主播的信任度

品牌
一般来说，品牌商品的转化率高于非品牌商品的转化率，商品质量和售后服务更有保障

多样性
商品具有多样性，可以保持直播带货给人的新鲜感，也让用户有更多选择

图 3-17　直播选品的要点

【实训练习】

某品牌女装店想在"6·18"期间开展一场主题直播，请你结合项目三的内容，为其进行策划，并完成实训一和实训二。

1）要在直播间引导"粉丝"评论，通过游戏互动、连麦互动来活跃直播间的氛围。
2）利用各种点赞活动、周期性活动、竞价活动、随机活动等留住观众和意向客户。
3）根据直播目标确定直播主题和直播间的场景布置。
4）确定直播引流方案，最大限度地提升直播间的人气。

实训一：请为该品牌女装店设计一份"6·18"直播活动策划方案。
实训二：请选择其中一款商品，设计一份单品直播脚本。

项目四

直播预热引流

任务情境

通过直播电商，商家可以实现对消费者需求的快速了解，对商品进行快速售卖。在直播电商中，通过主播的引导，消费者可以更好地了解商品，也能通过主播的讲解了解商品的功能特点、使用方法等。小文为了迎接活动大促，需要寻找直播间的流量密码，并开展直播预热，为正式直播做好充分准备。

学习目标

知识目标

- 理解直播间流量来源。
- 掌握直播预热引流的概念。
- 了解直播预热准备的内容。
- 熟悉付费推广工具。

技能目标

- 学会提升直播间在线人数。
- 能够制作和发布预热短视频。
- 能够使用巨量千川推广工具进行直播间流量优化。

素养目标

- 学习自我管理、不畏艰难、独立发展的品质。
- 培养遵纪守法的意识和习惯。

任务一 抓住直播流量

任务描述

小文不清楚怎样抓住直播流量,她以为直播间就是设置好玩的互动环节,要和大家聊天、唱歌、跳舞、玩游戏,再设置一些惊喜环节。在进入公司电商运营部门后,通过培训学习和在同事的帮助下,小文慢慢了解了抓住直播流量的关键是要从目标受众群、直播内容、互动、推广工作等方面入手。由此,小文进行了深入细致的研究。

知识储备

直播流量就是直播的人气值。流量越高直播越容易被推广,也就能够获得更多的"粉丝"关注,得到更高的热度。直播流量是直播的基础。以淘宝直播平台为例,其直播有两类:一类是明星直播或者达人直播;另一类是商家直播或者称为店铺直播。前者的直播需要通过曝光来把流量集中起来,通过分发广告的形式让更多用户了解,而商家直播主要是把用户吸引过来,进行店铺产品交易的转化。

一、直播间的流量来源

在直播电商中,直播间的用户来源于自然流量和付费流量。

(一)自然流量

自然流量是通过观众从淘宝等平台产生的浏览、关注、收藏、购买等行为来获取的一种免费用户。

当直播间的观看人数达到一定数量时,系统会将直播间的热门视频推送给其他直播间的观众。同时,当一个用户在直播间停留时间过长时,系统会根据用户的个人信息、购物记录等内容推荐给其他用户。这要求直播前主播先把直播脚本定好。在直播当中为了照顾后面进来的观众,主播应及时进行复述和提醒。在直播电商中,自然流量是直播间非常重要的流量来源,它不仅能带来用户流量,还能带来一定的成交量。在直播电商中,自然流量能够为商家带来一定的销量和关注度,同时也能够提升直播电商平台的内容质量和服务质量。

(二)付费流量

付费流量是指商家通过付费推广、广告投放等方式获取的一种免费用户。

在直播电商中,主播和商家可以通过付费流量来获取免费用户。付费流量可定位到广告效果,能够明确每一笔资金投出去的广告效果。以淘宝直播为例,平台广告投放主要是指淘宝平台上的所有卖家在直播时都可以进行商品展示,如直通车、钻展等。商家付费推广是指在直播中对商家的产品进行的付费推广。推广平台主要包括淘宝官方、淘宝联盟等平台。

对于新开播的主播,直播前几天会享受流量扶持,随后主播的个人能力、运营等方面的影响会引起直播间流量的变化。一般在开播前期,付费流量占50%~80%,自然流量占比较低。随着主播和直播运营团队磨合深入，比较理想的情况为自然流量占70%，是直播间最主要的部分，付费流量占30%，以平台广告投放和商家付费推广为主，这样能为直播团队带来较高收益。直播平台广告投放付费流量如图4-1所示。

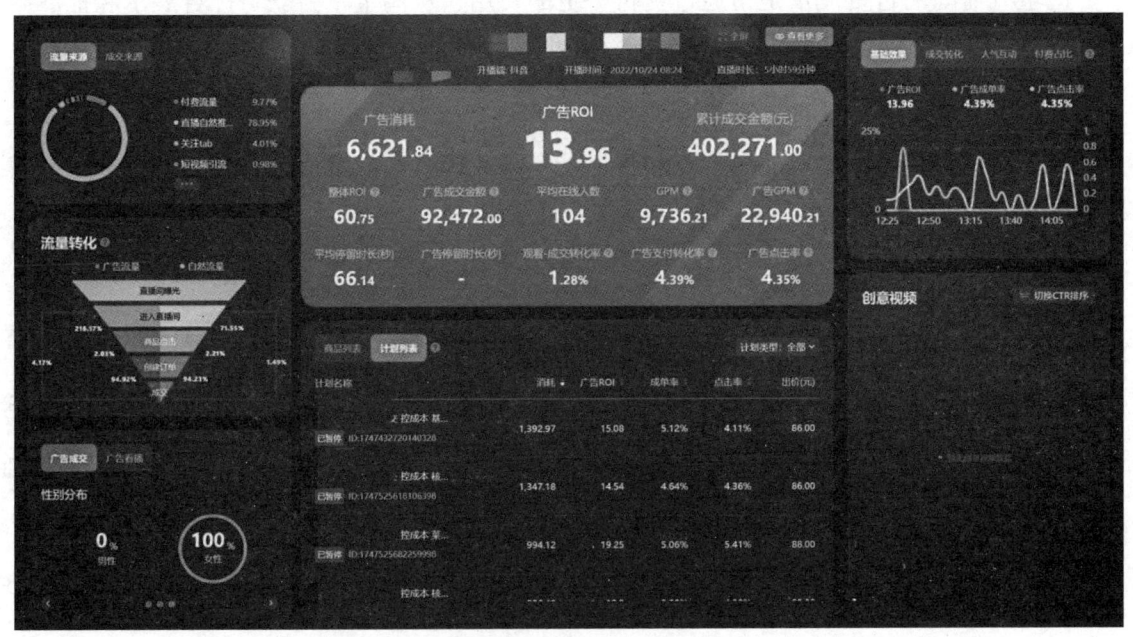

图4-1　直播平台广告投放付费流量

（三）淘宝直播间的自然流量与付费流量

1. 淘宝直播间的自然流量

淘宝直播间的自然流量指的是自主访问流量，在此过程中获得的流量并非是店铺付费而得，而是用户自主访问带来的。自主查找带来的流量以及站内的点击带来的流量均属于自然流量。这也是店铺进行引流的一种主要方式。淘宝直播间获得自然流量主要有以下几种方法。

（1）借助直播标题和描述　具有吸引力的标题，包括优化关键词，能够吸引用户点击进入。同时完善直播描述，详细介绍直播内容和产品特点，提高搜索引擎对主播直播间的定位，就能提升店铺排名。

（2）提前预告直播　在淘宝、微信、微博等平台提前宣传直播，吸引用户关注和期待。直播运营团队可以发布预告片、精彩片段等内容，提升用户对直播的兴趣。

（3）借助社交媒体传播　利用微信朋友圈、微博、抖音等平台分享直播信息，扩大直播的传播范围。可以请亲友转发、@相关用户或大号，增加曝光量和点击率。

（4）SEO（搜索引擎）优化　通过搜索引擎优化，提高直播页面在搜索结果中的排名。可以通过关键词优化、网站结构优化等方式提高页面的可见性。

（5）合作推广　与其他有影响力的网红、博主、KOL（关键意见领袖）合作，邀请他们在自己的社交媒体上推广直播内容，吸引更多用户关注和参与。

（6）用户互动和留存　在直播中与用户互动，回答他们的问题，提供专业的建议，提高用户留存率和转化率。主播可以设置互动环节，奖励参与者，提高用户的黏性。

2. 淘宝直播间的付费流量

淘宝直播间的付费流量是指通过支付一定的费用，从淘宝平台获得广告展示和推广服务，以吸引更多的用户点击进入直播页面。下面是一些淘宝直播间获得付费流量的方法。

（1）直播推广位　在淘宝平台上购买直播推广位，将直播内容展示在首页、频道页等高曝光位置，提高用户点击率和增加曝光量。

（2）精准推广　根据产品的特点和目标受众，选择合适的推广人群和兴趣标签，提高广告推广的精准度，提高点击转化率。

（3）淘宝直播广告　通过购买淘宝直播的广告位，将直播内容以广告形式投放在其他直播间中，吸引用户点击进入。

（4）付费合作　与有影响力的网红、博主、KOL合作，付费请他们在自己的直播间推广产品或服务，通过付费合作获得更多的流量和曝光。

（5）淘宝直播直通车　通过淘宝直播直通车功能，设置广告位、出价等参数，进行竞价排名，增加广告展示量和点击量。

（6）店铺数据分析和优化　定期分析付费流量的效果和转化情况，根据数据调整投放策略和优化广告内容，提高广告投放的效果。

（四）抖音直播间的自然流量与付费流量

抖音作为当前非常流行的音乐创意短视频社交软件之一，用户数量已然达到了亿人级别，TikTok（抖音短视频国际版）的全球日活跃用户数甚至达到了10亿。

1. 抖音直播间的自然流量

抖音直播间的自然流量作为免费获取流量的一种方式，可以为账号带来稳定的"粉丝"和流量。

（1）精准的抖音定位　定位是非常重要的，例如目标是数码大类，其用户群体很广泛，可以按照他们不同的需要，对产品进行定位分析，确保流量更加精确地触达。

（2）抓住流量池　抖音会给每个作品分配一个流量池，这样即使直播间没有"粉丝"，系统也会分发部分流量，只要在流量池表现好，就会将视频推送给更多的用户。抖音流量池主要看视频的点赞数、评论数、转发数及完播率，指标数据越好，就会得到越多的流量加持。

（3）热度提升　只有经过大量用户检验，层层热度加权后，视频才会进入抖音推荐，其中热度权重依次为：转发量、评论量、点赞量。视频的热度大致维持一周，所以主播需要有稳定的内容更新机制和持续输出爆款视频的能力。

（4）提升活跃度　除了设置产品上下架时间和新品上架之外，还可以用转化率不错、利润空间弹性比较大的产品做些优惠活动。这样可以让店铺等级得到快速提升。所以，运营团队平时也要多关注店铺。

2. 抖音直播间的付费流量

（1）DOU+引流　通过DOU+（抖音内容营销和广告推广的工具），让许多没有"粉丝"和内容基础的直播号能顺利开播，并且通过预热直播间，让直播间顺利出现在推荐页，增加曝光量。

（2）邀请明星或网红直播推广　抖音邀请明星或网红进行直播，广告主可以通过付费合作，让明星或网红在直播过程中展示、推荐自己的产品或品牌。

（3）邀请视频内容质量高的自媒体主播直播推广　抖音上有很多自媒体主播，他们拥有一定的"粉丝"基础和影响力，广告主可以与他们合作，在其直播间进行产品推广。

（4）品牌合作直播推广　抖音可以与一些知名品牌合作，开展直播推广活动。广告主可以通过与品牌合作的方式，参与这些直播活动，提高品牌曝光度和增加用户关注量。

（五）小红书直播间的自然流量与付费流量

"标记我的生活"，这是小红书的口号，正如这句话所言，用户可以在小红书上发现各种各样的生活方式，发现真实、向上、多元的世界。其店铺直播可以采取以下方式进行引流。

1. 小红书直播间的自然流量

（1）直播封面　直播时选择高清美观的图片作为直播封面，可以突出自己的个人设计。图片可以给人更大的冲击力，能在一定程度上提高用户的观看率。

（2）直播标题　直播标题字数建议在9个字左右，标题可以结合直播主题，让"粉丝"更快地获取信息，激发其点击进入直播间的欲望。不同的直播领域应该有不同的封面标题。

（3）直播内容　首先需要遵守平台的相应规则和规范，然后选择自己擅长的领域进行直播，以保证直播的顺利进行。当然，最好把主播自己擅长的领域和市场关注方向相结合。

（4）直播场景设置　一个好的直播间可以提升"粉丝"的好感度，让其愿意留下来。直播间需要设置适合自己带货的商品，布置、货架、打光等需要体现出专业性，有个性、有主题的直播间会增加"粉丝"的停留时间。直播间可以通过背景板等道具，提升直播间的视觉、听觉效果，要注意的是关键信息、福利需要在直播间醒目的位置进行展示。

（5）"粉丝"维护　"粉丝"相当于商家的朋友，在通过高质量的内容和良好的互动吸引了一批"粉丝"之后，下一步是在直播之外建立一个与"粉丝"互动的渠道，包括建立"粉丝"群和开通个人微博，从而不断增加"粉丝"和主播之间的情感交流。

2. 小红书直播间的付费流量

（1）定时福袋　对于"粉丝"来说抢福袋就等于抢福利，在"粉丝"等待福袋开奖的过程中可以很好地提升"粉丝"在直播间的留存率。"粉丝"留存时间越长，直播间人气就会越高。

（2）下单抽奖　在直播间已下单的"粉丝"，可以设置让其免费抽奖，商家可以将抽奖的时间往后设置，在一个商品讲解完之后让购买当前商品的"粉丝"进行抽奖，延长"粉丝"在直播间的留存时长。

（3）限时限量改价　提前给需要改价的商品进行优惠预告，限时限量更改价格，错过这波福利，就只能等下一次直播。对于想要购买这个商品的"粉丝"来说，他们会选择在直播间等待改价时机的到来。

（4）直通车优惠券满减　商家可以设置在直播间任意消费满减的优惠券，也可以设置随机优惠券发放，如在直播30分钟时发放一波优惠券，使"粉丝"选择在直播间任意消费，然后满减等。

通过自然流量和付费流量共同提升直播间的流量指数，三大平台有不同的组合优势，见表 4-1。

表 4-1 三大平台直播自然流量和付费流量的组合优势

淘宝直播平台组合优势	抖音直播平台组合优势	小红书直播平台组合优势
品牌曝光度提升	用户关注和"粉丝"增加	品牌曝光度提升
用户信任度提升	品牌曝光和口碑塑造	用户信任度提升
精准定向投放	精准定向和用户互动	精准定向投放
促进销售增长	直播带货增加销售	增加品牌关注度
数据分析和优化	——	用户互动和转化

二、提升直播间的在线人数

影响直播间人气的因素有三个：在线人数、互动量和留存率。其中互动量和留存率都和在线人数有关，那么如何来提升直播间的在线人数呢？在线人数是指观看直播的实时在线人数和总观看人数。要想提升直播间的在线人数，可以从以下几个方面入手。

（一）"粉丝推送"

商家在直播时使用"粉丝推送"功能，开播提醒会定向发给已订阅直播间的"粉丝"，或者通过短信告知用户直播间活动已经开始，并说明直播间的最大利益点。这样有助于提升"粉丝"点击短信进直播间的概率。一般推送时间控制在 8：00—22：00，由于淘宝限制对每个"粉丝"每天最多能推送三条信息，因此直播运营团队需要控制好短信发送的开播提醒时间。淘宝直播平台设置"粉丝推送"如图 4-2 所示。

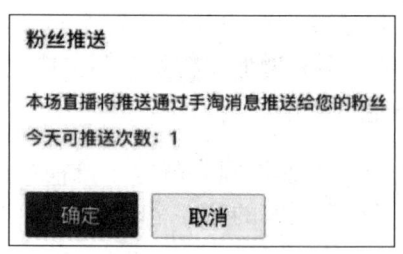

图 4-2 淘宝直播平台设置"粉丝推送"

（二）设置连麦互动

主播在直播时，可以通过连麦的方式与"粉丝"互动，让"粉丝"参与直播间的直播。连麦以拉新为主，如图 4-3 所示。当有"粉丝"连麦时，主播可以与"粉丝"进行实时的语音互动，增加"粉丝"们对直播的参与感和热情，拉近和"粉丝"的距离。除此之外，连麦互动还可以帮助主播做一些带货活动。

（三）设置秒杀活动

秒杀活动是将"粉丝"转化为用户的好方法，它传达直播权益的价值。很多商家在直播时会设置秒杀活动，如两件打九折、三件打八折等，可以刺激用户快速下单购买。所以直播间的秒杀活动是很重要的，不仅可以让用户快速下单，还可以增加用户的停留时间，提升直播间的在线人数。秒杀活动如图 4-4 所示。

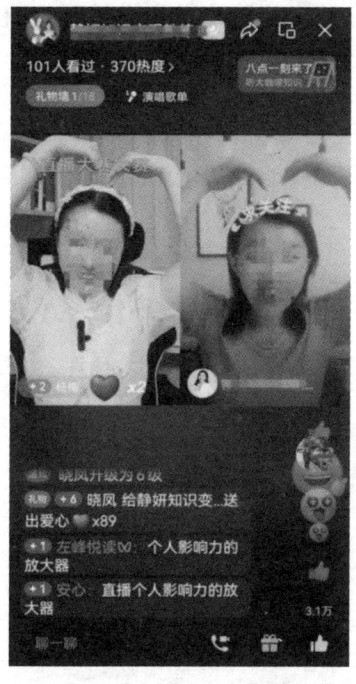

图 4-3　主播与"粉丝"连麦互动

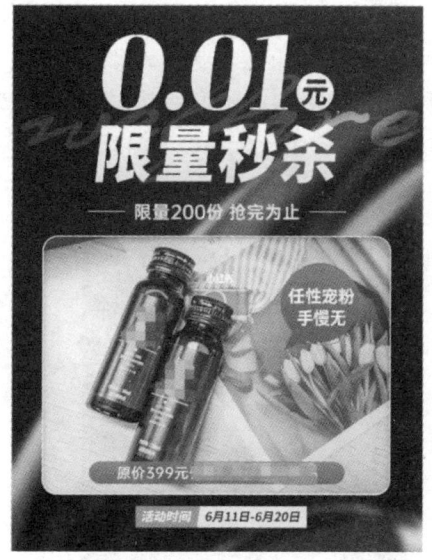

图 4-4　秒杀活动

（四）设置红包雨

设置红包雨，通过发放小红包调动直播间氛围。例如，直播间发放小红包，每个人可以领取一个红包，主播根据直播情况进行发放红包数量的设定。红包雨活动如图 4-5 所示。

图 4-5　红包雨活动

（五）抽奖活动

主播在直播间设置抽奖环节是一种比较常见的直播"玩法"，比较适合新主播、小品牌商家、新产品或者有特色的产品。它是以抽奖的形式呈现在直播间的，而且奖品价值一般比较高，会影响用户的情绪，让用户觉得自己占到了便宜，可以有效增加用户的停留时间。

通过抽奖活动提高用户的留存率，如图 4-6 所示。

（六）抓住直播前的黄金 30 秒

一场成功的直播，要抓住直播前的黄金 30 秒，这是决定用户是否继续观看直播间的关键时刻。

（七）发布福利

福利是吸引人的重要手段，主播给观众发福利（如图 4-7 所示）可以有效提高用户留存率，让用户心甘情愿留下联系方式，从而为后续转化做铺垫。

图 4-6　抽奖活动

图 4-7　发布福利

（八）设置直播预告

提前公布直播预告，为直播间主题活动升温。在直播间刚起步的时候，主播可以借此获得一部分总的外部流量，让直播间赢在起点。

（九）打造主播 IP

主播的思想境界和直播内容影响用户黏性。主播要能够随机应变，并且在直播时适当展示自己的才艺，具备偶像气质，从而正向引导观众，再配合适当的幽默感，满足不同层次用户的需求。打造主播 IP 如图 4-8 所示。

图 4-8　打造主播 IP

（十）站外流量

微信、微博、小红书、QQ 等站外宣传手段，同样能增加直播间的人气。直播间要定期发布更新内容，增加受众，维持好用户黏性，此类用户对主播来讲价值很高。

项目四　直播预热引流

任务实施

小文通过学习，知道了直播间的引流方式。为了验证所学内容的有效性，她决定关注一场近期开展的直播活动，研究其采用了哪几种提升直播间在线人数的方法，通过观摩整场直播间活动人数的变化，为自己的直播间开设做进一步的充分准备。

请进入一个淘宝直播间，观察其活动内容以及活动对直播间人数的影响。

直播引流分析

直播间名称：

直播商品名称：

开始观看直播时间：

结束观看直播时间：

请根据直播间活动填写下表，若未观察到此活动，填写"无"。

"粉丝"推送人数	
直播预告点击人数	
主播人气度	
直播间开始时观众人数	
连麦互动人数变化	
秒杀活动人数变化	
红包雨活动人数变化	
抽奖活动人数变化	
发布福利人数变化	
直播间结束时观众人数	

请阐述直播开始前到直播结束时本次直播间采用的引流方式，分析哪些活动对直播间人数影响较大，结合学习内容评价为什么会导致这样的结果。

任务评价

同学们完成任务后，提交表格，老师根据内容进行评价打分。

实训评价表

序　号	评分内容	总　分	老师打分	老师点评
1	是否进入直播频道	20		
2	是否观看60分钟以上的电商直播	30		
3	是否基本掌握直播引流活动的方式	50		

总分：_____

知识拓展

从淘宝直播间的情况来看，流量来源可以划分为：直播—关注、广告、推荐、店铺、

095

淘金币、搭建群聊、淘宝短视频、分享、订阅、主播主页、活动奖励、宝贝详情页、搜索等。从以上内容进行细分，淘宝流量从公域、私域和商业推广三个板块引导直播间人数进行核算，对应淘宝划分维度的直播域、店铺域和广告域。直播域由"直播—关注"、订阅、搜索、推荐、主播主页、分享、淘宝短视频、搭建群聊、广告构成，店铺域由店铺和宝贝详情页构成，广告域在淘宝里由超级直播构成。新主播可以经常开播，通过主播人气的提升引导公域流量慢慢转化为私域流量，反向推动公域流量的增加。商业推广则是放大公域和私域的流量。

从交易人群来看，直播间"粉丝"成交量提供了近60%的成交金额贡献率。对于新用户而言并不是强制其交易，而是让他们先观察店铺商品，对商品感兴趣后自然而然地会成为买家。"粉丝"成交金额的稳步增长离不开观看人数、时长和"粉丝"点击率，直播间在大促期间尤其要注意维系好"粉丝"。

对于直播账号而言，主要考核开播活跃分、直播成交分、"粉丝"活跃分和引流分。直播账号均考核30天。开播活跃分比较好得，只要每天开播时间超过30分钟即可。"粉丝"活跃分主要由新增"粉丝"数和场均"粉丝"数决定，其中"粉丝"必须是关注直播间而不是关注店铺的用户。引流分依靠站外分享、站内广告拉人取得。占比最高的是直播成交分，其与直播间引导成交的累计金额高度相关。因此，主播应以直播成交为核心，带动其他指标均衡发展。

任务二　直播预热引流

任务描述

小文在直播前，需要通过一些活动来吸引用户，激发用户的期待心理，确保正式开播时直播间的用户能够维持在一定的数量。这就可以采用直播预热引流。直播预热引流是指在直播活动开始前，通过各种手段提前营造氛围，吸引关注并引导用户前来观看，从而提升直播观看量和影响力。

知识储备

一、直播预热准备

直播预热是一项系统性的工作，直播运营团队在开播前需要做好充分的准备。直播预热的准备工作主要包括两个方面：一是选择预热信息的发布形式，准备相应的宣传材料；二是选择合适的时间进行直播预热，使宣传工作更加有效。

（一）选择预热信息的发布形式

在准备直播预热时，直播运营团队可以通过软文、短视频、硬广告等形式发布预热信息。短视频预热如图4-9所示。

图 4-9　短视频预热

1. 软文

软文的标题和开头非常重要。主播可以在分享实用内容后，将后半部分引入直播预告、福利、商品等，以引导消费者下载直播软件并观看直播。直播运营团队可以选择目标消费者活跃的平台发布软文，以提高推广效果。在选择了预热信息的发布格式后，直播运营团队需要将推广和引流工作落实到具体细节中。

2. 短视频

短视频是在互联网用户中流行的一种内容形式，具有灵活的持续时间和发布时间。直播运营团队可以通过剪辑过去的直播片段或拍摄精彩片段来展示直播特点，并预告直播的时间、内容、商品折扣等。短视频主要涉及成交人群，它可以提升成交转化率和客服工作效率。

3. 硬广告

主播可以通过企业官网、微博、微信公众号等平台或传单、展架等线下宣传渠道，直接发布直播的产品、福利、嘉宾阵容等信息，邀请消费者关注。广告可以用文字形式介绍活动的具体时间及相关福利，并以图片形式展示参与活动的产品，通过线上与线下活动相结合突出直播的主题，巧妙地展示直播的亮点，帮助主播增加销售渠道的同时扩大商品和店铺的影响力。

（二）选择合适的直播预热时机

在移动互联网时代，用户观看在线内容的时间是碎片化的，直播运营团队不仅要选择用户活跃的平台推广直播预热信息，还要把握好直播预热的时机。在选择合适的直播预热时机时，应考虑以下两个方面。

1. 直播预热信息发布时间

直播预热信息的发布时间与用户活跃在新媒体平台（如短视频平台、微博、微信公众号、头条号等)的时间密切相关。一般在工作日下班后的通勤或休息时间,用户登录新媒体平台浏览信息的频率更高,尤其是在19:00—22:00的高峰时段,主播可以选择在这段时间内发布直播预热信息。直播预热信息发布的时间一般不选择在休息日,要避开各新媒体平台内容发布的高峰期。

2. 直播预热与正式直播的间隔时间

直播运营团队要提前4天准备好海报、文案、短视频等宣传资料,然后在正式直播前1～4天进行直播预热。如果直播预热与官方直播间隔时间过短,往往不利于预热信息的持续发酵;如果直播预热和官方直播间隔时间太长,直播节点信息很容易被用户遗忘。

二、设计标题和封面

直播标题和封面是直播信息传播的重要组成部分,好的标题和封面可以大大增加直播间的流量。

1. 设计直播标题

直播间的流量来源之一便是标题。标题的核心功能主要是向用户展示重点,吸引用户点击和观看直播,并将其引流到平台上,以获得更准确的推荐,如图4-10所示。标题首先要符合大众的理解,即阐述的内容要被人们熟知;其次要尽可能精简,尽量用30字以内的文字来表明本次直播的主题。此外,标题最好能够呈现一种画面感,只有抢眼的标题,才能吸引更多用户观看直播。主播可以用补充提醒或者用某个技巧来深化用户的画面感,讲述购买或者使用后用户能得到的效果。

图4-10 直播标题

主播可以使用以下技巧来设计直播标题。

(1)利用名人效应 名人是公众关注的对象,许多广告利用名人效应进行宣传。直播标题也可以利用名人效应，如名人分享、名人直播首秀、名人直播销售专场、名人嘉宾等，还可以用名人符号来替代强化产品效应。

（2）数字化　　数字标题是指直播中重要信息的数字表示。用户通常不会花太多时间浏览标题。数字标题直观简洁，让用户能够即时掌握直播内容的关键信息，吸引用户的注意力。

（3）营造一种紧迫感　　可以在直播标题中添加"限量"等词，以营造紧迫感和稀缺感。需要注意的是，适当渲染、留悬念的方式可以敦促用户更快地采取购买行动，也可以强调时间效应，让用户更好感受参与直播活动的益处。

（4）利益化　　直播标题可以设置得很"诱人"，凸显利益点，从而提高转化率。

（5）利用热点　　利用热门事件设计直播标题更容易引起关注，如"双11""6·18"、节日等，如图4-11所示。主播可以根据热门事件设计标题，并利用用户对社交热点的关注来引导其观看直播，但是要注意，不能利用热点事件进行不正当营销，更不能利用负面事件或者失德艺人进行事件推销。

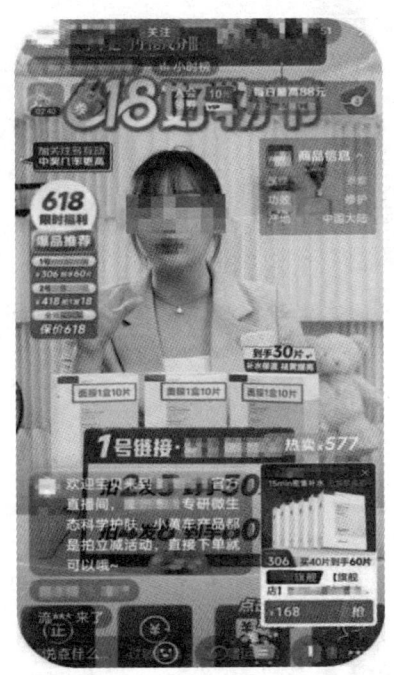

图4-11　利用6·18热点事件设计直播标题

（6）解决消费者的痛点　　主播可以在标题中指出消费者在日常生活或工作中遇到的麻烦和困难，并提供解决方案，帮助消费者解决痛点，吸引他们的关注。

2. 设计直播封面

当用户观看直播时，首先会关注直播的标题和封面，封面图很大程度上会影响进入直播间的人群。直播的封面往往比标题更直观，深入人心的封面具有非常明显的直播引流效果。直播间流量不足的原因，并不一定是付费流量带来的曝光度较低，很多时候是因为封面的点击率太低。用户会因为索然无味的封面图片放弃进入直播间，导致自然流量不高。

直播封面的整体构图应清晰、完整、美观、整洁、有特色，其主要有两种设计方法。

一种是封面以人物为中心，人物可以是品牌形象代言人、产品模特或主播，如图4-12所示。人物封面给人一种自然、真实的感觉，也可以设置成人物加文字的形式。

另一种是封面以产品为中心，通过封面上的信息显示推荐的产品，如图4-13所示。在这一点上，产品图像应该是直观和立体的，让用户能够直接观察到产品的细节、特征等。容易给用户留下深刻印象的封面都是图片清晰度高并且不变形的。在设计封面时，应该讲求与主播平时的风格一致，图片内容要契合直播主题，不能为了迎合用户的猎奇需求而去设计。

图4-12　封面以人物为中心

图4-13　封面以产品为中心

三、制作预热短视频

预热短视频可以告知用户直播时间和促销活动，建立用户认知，吸引目标用户及时订阅直播间，获取直播前的流量，顺势引流到直播间，从而帮助主播在直播前聚集人气。

以淘宝平台为例，其短视频属于公域渠道的"猜你喜欢"板块。首先，直播间进行短视频运营开展视频联动时，建议在直播前36小时、24小时、12小时、8小时发布预热视频，淘宝上获得公域流量推荐的视频要求至少提前一天、最好提前36小时发布预热；其次视频文件不要太大，要与产品相关联；最后短视频发布后不得修改，否则也得不到公域流量的扶持。直播间可以采用"宝贝预约提醒"向用户提供订阅功能，确保讲解质量，提升用户满意度，同时在日常短视频内容中提及下一次直播时间、产品、折扣等。

（一）直播间短视频引流技巧

在短视频开始时，其内容可以为用户制造悬念，引导用户留下来继续观看，如图4-14所示。短视频内容中具有关键产品福利和折扣的直播介绍，时长应控制在20秒内，以为直播间引流为最终目标。

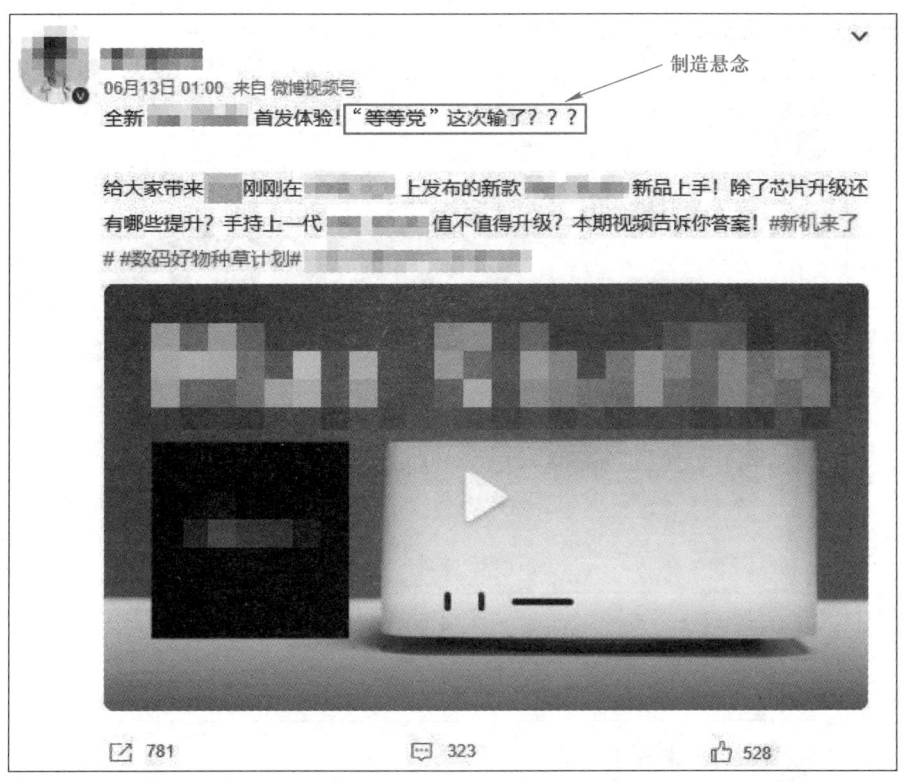

图 4-14 制造悬念式预热短视频

（二）短视频预热实施

一是在直播当天，发送预告短视频。随着当前视频流量的增加，主播可发直播预热视频以引流至直播间。主播可在正式直播前 1～4 小时发布视频，并根据视频发布后的受欢迎程度选择是否略微提前直播。建议主播在开播前制作不少于 4 个预热视频，选择一个引流最好的短视频发布，并邀请其他有影响力的人发布视频。二是设置一个引人注目的短视频封面。在开始直播之前，主播应该注意短视频封面的选择，因为封面是决定"粉丝"进入直播间的要因，曝光率是封面的直观呈现。三是在设计短视频文案和标题时需要创新。好的标题和文案可以吸引用户留下来，并有进一步了解直播间的打算。短视频标题有三个目的：一是说明短视频直播的核心；二是大致描述售卖的产品；三是告诉"粉丝"直播的优惠力度。

短视频直播预热，主要有以下四种方法。

1. 预告片

预告片直击主题，说明直播时间、所需出售的产品、价格、信息、数量、折扣等，最后以锁定 ×× 直播间为引导，简洁明了，如图 4-15 所示。

2. 反转剧情

反转剧情是指将直播嵌入日常视频，巧妙地让观众知道并记住开播时间。

3. 抽奖活动

抽奖活动预热可以用价格较高的手表、数码产品、化妆品作为活动奖品，引导用户关注并按时进直播间参与抽奖，如图 4-16 所示。

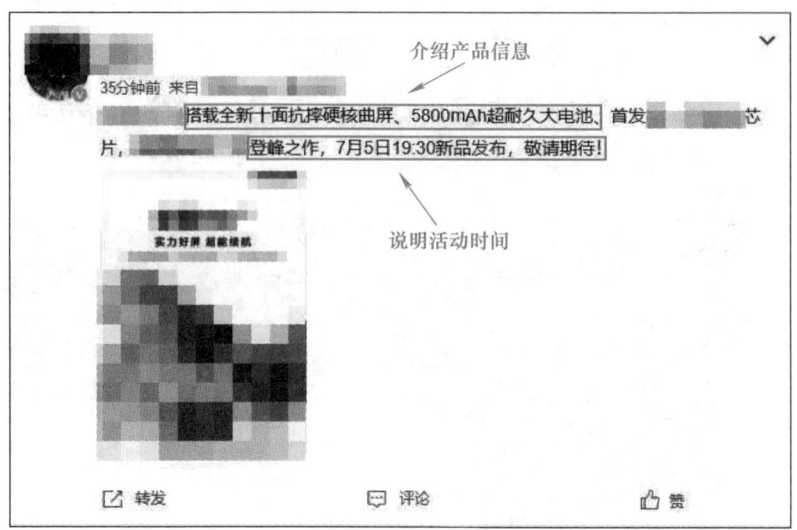

图 4-15　预告片预热

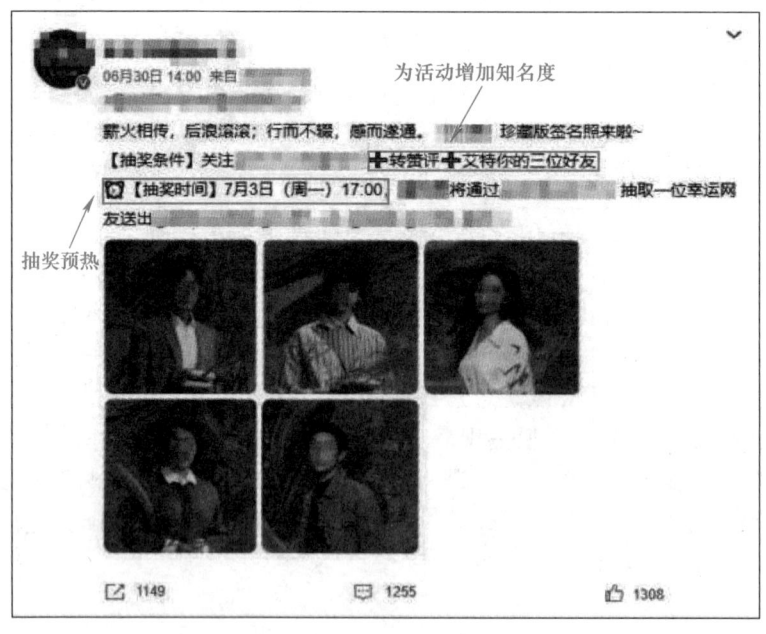

图 4-16　抽奖活动预热

4. 货源实地观察

主播直接进入品牌公司、工厂、当地产业带、农场或果园等，展示产品的生产、制造、环境、包装、分装和物流，呈现公司的工厂专利、技术、规模、荣誉等。

下面是上述四种短视频预热方法的使用案例，见表 4-2。

表 4-2　短视频直播预热案例

短视频直播预热方式	案　　例
预告片	1～12 秒，发正常商品内容；13～20 秒，主播对镜头说：×月×日×点，锁定××直播间，优惠多多，福利多多，不见不散哦
反转剧情	老板：各位同事，为犒劳大家，我们今晚聚餐 员工：不行，今晚要摆设备，明晚还要帮你直播 用剧情衔接直播活动，最后以直播预告海报定格结尾，停留 3 秒
抽奖活动	1～4 秒，主播站在准备好的商品旁边，与店员对话 主播：请问这件衣服多少钱 店员：顾客您好，我们店现在有抽奖活动，有××等奖品，买一件即可参与一次抽奖哦 主播：好的，我先买一件试试吧
货源实地考察	1～25 秒，中景，拍摄品牌方的产地；26～40 秒，主播介绍商品内容和活动时间：×月×号×点锁定××直播间，××好物等你，我们不见不散

四、发布直播预热信息

在现在的营销环境中，直播预热的作用是非常重要的，很多企业会通过微博、微信等进行信息传递。但是对于传统营销企业来说，直播预热工作是一个很困难的事情。对于新媒体而言，时效性是最突出的特性，可以选择社交媒体让用户在很短的时间内获取最新的信息，也可以通过"粉丝"群渠道发布直播时间、主题、优势来吸引"粉丝"了解并传播直播间的信息。

短视频对网络受众的吸引力更大，因此企业可以联合不同的短视频平台一起造势，更能凸显直播亮点，促进客户拉新留存价值的进一步实现。除此以外，企业可以充分利用互联网，通过客户关系管理及时发送直播预告邮件，给订阅的用户提供便利。为了扩大影响力，企业还可以与一些机构、网站和知名学者、博主合作，预告相关人员将会亲临现场，从而实现流量的深度叠加。

任务实施

小文计划在"6·18"之前通过淘宝发布直播预热短视频，为自己的淘宝直播间造势，操作步骤如下：

1）下载淘宝主播 App，点击下部红色按钮，进入淘宝直播界面，如图 4-17 所示。
2）进入直播界面后，选择"发预告"，如图 4-18 所示。
3）进入"发预告界面"栏目，设置"添加封面""添加预告视频""直播标题""直播时间""内容介绍""频道栏目""添加宝贝"，预告视频控制在 15～60 秒，如图 4-19 所示。
4）设置完成后，选择"发布预告"，效果如图 4-20 所示。如果设置出现问题，在正式直播前可以进行调整。

图 4-17 进入淘宝直播

图 4-18 选择"发预告"

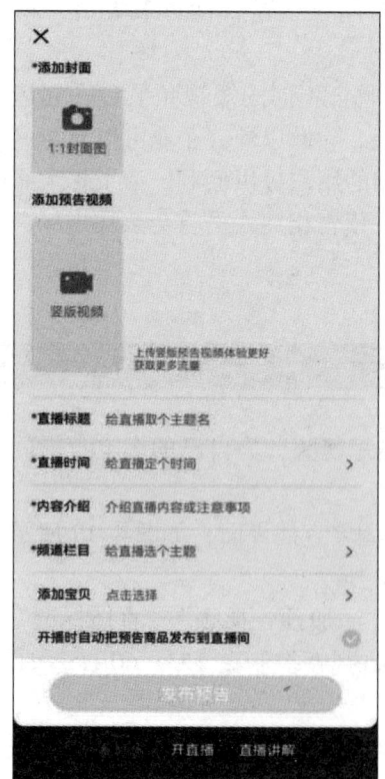

图 4-19 设置预告内容

图 4-20 发布预告

任务评价

大约 30 秒的直播预告，小文花费了许多时间去完成，目的是帮助观众更好地了解直播内容。同学们，你的制作感受是什么样的呢？请完成你的淘宝直播预告制作评价。

淘宝直播预告制作评价

封面：

预告视频主题：

视频时长：

直播标题：

直播预告观众人数：

直播栏目：

关于本场直播预告

主播个人形象：　□非常好　　□良好　　□一般　　□糟糕

主播语言表达：　□流利　　　□清晰　　□停顿较多　□听不懂

直播间预告优惠力度：□大　　　□一般　　□小

主播对商品介绍

是否详细、吸引人：□是　　　　□一般　　□否

请从直播间预热准备、直播间预热视频、主播表现角度，简要评价本次直播预热：

_____

_____

_____

同学们完成任务后，提交制作评价，老师根据评价内容进行评价打分。

实训评价表

序　号	评分内容	总　分	老 师 打 分	老 师 点 评
1	预热准备工作情况	20		
2	是否完成直播预热	30		
3	预热视频是否吸引人	20		
4	主播表现	30		

总分：_____

知识拓展

提高直播间知名度的方法

除了在封面、标题和预热短视频上下功夫，我们还可以用以下方法来提高直播间的知名度。

1）在社交媒体账号主页上简要告知用户直播的时间和内容，提醒用户及时参与，可采用抽奖形式进一步提高用户黏性。

2）在直播预热短视频发布期间启用定位，打造更加真实的自我，吸引更多"粉丝"进入直播间，尤其是定位所在地用户。

3）在直播开始时，可以与"粉丝"和好友分享直播间，选择在微信朋友圈、QQ 动态、微博等 App 上分享直播间，达到复合化流量的引流效果，以提高直播间的知名度。

4）主播保证直播的时间和频率，尽量每个月直播 20 天以上，增加直播的权重，帮助直播间获得更多的直播流量推荐。

5）主播在直播时与其他主播连线，适时展示自己的才华，打造能力更加多元化的人设，从而增加"粉丝"关注度。

任务三　使用付费推广工具

任务描述

小文经过一段时间的直播，发现自然流量带来的人气有限，因此她决定采用付费推广工具，帮助直播间获得更多的观众和消费者。由此，她根据推广目的、受众群体、付费推广工具等综合考虑，选择了巨量千川推广工具，期待该软件能为小文带来更多的收益。

知识储备

一、了解巨量千川推广工具

巨量千川是巨量引擎旗下的全域兴趣电商的一体化智能营销平台，为商家和达人提供电商一体化广告投放和营销解决方案。其功能非常强大，能提供数据处理和分析、人群定向、广告类型设置、场景设置和创意设定等功能，从而帮助直播店家减少开支，提升运营效果。巨量千川数据界面如图 4-21 所示。

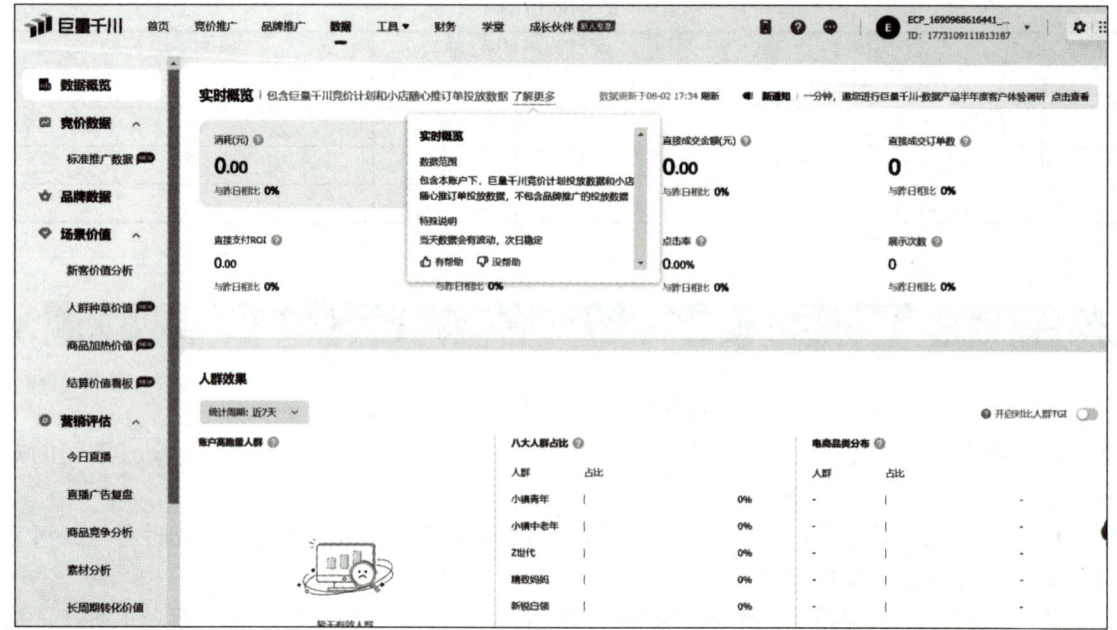

图 4-21　巨量千川数据界面

巨量千川采用的计费模式主要是根据用户的展示次数（OCPM）计费，系统计算好转化目标的最有价值的对象并向其推介，计算价格按照当时展示的次高价格结算（如果下一位广告主出价更高，则此时巨量千川计费价格为下一位广告主所出的价格）。

（一）巨量千川的功能

1. 推广

推广管理分为短视频/图文推广与直播推广两个投放场景，主要分为以下几大功能。

（1）数据概览　可查看选定时间范围内总消耗、总展示次数、总点击次数、总成交订单数和总ROI（投资回报率），帮助商家了解广告投放整体情况及变化趋势。

（2）计划管理　在计划管理中，商家可以浏览所有已创建的计划列表，并可以直观了解每一个计划的出价、预算、消耗等，也可以看到对每一条推广内容的数据表现，像短视频的展示、点击、转化、ROI及直播的看播、互动、点击、下单等数据均可以查询。商家可以通过广告数据与内容数据判断每一条计划的投放情况，并可以点击"广告计划"进行调整。

（3）新建计划　商家可以选择图文短视频或直播两种营销目标来新建广告计划，支持多种投放方式、投放速度、转化目标、人群定向等设置。

（4）创意管理　商家可以以不同的创意素材为维度，通过不同创意的数据表现来判断创意质量，并针对某个创意进行推广计划的创建或编辑。

2. 报表

报表提供账户整体的数据概览、趋势对比、条件筛选、计划/创意批量导出等能力，满足商家日常的复盘诉求。

3. 财务

财务专区包括资金钱包、财务流水、充值记录、退款记录。其中资金钱包展示账户余额，区分非赠款余额与赠款余额，并支持商家进行充值、开票、退款等操作。

4. 工具

（1）直播实时监控　在直播实时监控的"今日直播"中，商家可以查看直播间的实时投放与直播中的动态效果变化，查看实时、多维度、多指标分析数据，该工具可以及时对巨量千川在推广计划方面进行监控管理。另外，商家可以查询指定日期已结束的直播场次，对已结束直播进行数据趋势复盘，确保运营效率。

（2）短视频洞察　短视频洞察中的"商品竞争分析"，是为广告主提供短视频营销场景下的商品投放效果和创意参考的工具，通过识别"相似商品"和"竞争商品"为广告主提供实时优化策略。

（3）评论管理　评论管理工具通过"评论内容""屏蔽词管理""屏蔽用户管理"三种方式进行评论管理，维护直播间和品牌的形象，主要有以下四个功能：筛选需要管理的评论、管理查询结果、整理屏蔽词、屏蔽用户管理。

（二）巨量千川平台

1. 巨量千川 PC 端

巨量千川 PC（个人计算机）端能满足全生命周期客户在不同营销场景的投放，具有专业、智能的全方位投放、分析以及经营管理能力。

（1）适用场景　满足用户日常销售、商品预热、人群种草、直播加热、店铺拉新等多场景的诉求，根据生意不同阶段的推广诉求，选择自动化或精细化的投放方式。托管：系统主导的自动化投放。自定义：人工主导的手动精细化投放。

（2）适配客群　有直播、短视频带货需求的商家、达人均适用。

2. 巨量引擎 App 千川版

巨量引擎 App 千川版聚焦投手在非办公时间、办公场所的营销诉求，提供专业、便捷、随时的操作补充。

（1）适用场景　客户及投手在节假日及非工作时间通过手机实时监控并调整千川账户完成千川实时数据盯盘和操作。

（2）适配客群　有实时监控并调整千川账户的优化师。

3. 百应内嵌投放

在电商经营场景中内嵌轻量级投放能力，并结合场景特点进一步降低客户投放成本。轻量级投放能力包括：极简广告创建、核心数据披露和投放计划管理。

（1）适用场景　直播前或中期想要快速通过投放提升直播间效果。

（2）适配客群　百应内有简单、快捷投放诉求的电商达人，使之快捷使用。

二、使用巨量千川进行优化

（一）巨量千川平台 PC 端登录入口

在 PC 端进入巨量千川网址，输入账号和密码并登录，登录界面如图 4-22 所示。

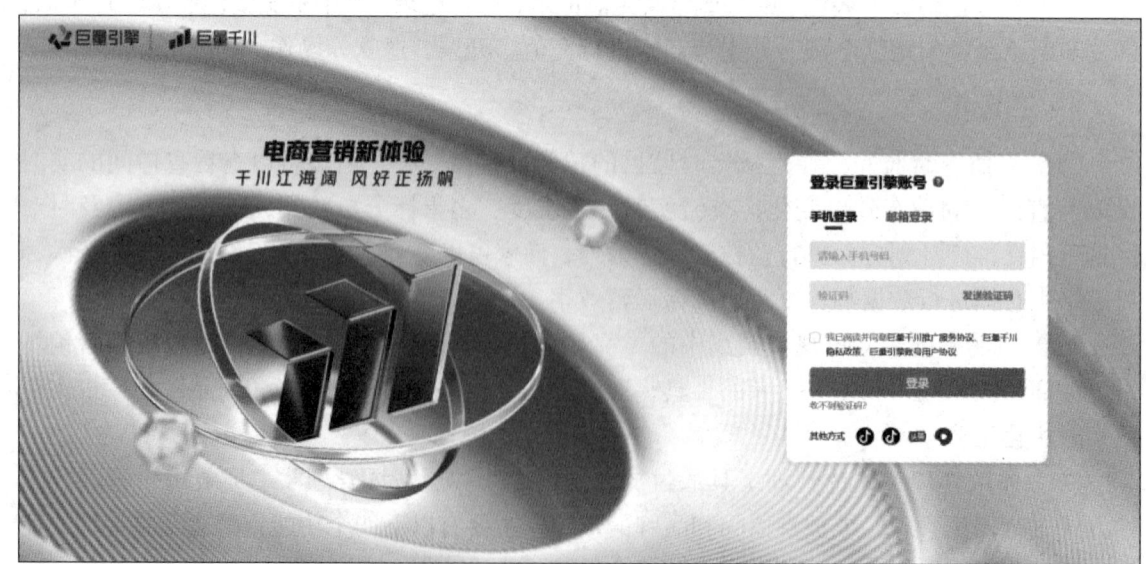

图 4-22　巨量千川 PC 端登录界面

（二）创建巨量千川广告计划

1. 计划目标设定

在"竞价推广"页，选择新建计划，进入"计划目标"选择页，选择合适的"营销目标""营销场景""广告类型"和"推广方式"，如图4-23所示。

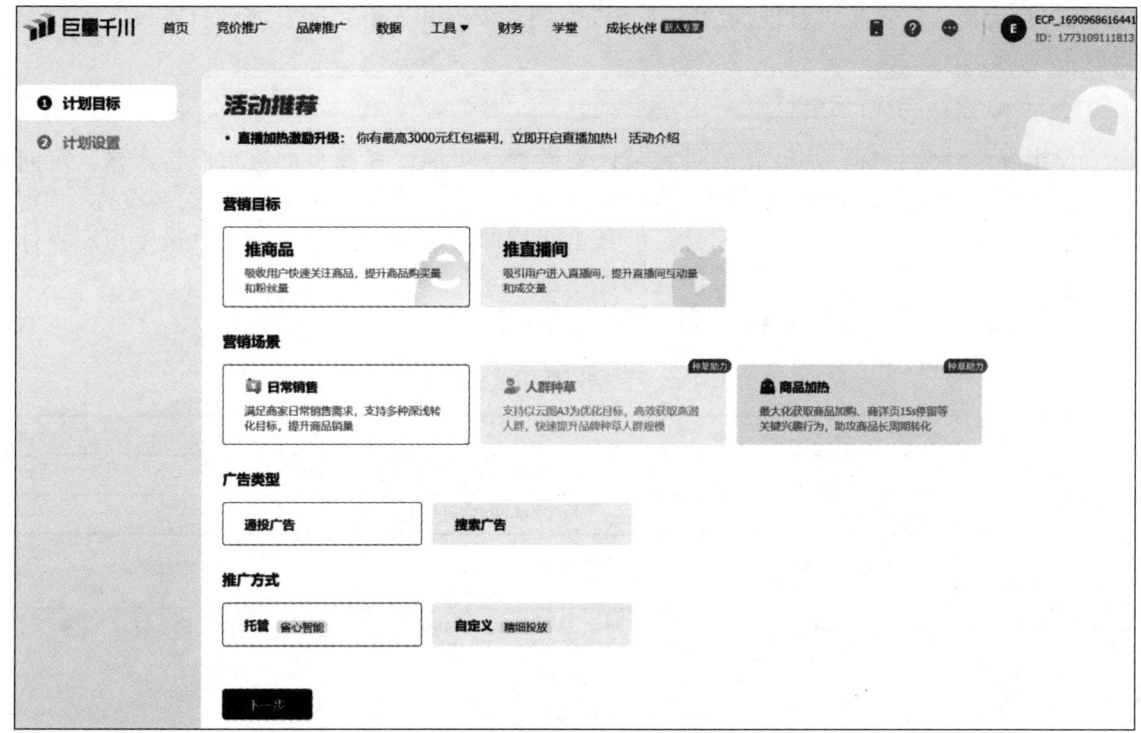

图4-23　竞价推广计划设计

（1）营销目标　营销目标主要为"推商品"和"推直播间"。

1）推商品：向用户推送关注商品，保证商品销量的提高。

2）推直播间：推送直播间，吸引用户进入，提升直播间互动效果和成交量。

（2）营销场景　营销场景提供日常销售、人群种草、商品加热等场景，进一步符合多元化场景需求，组合产品内容，实现产品的高效投送。

1）日常销售：迎合商家日常交易需求，可以根据用户需求进行由浅入深的产品推送，提高产品成交量。

2）人群种草：提升获取高价值潜在人群的概率，从而积累起品牌效应。

3）商品加热：从用户感兴趣的点入手进行运营，挑选最有价值的人群，帮助企业转化对应人群。

（3）广告类型　广告类型有"通投广告""搜索广告"两种广告类型。

1）通投广告：不区分人群进行广告推送，新直播间可以尝试选择通投广告，有利于前期"粉丝"数的积累。

2)搜索广告:主要导入了搜索引擎,通过在搜索页面或结果版面做广告,可以对推送直播间的广告效果进行优化,从而确保直播间排名更加靠前,因为其可以精确触达人群,因此相较通投广告效果更好。

(4)推广方式 推广方式分为托管、自定义两种推广方式。

1)托管:设置简便,通过人工智能帮助用户进行推送广告。

2)自定义:广告主可管理投放方式,进行创意设置和人群定向,实现自主设定的精确投放。

2. 计划设置完成计划创建

设定好"计划目标"后,正式进入"计划设置"页面,在此页面进行广告素材、定向等的设置后,完成计划创建。"计划设置"分为5个步骤:"选择抖音号""投放设置""定向人群""添加创意"和"计划信息"。其也能帮助用户简单高效地创建巨量千川广告计划。下面是计划设置完成计划创建的详细操作步骤。

(1)选择抖音号 营销目标和营销方式见表4-3。

表4-3 营销目标和营销方式

营销目标	营销方式
推商品	选择抖音号和商品,创意视频
推直播间	选择即将开播的抖音号

选择抖音号如图4-24所示。

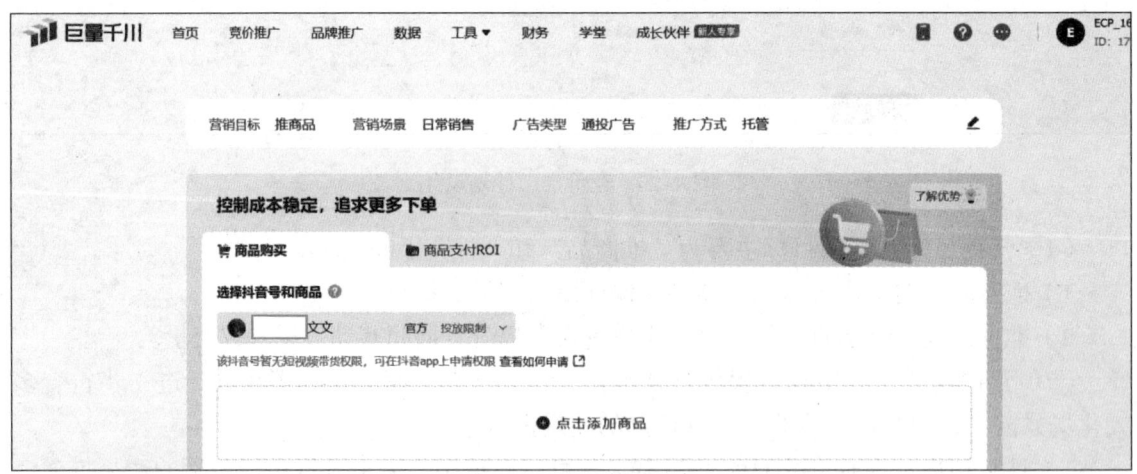

图4-24 选择抖音号

(2)"投放设置"模块 优化目标和优化方式见表4-4。

表4-4 优化目标和优化方式

优化目标	优化方式
直播间购买:直播间商品点击、直播间下单、直播间成交、支付ROI	"直播间下单/成交"(控成本)支持"同时优化激活开卡"(激活开卡为通信行业特殊支持的转化目标)
直播间互动:进入直播间、直播间"粉丝"提升、直播间评论	"直播间粉丝提升"(放量投放)支持"同时优化粉丝成交"

投放设置如图 4-25 所示。

图 4-25　投放设置

1）投放方式：分为控成本投放、放量投放。
2）投放速度：分为尽快投放和均匀投放，可根据每日投放效果调整。
3）优化目标：按照优化目标的深浅做了分层展示，分为商品购买模块、"粉丝"提升模块、点赞评论模块。
4）投放时段：分为不限和指定时间段，如图 4-26 所示。
① 不限：不限制投放时间，直至资金耗完为止。
② 指定时间段：设置投放的开始和结束日期。
5）预算设置：
投放时段"不限"对应需设置日预算，如图 4-26 所示。"指定时间段"对应需设置总预算。

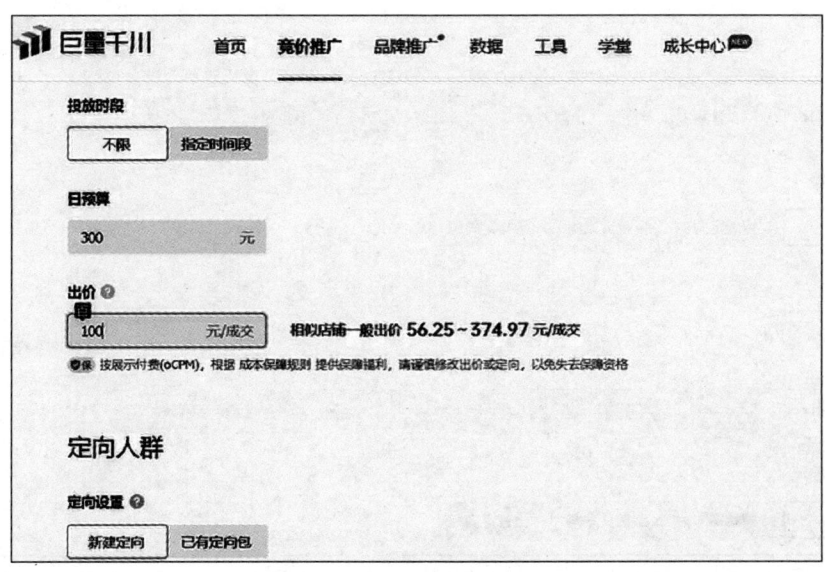

图 4-26　投放预算设置

（3）定向人群设置　定向设置包含不限（默认）、智能定向、自定义定向、已有定向包。

1）智能定向：仅"直播间成交"时支持。

2）自定义定向：单击"自定义定向"进行设置，如图4-27所示。

图4-27　定向人群设置

3）定向多样创建：默认不开启。开启后，出现计划切换条，默认只有"计划1"，单击"+"号出现"计划2"，注意当计划切换条内剩余1个计划时不可删除，详细操作如图4-28所示。

图4-28　定向多样创建设置

（4）添加创意信息　创意形式支持"直播间画面"（可开启高光快投）、"视频"。创意分类、创意标签默认收起，可自行选择展开并设置，如图4-29所示。

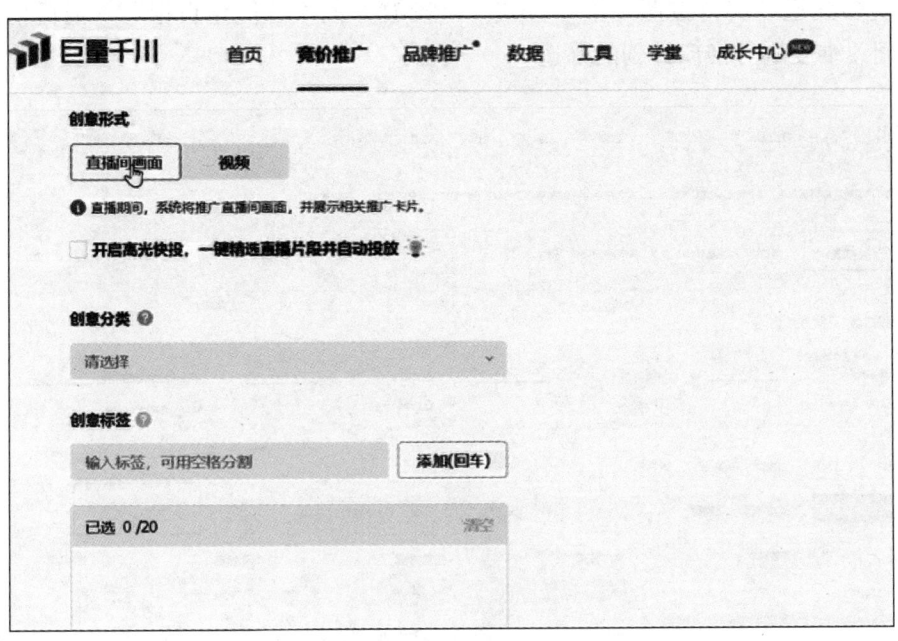

图4-29　添加创意信息

（5）创建计划信息　以上步骤完成后，最后命名"计划名称"和"广告组"，如图4-30所示。单击"发布计划"后，完成一条广告计划的创建。

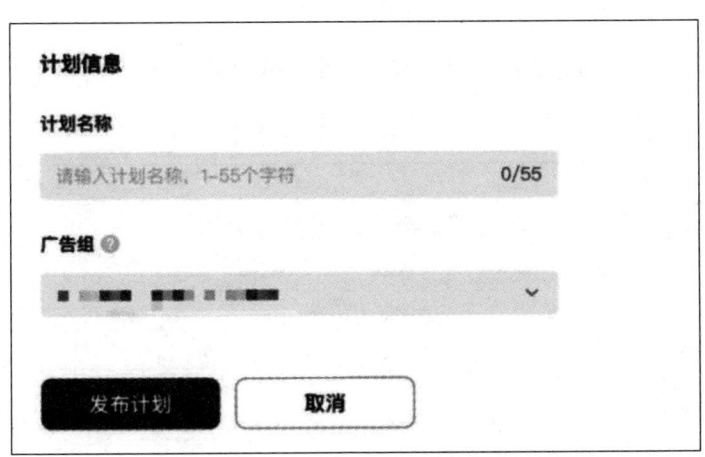

图4-30　创建计划信息

3. 推广管理

创建完计划后，将进入"竞价推广"页面，用户对日常计划的调控、盯盘的账户优化主要在这个页面进行。竞价推广包括标准推广和全域推广，我们以标准推广页面来进行介绍，如图4-31所示。

（1）选择推广计划　页面左上角可按"推商品""推直播间"的营销目标进行推广计划的选择。

（2）更多筛选　支持按照"推广方式""投放方式""优化目标""消耗情况""计划创建时间"维度进行推广计划的筛选。

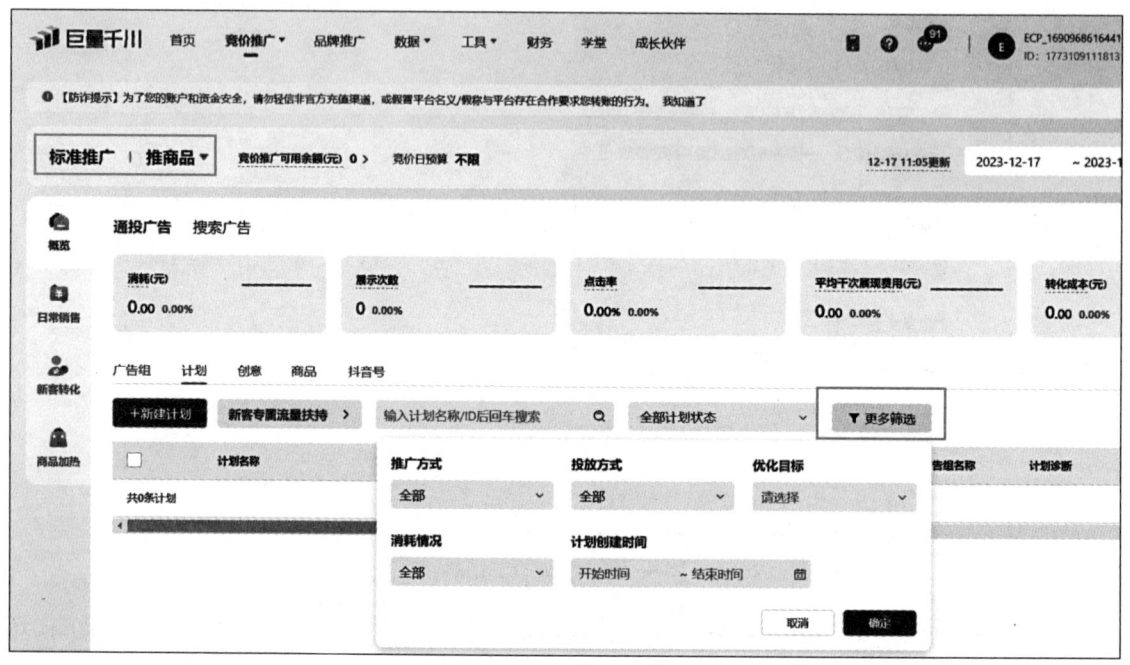

图 4-31　标准推广页面

（3）广告组视图　广告组列表支持更多广告组数据指标的查询、组状态筛选以及广告组的批量操作功能，如图 4-32 所示。

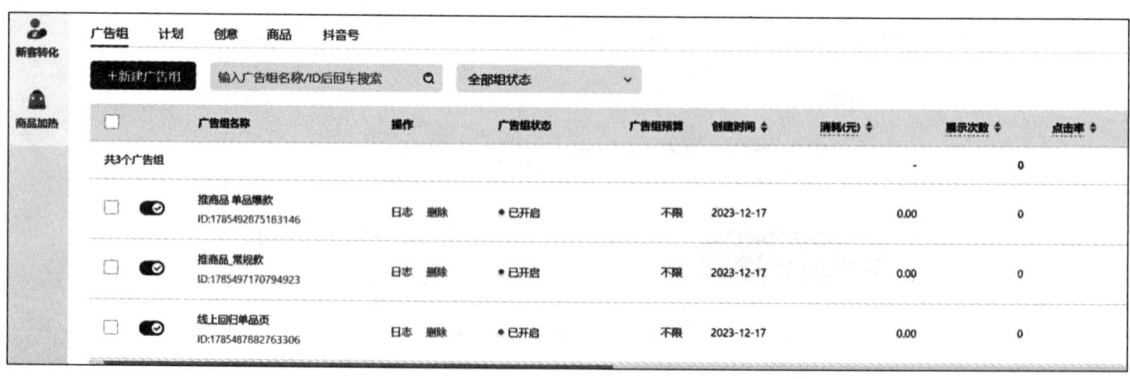

图 4-32　广告组视图

4. 数据管理

数据管理模块将同步支持按照"营销场景"进行数据的筛选和分析，如图 4-33 所示。

项目四　直播预热引流

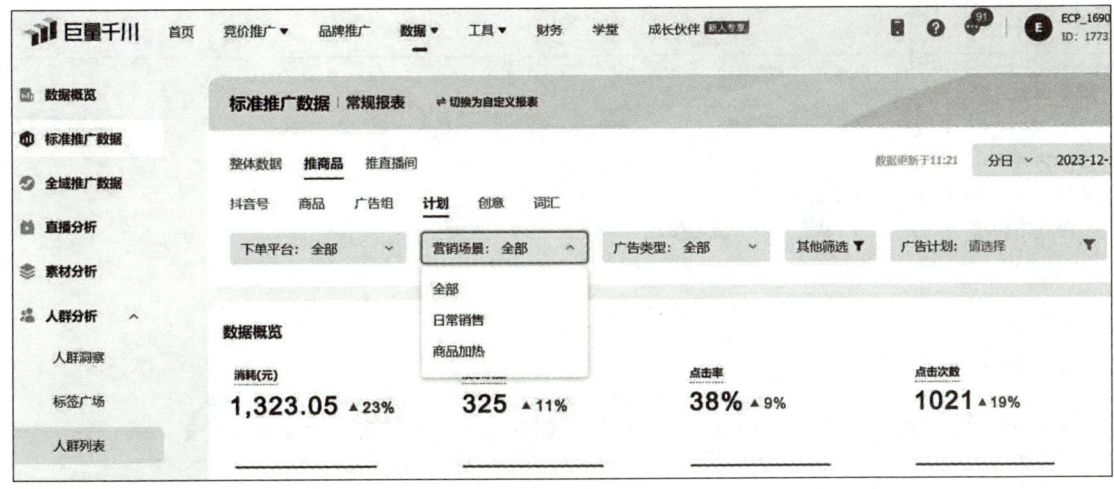

图 4-33　数据管理

任务实施

小文计划使用付费推广工具为自己的直播间进一步精确引流，因此选择了巨量千川工具，操作步骤如下：

1）登录"巨量千川"账号，如图 4-34 所示。

2）在"标准推广"页，选择"新建计划"（如图 4-31 所示），进入"计划目标"选择页，选择"营销目标""营销场景""广告类型"和"推广方式"，如图 4-35 所示。

图 4-34　登录"巨量千川"账号　　　　　　图 4-35　新建计划

3）设置"投放方式""优化目标""投放时间""日预算"和"出价"。投放设置如

115

图 4-36 所示。

投放设置

投放方式

| 控成本投放 | 放量投放 |

优化目标

直播间购买

| 直播间商品点击 | 直播间下单 | 直播间成交 | 支付 ROI |

直播间互动

| 进入直播间 | 直播间粉丝提升 | 直播间评论 |

同时优化激活开卡

增效优化

| 不启用 | 启用 |

智能优惠券

| 不启用 | 启用 |

投放时间

| 长期投放 | 固定时长 |

| 投放日期 | 从今日起长期投放 | 设置开始和结束日期 |

| 投放时段 | 不限 | 自定义 ▸ |

日预算

请输入金额 元

出价

请输入价格 元/成交　　相似店铺一般出价 69.99-466.62 元/成交

按展示付费（oCPM），投放成本保障规则，提供保障福利，请谨慎修改出价或定向，以免失去保障资格

图 4-36　投放设置

4）设置"定向人群",如图 4-37 所示。
5）设置创意形式,制定好"创意分类"和"创意标签",如图 4-38 所示。
6）发布计划,完成"计划名称""广告组",如图 4-39 所示。

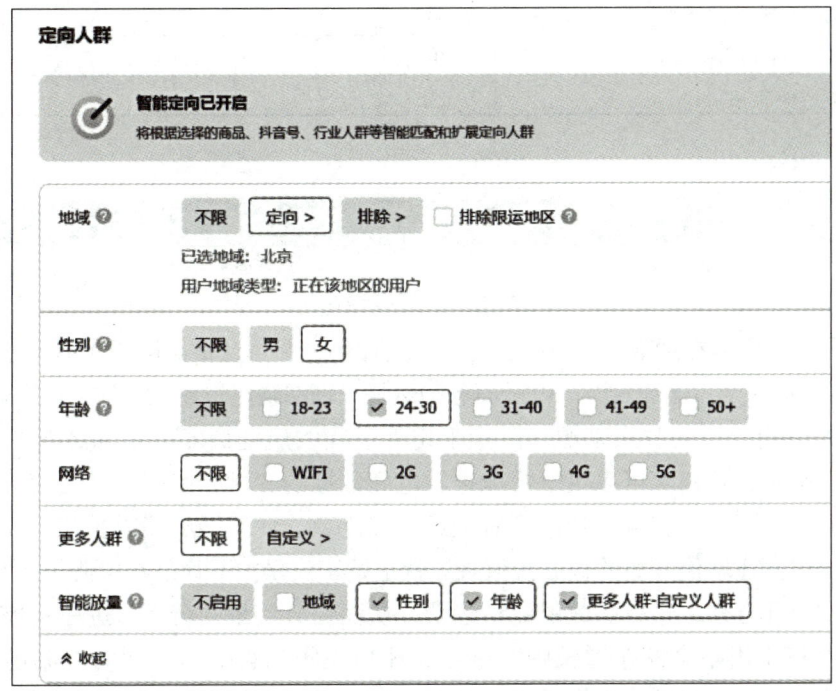

图 4-37　定向人群设置

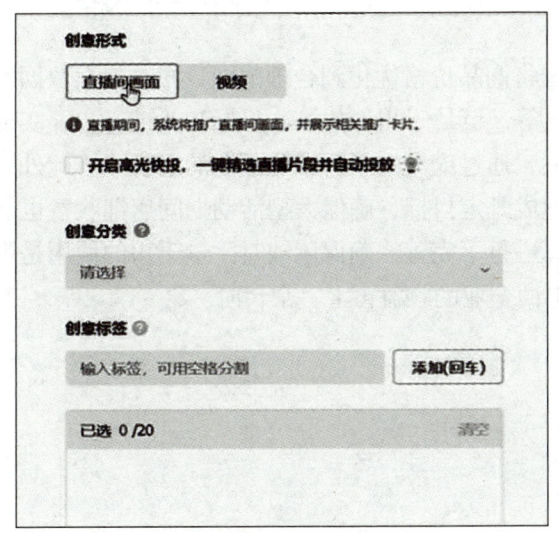

图 4-38　添加创意

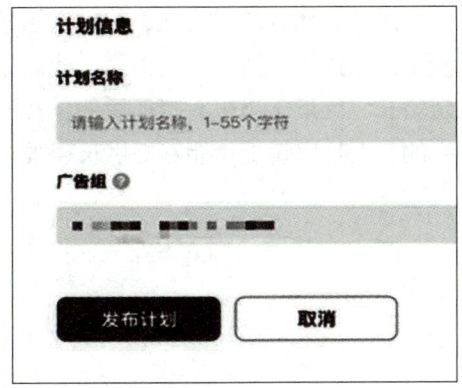

图 4-39　发布计划

任务评价

同学们使用巨量千川工具完成优化后,老师根据完成效果进行评价打分。

实训评价表

序号	评分内容	总分	老师打分	老师点评
1	是否新建巨量千川计划	20		
2	是否合理进行投放设置	30		
3	是否进行创意设置	10		
4	投放效果	40		

总分：_____

知识拓展

巨量千川介绍

我国电子商务广告在网络广告业中占有很大的比例，并且这种比例还在不断增长，2022年占比达52.2%，2023年占比约60%。电子商务仍然是未来网络广告业发展的主要增长点。

为了扩大电商企业的收入来源，巨量千川促进在线店铺商家营销和经营的统一，对全链路数据进行检测，让商家可以更敏锐地查看电商数据的变化，挖掘更多的商机，同时巨量千川将多种流量来源进行整合，让商家做生意更加简单，使其能够获得长期的收益。

巨量千川在商业增值方面的核心价值观，就是始于流量。不管是收费流量还是自然流量，均可以与电商企业合作，进行高效的流量运营，从而提升流量的转换，进一步提高企业的销售收入。在巨量千川整个商业增长中，重点关注短视频和直播等不同的引流场景，对创意生产、数据诊断、投放提效等多渠道进行整合，制定好流量投资回报率的目标，让每笔资金使用都能够被商家看到，并且深耕于直播间，打造能够吸引用户的内容，确保商家能够降本增效。

巨量千川提供商品优选，可以根据系统数据将商品价格优化到合理范围，同时根据数据库模型协助店铺优化主页图片、标题、店铺详情页等。巨量千川聚焦核心目标和关键行为，实现人群、产品、场景的多元化，并提供场景化方案，通过庞大的平台转化预期的新客户。此外，巨量千川还提出"活动成交保"，让商家更快达成既定目标，确保大型活动期间店铺收益也能稳定增长。巨量千川也对直播后的付费流量结算进行了完善，确保店铺对巨量千川的使用是可持续的，而且巨量千川能够提供长期服务，使电商企业的收益再上一个台阶。

项目五

进行直播活动

■ 任务情境

小文每每在直播间观看直播活动，总能被主播们热情的话语、诱人的福利刺激得蠢蠢欲动。直播间热闹的氛围让小文禁不住想参与欢乐的购物活动，同时她又非常羡慕主播们的"能说会道"。主播们好像知道她心里想什么，都说到她心坎里去了。她觉得东西有点贵，主播就发优惠券；她想离开一会，主播说要截屏抽奖了，真的太神奇了。她把这些告诉了师傅老郑，老郑告诉她，在直播间，主播说的话都是提前设计、准备好的，开播时，主播就能根据直播间的实时情况调整话术内容，牢牢地掌控好直播节奏，营造直播间的良好氛围。所以，在开播前，主播或运营团队要根据直播带货的具体商品设计好直播话术，策划好直播活动内容，这样才能按顺序开展直播活动。

■ 学习目标

知识目标

- 了解直播间营销话术的作用。
- 掌握几种常用的直播营销话术。
- 理解 FABE 销售法则的内容。
- 掌握四步销售法的主要内容。
- 了解直播间商品管理的意义和内容。
- 掌握直播气氛维护与"粉丝"运维的主要内容。

技能目标

- 学会运用几种常用的直播营销话术进行直播。
- 学会运用 FABE 销售法则设计商品营销话术。
- 学会运用四步法设计商品销售话术。
- 能使用优化直播活动的常用方法进行直播。

素养目标

- 了解直播间管理的相关规则，努力提升专业能力和职业素养，成为一名优秀的主播。

任务一　直播间营销话术设计

任务描述

公司下周要进行一场直播活动，老郑让小文提前为主播设计一套直播话术。老郑告诉小文，直播的每一句话都要带着目的性，开场时怎么讲，互动时讲什么，如何讲用户才会积极下单……这些都要站在用户的角度、站在平台引流规则的角度去思考设计。直播话术是否恰当、是否有吸引力，对直播的效果起着重要的作用。老郑要求小文认真设计直播话术，并鼓励她勤加练习、常说常练，这样表达能力才会越来越强。

知识储备

一、直播间营销话术的作用

许多新人主播经常感到困惑：用户明明进入了直播间，却又很快退出去了，这是对商品不感兴趣，还是因为主播讲解不生动呢？实际上，对于新人主播来说，如何运用有效的话术吸引用户停留，是直播过程中的一个关键问题。一套优秀的话术，能有效挖掘用户的核心需求，快速吸引用户的注意力，打消他们的顾虑，激发其购买欲望，从而促成下单，提高转化率。

一般来说，一场直播通常有两三个小时，在不同的环节设计不同的话术，不仅能避免直播中重复啰唆、不知道讲什么的尴尬，还能有效控制直播节奏，活跃直播间的气氛，吸引更多用户停留，提升直播间的成交转化率。图 5-1 就显示了主播话术对直播间流量的影响。

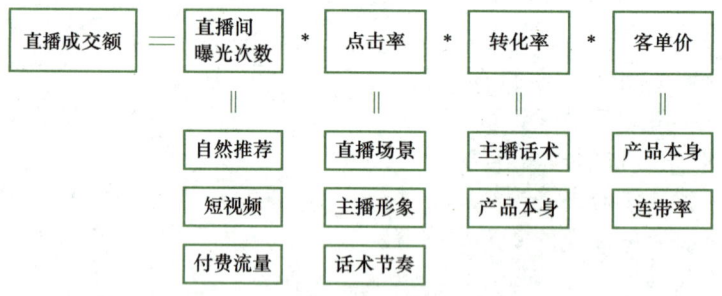

图 5-1　主播话术对直播间流量的影响

从图 5-1 我们可以看出，在产品稳定、场景不变的情况下，影响直播成交额的核心就是主播的话术和流程。话术的优质与否直接影响产品对用户的触达效果，以及用户对直播间的信任度。

首先，当用户刚进入直播间时，主播可以通过开场话术欢迎他们的到来，然后通过互动话术引导他们关注直播间、点亮"粉丝"灯牌。这一系列行为，无形中拉长了用户的停留时间，而系统会根据用户停留时长、互动指数等指标进行推流，把直播间推荐给更多的用户。

其次，用户停留之后，主播要对产品和活动福利进行介绍，引导用户参与直播间的评论、点赞、互动,同时引导用户去查看购物车的商品,提高商品曝光率和点击率。之后,系统会根据相似人群在直播间产生的行为去搜索更多类似人群,优先将直播间推荐给该类人群。也就是说,直播间能得到更多精准客户人群,这对后期的转化成交有着极大的帮助。

再次,在引导下单阶段,主播可以通过话术传递给用户一些好的促销策略,如包邮、运费险、赠品等,引导用户尽快下单付款。之后,系统会根据在直播间成交的人群标签和历史行为去推荐给更多的相似人群。

最后,在直播快结束时,主播可以对用户表达感谢,增加亲近感,再一次引导用户关注,积累"粉丝"量,预告下一次直播的信息,引导用户下次准时进入直播间。

综上,直播话术对直播活动的影响显而易见,具体表现为以下几个方面。

(一)控制直播带货节奏

优秀的话术设计,可以帮助主播更好地控制直播间的节奏,从而有效地促进产品转化。

(二)打造特色直播

个性化的话术,可以很好地塑造账号属性及主播个人人设,增强用户对直播间(主播)的信任度,有效提升直播间的传播属性及涨粉率。

(三)营造直播间氛围

运用话术带动直播活动氛围,增加主播与用户之间的互动,让用户获得更好的参与感与体验感,提升直播间的转化率。

(四)拉近关系,建立信任,创造高消费力社群

好的话术可以让用户初次见面就产生好感,基于此用户停留、点赞、关注等行为随之而来。主播会引导用户加入"粉丝"群,多次进入直播间,产生持续的信任,用户下单率、复购率也随之而来。当用户的信任达到一定程度时,就会变成核心"粉丝",形成具有高度黏性的"粉丝"社群(团体),从而不断提升直播间的成交额。

二、直播间常用营销话术设计

用户从刷到直播间、进入直播间、打开购物车查看商品,再到点击商品链接、下单付款,这一过程需要经历好几个环节。每一环节,主播都要通过合适的话术来吸引用户停留、互动,生动的话术能更好地传递商品信息,激发用户兴趣,让用户在不知不觉中下单购买,提升转化率。下面将按直播流程的顺序,介绍几种直播间常用的营销话术。

(一)直播开场话术

开场对一场直播活动来说非常重要,如果开场没做好,会导致开播流量很差。开场没有留住人,没有数据反馈给系统,系统就不会继续给你推流量。因此,设计好直播开场话术,对直播活动尤为重要。

新手主播开场讲什么、怎么讲很重要。一般来说可以从以下几个方面入手：自我介绍、欢迎用户、引导关注、活动福利等。目的是引起用户的兴趣，吸引用户停留，增加直播间的曝光量，从而带来更多流量。表5-1所示为直播开场话术常用的示例。

表5-1 直播开场话术常用的示例

序号	直播开场话术	设计意图
1	大家好，我是×××，欢迎来到我的直播间	开门见山打招呼，让用户感受到主播的热情
2	大家好，我们是厂家自播，没有中间商赚差价，今天给大家带来意想不到的大优惠	告知身份，赢得信任，凸显活动福利的真实性
3	宝宝们，晚上8点我们有发红包活动，晚上9点我们有个10元秒杀活动哦	说出直播福利放送的时间点，把用户留在直播间
4	欢迎刚来的宝宝，点击关注主播，等一下关注达到100个人我就发红包，或者右下角点赞到1万个的时候我就发红包	引导用户参与互动，活跃直播间氛围
5	欢迎×××（用户名）进入直播间，点关注，不迷路，一言不合刷礼物！么么哒	活泼、俏皮的语言让用户感受到亲切、热情，提升好感，增加停留时间，提高转粉率

（二）直播互动话术

开场话术吸引用户，让用户停留在直播间之后，主播可以通过互动话术活跃直播间氛围，让算法检测到直播内容是优秀的，从而获得系统推荐，带来更多流量，进而实现转化。所以，一名优秀的主播，在这个环节一定要用话术去引导用户进行有效互动，与主播聊天、点赞、亮灯牌、加关注等，通过不断互动，持续拉高直播间的互动数据指标，提升直播上热门的机会。

直播间互动的内容和技巧有许多，主播可以通过提问式互动、刷屏式互动、邀请参与式互动等方法将关注、点赞、抽奖、福利折扣等内容通过话术有效结合起来，引导用户积极参与，活跃直播间的氛围。直播互动话术示例见表5-2。

表5-2 直播互动话术示例

序号	直播互动话术	设计意图
1	家人们，不要吝啬你们的点赞，我希望今天大家帮我点到新的高度，好吗	积极引导用户，为主播点赞、转发，活跃直播间气氛
2	想看×××号的刷1，想看×××号的刷2 换左手这一套衣服的刷1，换右手这一套的刷2	用产品主动提问，向用户抛出话题，让用户参与互动
3	现在直播间××人，到××时我截图送个大奖，好不好？大家把链接分享出去	邀请用户参与分享，拉高直播间的人气值
4	下一次抽奖将在××分钟后开始！我们将送出××大礼！家人们千万不要走开啊	预告开奖时间与福利内容，吸引用户停留，提升直播间热度
5	请宝宝们点击参与本次活动，仅限关注主播和加"粉丝"团的宝宝们，还没有点关注的上方点个关注，加入我们的"粉丝"团	设立活动门槛，引导关注，加入"粉丝"团，吸引更多流量

直播间互动情况是系统评价直播间是否优质的关键指标之一，因此互动活动应该贯穿

于整场直播活动。主播要根据直播间的用户数据,及时调整直播节奏,穿插各种互动内容:红包、抽奖、活动福利、点赞评论、音浪、点击购物车、刷礼物、加入"粉丝"团等,尽量引导用户进行有效的互动,提升直播间的人气指数,延长直播间用户的停留时间,提高用户互动率、加粉率、留资率、加购率等。

(三)直播成交话术

通常情况下,主播给用户介绍完商品后,不能被动地去等待用户下单。虽然在直播时,通过主播的讲解,用户认可直播产品,购买意向比较大,但实际情况是,在下单前大多数人还是会犹豫,买还是不买?立刻买还是以后买?这个时候,主播就要主动运用成交话术去引导用户立即下单。成交话术设计的逻辑主要是:打消用户的顾虑,取得用户的信任;制造稀缺感和紧迫感;提供优惠……同时还可以利用催单、"逼单"话术刺激用户尽快做出决定,快速下单,加快成交转化的速度。

那么,直播间如何催单、"逼单"呢?主播可以向用户强调直播间的促销活动,如限时折扣、前多少名下单送礼品、现金返还、随机免单、抽奖免单、七天无理由退换货、包邮等,最大限度地激发用户的购物热情,催促用户集中下单;可以不断提醒用户直播产品的即时销量,营造产品畅销局面,并重复功能、价格优势、促销力度等;可以使用倒计时的方式,渲染紧迫感,促使用户马上下单。例如:"这件衣服只剩下 100 件库存了,还有最后 3 分钟,没有买到的宝宝赶紧去抢啦!卖完即止,卖完没有补货!"这样的话术,配上主播稍显夸张的表情、急切的语速,再配合背景音乐和不断的倒计时,以及"卖了多少件,剩下多少件"这样声情并茂的表达,能够充分调动用户的情绪,达到"逼单"的效果,提高直播间的转化率。表 5-3 所示为常见直播成交话术。

表 5-3 直播成交话术示例

序 号	直播成交话术	设 计 意 图
1	这款产品我们之前在 ×× 已经卖了 10 万套!我自己就在用,已经用了 10 瓶了,出差也天天带着!真的特别好用	产品的销量体现产品的可靠性,把"自用款"抛出来,为产品担保,消除用户的顾虑,提高信任度
2	官网的价格是 69 元一瓶,今天直播间买两瓶直接减 70 元,相当于第一瓶 69,第二瓶不要钱,再送你们雪花喷雾,这一瓶卖也要 59 块 9 毛钱	给出价格锚点以及一波波的福利,让用户无法抗拒,觉得不买就亏了
3	每款库存量有限,看到立马秒杀哦!只有 20 分钟,秒完下链接,家人们抓紧咯	限时限量,营造产品的稀缺感,催促用户下单
4	还有最后 3 分钟,没有买到的宝宝赶紧下单、赶紧下单	营造紧迫感,引导用户立刻下单
5	宝宝们,我们这次的优惠力度是今年最大的,现在拍能省 ×× 钱,还赠送一个价值 ×× 元的赠品。我们承诺 7 天无理由退货,前 ×× 名用户还送运费险	加赠小礼物,送运费险,7 天无理由退货,福利超出用户的预期,达到更好的效果

(四)直播结束话术

新手主播一般比较重视直播的开场和中间环节,精心准备互动、销售话术、引导下单,但到了直播结束时,往往以简单的感谢来完成一场直播。实际上,下播也是一个不容忽视的环节。在这一环节，主播可以感谢用户的支持、总结直播情况、预告下期直播时间……一套完整的下播话术（如表 5-4 所示）可以给直播画上完美的句号。

表 5-4 直播下播话术示例

序　号	直播下播话术	设　计　意　图
1	感谢 ××× 位在线"粉丝"陪到我下播，更感谢从开播一直陪我到下播的"粉丝"×××、×××（榜单上的，点名就行），陪伴是最长情的告白，你们的支持我记在心里了	对用户的陪伴表示感谢，将活跃频繁的用户昵称念出来，让他们感受到你的真诚
2	今天的直播接近尾声了，明天晚上 × 点到 × 点同样时间开播，大家可以点一下关注哦，各位奔走相告吧！我们明天见	预告下次的直播时间，引导关注
3	今天直播间累计观看人数 ××× 人，全场销售额达 ××× 万元，全场销售 ××× 件，感谢各位家人的陪伴与支持	取得优秀的战绩时总结一下，让用户感觉到他们的选择没有错，增强信任感
4	非常感谢所有还停留在我直播间的宝宝们，我们每天的直播时间是 × 点到 × 点，没点关注的记得点点关注，明天有宝宝们期待已久的 ×××（商品名称）	预告下次的直播时间，也可以预告一下下场的直播商品或优惠福利，吸引用户持续关注
5	马上就要下播了，希望大家睡个好觉、做个好梦，明天新的一天好好工作，我们下次见	好的主播能获得用户的喜爱并愿意在直播间买东西。所以，下播前给用户送上你最真挚的祝福，赢得好感

主播除了在直播过程中反复提醒用户关注以外，下播时可以再次提醒关注，建议用户下播后看宝贝讲解视频、加"粉丝"团或点导购链接等。一般能留到下播的用户，都是对直播比较感兴趣的，所以此时的引导关注会达到事半功倍的效果。

三、直播间商品营销话术设计

直播间带货的目的就是提高产品销量，创造更多订单收益。因此，直播商品介绍得好不好影响着直播间营销效果的好坏。优秀的主播可以通过商品介绍引导用户需求，激发用户的注意与兴趣，促成商品的成交。具体如何操作实施？需要注意哪些问题呢？

（一）商品营销话术的基本原则

在直播过程中，主播介绍一款商品的时间在 5 分钟左右。因此，在介绍商品前，主播必须对商品非常了解，才能在有限的时间里将商品信息传递给用户。在介绍商品时，主播一定要注意这三个基本原则：讲清楚、听得懂、记得住。主播要把直播间的用户当成从来没有了解过这个商品的人，站在用户的角度去讲解商品的特点及信息，运用通俗易懂的口语客观、准确地去介绍商品，让用户听得明白。同时，主播可以根据商品的卖点，用生动的语言创设一些商品应用场景，突出"痛点"，让用户有代入感。这样的介绍更贴近生活，能加深用户的印象，让用户听得懂、记得住。例如，某主播在介绍一款身体乳时这样说："有没有一睡觉、一开电热毯、一开空调身上就特别干痒并且一直在抓身体的人？很多地方湿气重，有湿疹，包括小宝宝有红屁股、红脸蛋或手上有红色痒痒的东西，那我们这款身体乳，用在痒或脱皮的地方，能解决皮肤干痒问题，让你的皮肤真的很舒服……"这位主播用场景化的语言，描述用户遇到的一些问题，用户听得明白，也很容易产生共鸣。

（二）FABE销售法则在商品营销话术中的应用

消费心理学研究指出，用户在采购商品时，首先是带着一定目的的，而这个目的代表了他内心的某种需求。要满足这些需求，通常不能仅靠商品的功能来实现，还有商品背后给用户带来的利益。所以，在直播间介绍商品时，主播应当重视这一点，在介绍商品特征、优势时，更要明确指出商品的好处，也就是能给用户带来的利益，这样就等于在用户决定是否购买的天平上添加了一块砝码。这就是FABE销售法则的核心内容。FABE销售法则可以帮助主播有效提炼商品信息，设计高效的商品营销话术。

FABE销售法则是由四个英语单词的首字母组成的："F"为特征（Feature）；"A"为优势（Advantage）；"B"为利益（Benefit）；"E"为证据（Evidence），如图5-2所示。

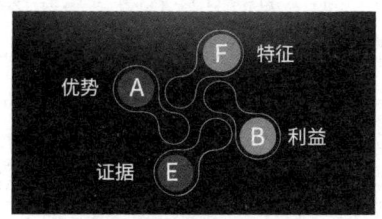

图5-2　FABE销售法则

特征（Feature），即这个商品具有的属性，例如款式、技术参数、配置等。这个特征的描述是没有感情色彩的，是一种客观描述，能让用户知道"它是什么"。例如，一款手机的属性有品牌、操作系统、芯片、屏幕尺寸和分辨率、像素、颜色等。

优势（Advantage），即这个商品的特性究竟有什么特别的优势或功能，与同类产品相比，这个产品有何独特的地方。在客观描述特征的基础上，引出产品与众不同的优势，这里可以带入客户评价、个人感受等主观描述，让用户知道"它能做到什么"。例如，这款手机更省电、待机时间更长、更实用、运行速度更快等。

利益（Benefit），即表明这个商品"能为用户带来什么好处"。主播不能一味地站在推销商品的角度去介绍商品的特征，应该说明商品的特征与用户需求的关系，即商品的利益。要明确真正能打动用户的不是商品的特征，而是商品能带给用户的利益。商品给用户带来的利益，则是需要主播通过话术来告知的。以用户利益为中心，通过强调用户得到的利益、好处来激发他们的购买欲望，这是FABE销售法则特别要强调的。

证据（Evidence），即让用户信服的相关证据。例如，检测报告、客户案例、评价截图、表扬等具有说服力的材料，解决用户"怎么证明你讲的好处"的疑虑。

只要FABE销售法则用得好，用户就无法拒绝商品。夏天是蚊虫滋生的季节，很多宝妈都会给宝宝选择驱蚊产品。我们来看看，运用FABE销售法则如何设计商品营销话术，见表5-5。

表5-5　运用FABE法则设计驱蚊扣营销话术

特征（Feature）	驱蚊扣可以持续驱蚊2～3个月，使用时间长
优势（Advantage）	婴幼儿专用驱蚊产品，没有刺激性气味，而且不需要接触宝宝的皮肤，可以扣在宝宝的衣服、领口、袖口、裤脚、鞋子上，安全可靠，使用方便，驱蚊效果好
利益（Benefit）	这种驱蚊扣用的时间长，一个能用两三个月，算起来很便宜。最重要的是，给孩子扣上驱蚊扣，带他去户外玩，再也不用担心被蚊子咬了
证据（Evidence）	小区里好多妈妈都过来给孩子买，她们都说很好用

在商品营销过程中，主播掌握FABE销售法则，并不断地熟练应用，就等于打开了与用户沟通的心门，在直播销售中会让主播更加从容、自信，成为用户喜欢的超级产品顾问。

（三）直播间商品四步销售法

当直播间流量稳定下来时，主播就可以开始介绍商品了。在介绍商品时要注意一定的逻辑性，主播可以通过"四步销售法"来实施商品的营销，即提出问题，引导需求；引入商品，解决问题；讲解商品，赢得信任；降低门槛，促成下单。

1. 提出问题，引导需求

所有的消费行为都是在特定的场景下进行的，消费者在不同的场景下会产生不同的消费需求，对商品体验的感受和记忆也不一样。想让消费者有兴趣了解商品，主播可以创设一个情境，将消费者带入生活场景中，用生活化的语言描述消费者的"痛点"与需求，引起消费者的共鸣，激发其购物欲望。例如，某品牌大容量水杯，主播是这么引导的："家人们，专家说每天都要喝1500～2000mL的水，才能保障身体健康运转，解决皮肤、便秘等问题。但是太难了，每天那么忙碌，每次喝多少水都得计算是不是很麻烦呀？"这样的场景描述贴近生活，能让"粉丝"禁不住停留在直播间，想知道主播是怎么解决这个问题的。

除了创设场景，增加画面感，讲故事也是一个不错的方法。还是这款水杯，主播还可以这样讲："前几天我见到初中同学，差点没认出来。她之前特别胖，165cm的身高，有75kg。结果那天我见到她，居然瘦到堪比'回炉重造'。我问她怎么瘦的，她说之前特别爱吃东西，嘴巴一直不停。后来健身教练告诉她，吃完正餐后，如果想吃东西就喝水，随身备个大水杯。她就买了个大容量水杯，随身带着，想吃东西就喝水，大量水一喝下肚，就觉得很撑，不想吃其他东西了。就这样，三个月后她瘦了8kg。"这个故事对想减肥的美女们启发很大吧？因此，主播可以利用讲故事的方式将消费者代入故事中，使其产生需求，并解决其"痛点"，最后促进购买。

2. 引入商品，解决问题

以解决问题为出发点，引入商品，讲讲商品可以解决的之前提到的一些问题。先把问题解决掉，把好的结果、愿景展示给用户，用户才会心甘情愿地留在直播间继续关注。需强调一点，这一阶段不要详细介绍商品，主播要做的就是针对提出的痛点问题——给出解决方法。例如，"今天主播推荐这个水壶，容量刚好2000mL，家人们可以把一天所需的水一次性接好，随身带，随时喝，喝完就是2000mL，有没有觉得特别方便？""喜欢冷泡水果茶的姐妹一定要用我家这款2000mL大水杯，可以加你喜欢的各种水果，容量足够大，再也不用担心倒一次水，喝几口就没有了。有了它，泡一杯，喝一天，省心又省力！"

3. 讲解商品，赢得信任

主播通过营造场景，放大痛点，激发需求，然后引入商品，解决问题，接下来用户自然而然地产生想要进一步了解商品的想法。此时，主播可以运用FABE销售法则来设计商品讲解话术：先说特征，再说优势，然后说能给用户带来什么益处，能方便用户怎么样、帮助用户怎么样……最后通过前期的火爆销量、用户的使用反馈、网红达人的推荐等数据背书和名人效应来消除用户的疑虑，赢得用户的信任，激起用户下单的欲望。

例如，给用户带来的好处，主播可以这样说："这款 2000mL 大水杯适合各种场合，无论是户外运动、上班、旅行还是家庭使用，都能满足您一整天的补水需求，您可以省去频繁加水的麻烦。特别是夏季带宝宝出游的宝妈们，一定要准备这一款。夏天高温闷热，宝宝好动容易出汗，带上这个大水杯，卡通的图案、靓丽的颜色吸引宝宝主动喝水，不但能改掉宝宝不爱喝水的习惯，还能完美避开不健康饮料的诱惑……"这段话中，基于该商品的大容量和网红外观特点，主播设计了不用频繁加水的省心、引导宝宝养成爱喝水的好习惯的利益点来吸引用户。

如何打消用户的疑虑呢？首先，主播对商品的讲解过程也是化解用户疑虑的过程。例如，这款水杯使用了食品级 PC（聚碳酸酯）材质、耐高温、安全可靠。内置食品级硅胶密封圈，双重密封，倒置不漏水……同时主播也做出售后服务的承诺，确保用户零风险购物，没有后顾之忧。其次，可以通过权威专家来消除用户的疑虑，例如水杯的材料检测报告、该品牌的资质证书等。最后，主播可以收集高性能的数据来进行证明。例如，这个商品线下销售多少份（需要在直播间出示证明），昨天直播间卖出多少份（需要在直播间出示证明），有什么授权、证书或者奖牌（需要在直播间出示证明）等。

4. 降低门槛，促成下单

赢得了用户的信任，使用户有了购买意向，最终买不买，还差"临门一脚"，那就是运用成交话术，打破用户购买的心理防线。可以从以下几个方面入手。

（1）设置价格锚点　例如："这款水杯专柜定价是 169 元，直播间的正常定价是 84.9 元，今天我给家人们每人绑定一张 50 元的券。所有宝宝们，记得一定要领券，到手价只要 34.9 元！还送配套卡通背带，让你潮流出街，刷爆朋友圈！"

（2）帮"粉丝"算账　例如："一杯网红奶茶，动不动就二三十元钱。我家这款水杯，领券购买，也就是一杯奶茶的钱。有了这款水杯，帮你改变喝水习惯，与奶茶饮料说再见！"

（3）引导正当消费　例如："一杯奶茶，你一个人喝。这款水杯买回去，你可以用，宝宝可以用，全家都可以用，而且是喝奶茶健康还是喝水健康？家人们都懂哦！真是物超所值啊！"

（4）限时限量限身份　例如："福利价格仅限今天，喜欢的宝宝抓紧时间下单啦！家人们，粉色的水杯还剩 50 个，卖完就断货了！有宝宝想要两个不同颜色的背带，没问题，凡是亮"粉丝"灯牌的宝宝，下单后请备注，我们加送一款背带！"

在直播带货过程中，商品的讲解至关重要，主播只要遵守商品营销话术原则，灵活运用 FABE 销售法则，遵循四步销售法商品销售逻辑，结合直播间的实时流量数据，合理穿插直播间的一些常用话术，那么一定会迅速成长，离优秀主播的距离越来越近。

任务实施

任务实施1：

走进美妆直播间，学习大主播们的话术技巧，根据直播过程的不同环节，想一想，如果今天你是主播，你会怎么与这些爱美的"粉丝"交流？请将相应的话术内容填写在表 5-6、表 5-7、表 5-8、表 5-9 中，并对着镜头练习讲述。

表 5-6 直播开场话术

类型	直播开场话术
开场打招呼欢迎"粉丝"	
自我介绍	
活动福利	
预告直播内容	

表 5-7 直播互动话术

类型	直播互动话术
引导"粉丝"关注、点赞	
开场互动	
提问式刷屏互动	

表 5-8 直播成交话术

类型	直播成交话术
价格锚点	
消除顾虑	
限时限量	
福利优惠	

表 5-9 直播下播话术

类型	直播下播话术
感谢支持	
引导关注	
总结直播成绩	
预告下期直播	

任务实施 2：

请仔细阅读以下三款商品的一般话术，尝试使用 FABE 销售法则来重新设计商品利益点的话术，完成表 5-10，使其更有效地激发直播间用户的购物兴趣。

表 5-10　一般话术与 FABE 销售法则话术

商　品	一　般　话　术	FABE 销售法则话术
衬衫	这是一件纯棉衬衫	
裙子	这条裙子板型好，穿在身上很好看	
运动鞋	这双运动鞋是配合慢跑的力学结构造型，而且以弹性极佳的泡棉垫底	

任务实施 3：

案例中是某头部主播采用四步销售法在直播中讲解商品的资料，请仔细阅读，想一想，他是如何来设计话术的？请分析在四步销售法的每一步，他给直播间的"粉丝"传递了哪些信息？目的是什么？将相应的话术内容及设计意图填写在表 5-11 四步销售法话术解析中。

案例示范

商品名称：朵梵粉精华

直播间销售成绩：一套 680 元，3 分钟卖出 1600 套，销售额约 109 万元。

主播话术：

脸一遇热水就泛红，一用大牌养肤性特别强的精华面霜皮肤就红肿。这样的女生，在不在？有没有爱长痘痘的女生？有没有长了痘痘，有粉色痘印，脸部红血丝很严重的女生？有没？有的话扣"有"！我给你们推荐这个主播自用款——修红精华液。只要你的肌肤不舒服"闹情绪"，这一瓶就可以稳住你的肌肤。

它贵，但是它真的好用！为什么？朵梵是雅诗兰黛集团下面专门做芳疗的护肤品牌。他们家这款精华就是帮你镇定、修复加维稳，让你的皮肤不过敏，让你肌肤的"小情绪"舒缓下来。我就一句话，（相信我）！有经济条件的，买它！把你的肌肤状态调整好之后，再去用大牌，你的大牌护肤品才会吸收；调整不好，你用再多大牌护肤品，皮肤都不会吸收。

主播自用款，用空无数瓶的粉精华！今天给大家做的是限量包装组合，粉精华大瓶 50mL，还附赠他们家亮灯化妆镜，还会送 4mL 他们家最有名的橙花精露，还有 5mL 的舒缓面霜，然后直播间再加赠 5mL 的舒缓精华，再加两个 50mL 的洗面奶。这么多到手，只要 680 元，只有 1600 套。三、二、一上链接，来咯！

表 5-11　四步销售法话术解析

四步法步骤	销　售　话　术	设计意图解析
提出问题，引导需求		
引入商品，解决问题		
讲解商品，赢得信任		
降低门槛，促成下单		

任务评价

同学们完成任务后进行提交,老师根据内容进行评价打分。

任务评价 1:

直播话术实训评价表

序号	评分内容	总分	学生自评	老师打分	老师点评
1	直播开场话术	25			
2	直播互动话术	25			
3	直播成交话术	25			
4	直播下播话术	25			
合计		100 分			

任务评价 2:

FABE 销售法则设计商品话术实训评价表

序号	评分项目	总分	学生自评	老师打分	老师点评
1	衬衫	30			
2	裙子	30			
3	运动鞋	40			
合计		100 分			

任务评价 3:

四步销售法话术解析实训评价表(学生互评)

任务步骤	话术内容填写等级评价			设计意图解析等级评价		
	优	良	中	优	良	中
提出问题,引导需求						
引入商品,解决问题						
讲解商品,赢得信任						
降低门槛,促成下单						

四步销售法话术解析实训评价表(老师点评)

任务步骤	话术内容填写等级评价			设计意图解析等级评价		
	优	良	中	优	良	中
提出问题,引导需求						
引入商品,解决问题						
讲解商品,赢得信任						
降低门槛,促成下单						
老师点评						

知识拓展

直播间常见品类的商品营销话术建议

直播带货商品种类繁多,每类商品的特征、能解决的需求问题都不一样。因此,营销话术应该以不变应万变,围绕具体商品展开,又不脱离营销话术的核心逻辑。这样不管遇到什么商品,主播都能设计出优秀的营销话术。

商品营销话术的核心逻辑主要分为四个部分:提出问题,引导需求;引入商品,解决问题;讲解商品,赢得信任;降低门槛,促成下单。每一步都有具体的内容框架,主播只要掌握了这个思路,灵活运用,转化率必定会有较大的提升。

一、服饰鞋帽类

服饰鞋帽类商品可以策划的内容很多,除了上身搭配展示,还可以从穿衣风格主题入手。例如 OL(办公室女职员)职场搭配、个性民族风、休闲潮人风、时尚运动风……将此类商品带入不同的使用场景。用户的主要需求是美观舒适,在话术设计上就要围绕这些展开,对细节进行一一展示,并在用户关注的问题上及时讲解。从细节上展示商品制作工艺上的特质,如精美的绣花、工整的绲边;凸显面料的优质,如棉麻绸缎的特质,同时讲解商品的日常护理、清洗注意事项等。还有一些五金配件,如拉链、纽扣等都可以进行展示。尺码、颜色等信息,可以制作成表格,投放在屏幕后方持续显示、一目了然,为用户提供全面的购买信息。如果是品牌类的商品,主播可以重点强调品牌的信誉度和质量保证,同时向用户展示退货和售后的服务政策,让用户放心购买。在刺激下单阶段,主播要强调商品的性价比和限时优惠政策,引导用户积极参与购买,同时提供方便快捷的下单方式。

对于展示类的商品,主播一定要让直播间的用户有非常直观的感受,通过近景展示细节,通过中景展示上身效果,吸引用户关注。在进行搭配展示时,主播要提前确认好搭配的服饰与流程,对所有搭配的款式彩排一遍,避免直播时搭配出来的服饰不好看,影响直播效果。

二、生鲜食品类

民以食为天,美食类商品在直播间深受用户的喜爱,只要场景展示够吸引人,都能获得不错的人气。直播间的美食一般有两种:一种是手工美食,另一种是生鲜果蔬类美食。手工美食可以通过展示制作过程来吸引用户的兴趣,增加用户在直播间的停留时间。生鲜果蔬类美食则可以直接将直播间搭建在果园、瓜田、鱼塘等采摘、捕捞实地,展示美食来源地的真实性。此类商品最佳的展示方式就是试吃,主播通过展示吃的过程,让用户看到食物的色泽,听到食物口感的描述,感受到食物的味道——香、甜、脆、糯、辣……让用户全方位地了解食物。

食物与人们的健康息息相关,主播需要重点强调商品的安全性,例如,有效的保质期,告知用户商品的出厂日期、保质期、如何保存;健康的配料表,有的用户对某些食物过敏,此时应清楚地解读配料表,进行温馨提示;包装的规格大小,根据食用频率、食用人数并结合价格合理建议用户购买的数量,以套餐和组合优惠来达到最优的性价比,让用户感到超级划算，以此锁定用户的再次回购。

三、美妆日化类

美妆日化类直播间的用户最关心的问题就是商品的功效、安全性，没有什么比主播亲身试用展示、前后效果对比这种方式更能打动用户了。这类直播间的主播通常是边试用边告诉用户自己的使用感受。精华上脸前后的感觉对比，口红涂抹前后的气色对比，面膜的保湿、抗衰、抗氧化等功效，是用户最想了解的。主播也要注意话术设计要合理、合适、合规，切勿过分夸大，针对一些平台违规词及时做出调整，例如说"去黑头"如果涉嫌违规，就可以用"小草莓"来替代。主播对商品成分含量的介绍要既能突出商品的功效，又解决安全问题，消除用户的疑虑，强调商品的安全和品质保证。一般来说，美妆日化类商品的品牌属性较强，具有一定的信誉度和口碑，主播的话术可侧重品牌价值进行设计。

美妆主播在展示时，一定要注意，为了凸显商品的功效，尽量不要使用滤镜，要以最真实的方式呈现给用户，这样才能将最真实的感觉传递给用户。例如，口红、眼影、粉底液等进行现场试色的商品，主播一般会涂抹在脸上或手上，通过肤色来辨别它的颜色及上妆效果，一旦用了滤镜，就会影响真实的效果。

任务二　直播间的商品管理

任务描述

老郑给小文布置了新任务，下周直播时，小文要配合主播在直播间完成商品上架管理的辅助工作。终于能参与直播活动了，小文很是兴奋。为了能配合主播顺利完成卖货任务，小文提前学习了商品管理的相关内容，在直播平台进行实践练习，熟悉商品管理模块的各个功能，确保直播时和主播节奏合拍，愉快地完成任务。

知识储备

一、直播间的商品管理的意义和内容

直播间的商品管理是指对直播过程中展示和销售的商品进行管理和维护。随着经济的飞速发展，消费者的需求日益丰富，呈现出多样化、个性化、品质化等多种特点。为了满足消费者不断变化的需求，直播间的商品符合消费者的需求显得很重要。如何进行直播间的选品？这部分相关知识在项目二的任务三中做了详细的介绍，那么在直播实施阶段，直播间的商品管理的意义和内容体现在哪些方面呢？

（一）直播间的商品管理的意义

1）直播间通过对商品进行科学合理的管理，能够更好地满足用户的需求，提高直播的销售量。

2）直播间通过在直播中展示高品质的商品，可以提高品牌在用户中的知名度和美誉度，提升品牌价值。

3）直播间通过对商品库存进行合理的管理，可以避免库存积压和缺货的情况，降低库存风险。

4）直播间通过对不同商品的销售额进行分析和比较，能够了解市场需求和竞争情况，优化商品结构，提高销售效益。

（二）直播间的商品管理的主要内容

1）及时更新商品的信息，如商品名称、价格、描述、图片等，以便用户可以方便地了解和购买商品。

2）根据销售情况和市场需求，及时上下架商品，以保持最佳的商品结构。

3）精细化管理商品的库存数量，了解库存情况，避免库存积压和缺货的现象，确保销售的连续性。

4）设置主播的佣金比例，激励主播推广和销售商品。

5）定期对商品的销售数据进行分析，了解市场需求、竞争情况、销售数量、用户反馈等，优化商品结构和直播销售策略。

直播间的商品管理是确保直播带货成功的重要环节。有效的管理，可以满足用户需求，提高产品质量，增加销售额，从而提升商家竞争力。在商品的选择、上架管理、库存管理、售后服务等环节，可以利用先进的技术手段进行精细化的数据分析和管理，不断优化直播策略，以实现销售业绩的提升。

二、直播间的商品添加及上架设置

主播在直播前，可以通过直播平台选定商品，编辑修改商品信息，将商品与直播间进行关联。在直播中，商品的上架顺序会受直播间消费者的需求、竞争环境、销售策略、库存管理等因素影响。一般来讲，可以根据以往的销售数据，将销售情况较好、受欢迎程度高的商品排在前面，将销售情况较差的商品排在后面。当然，这个顺序不是绝对的，可以根据直播间的实时情境和需求进行调整。例如，当直播间流量较小时，可以将一些引流款和福利款排在前面，吸引更多"粉丝"进入直播间；也可以根据不同的商品属性和特点排序上架，例如，根据商品的属性、价格、品质、功能等排序，以满足用户的不同需求。

前期小文已经下载安装了淘宝主播App，并成功申请主播入驻，现在继续来学习直播间的商品添加管理的方法，分别是在发布直播预告信息时添加商品，在手机端淘宝主播App进行商品管理，在PC端淘宝直播中控台管理商品这三种方法。具体的操作参考步骤如下。

（一）在发布直播预告信息时添加商品

在开播前发布直播预告，可以告知用户直播的内容，这样可以为直播推广引流，在发布预告的同时也可以添加商品，具体操作如下：

1）登录淘宝主播App。打开淘宝主播App，点击主页面的"预热下一场直播"栏中"发预告"按钮，如图5-3所示。

2）添加预告信息。在"发预告"页面，根据信息提示，分别添加好封面和预告视频，设置好直播标题、直播时间、内容介绍及频道栏目等内容，完成后点击"发布预告"，如图 5-4 所示。在"发预告"页面，有"添加宝贝"栏目，可以点击选择添加宝贝进行商品添加，并勾选"开播时自动把预告商品发布到直播间"，在开播时系统自动添加预告商品至直播间。

图 5-3　点击"发预告"按钮

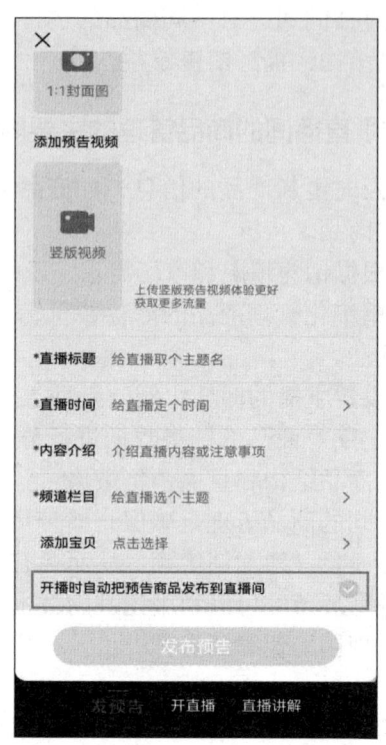

图 5-4　设置预告信息并发布

（二）在手机端淘宝主播 App 进行商品管理

1）打开淘宝主播 App。在淘宝主播 App 主页面上方点击"去直播"按钮，或者点击下方"直播"按钮，如图 5-5 所示。

2）开始直播。进入直播页面，点击"开始直播"按钮，如图 5-6 所示。

3）打开更多设置页面。进入直播页面后，点击底部"更多"按钮，如图 5-7 所示。打开的页面上分布着"通知粉丝""预告订阅""直播推广""分享直播间"信息等内容，如图 5-8 所示。

4）添加商品宝贝。需要上架商品时，点击直播页面底部"上架"按钮，即可添加商品宝贝，如图 5-9 所示。在选择商品页面时，有"最近发布""直播备货""直播严选""V任务""购物车""收藏""带货车等诸多选项，可根据实际情况进行选择，这里我们选择"带货车"选项中的商品，如图 5-10 所示。

5）查看上架商品数量。在上架商品后，直播页面底部左下角的"宝贝"图标显示的数字代表着上架了多少款商品，如图 5-11 所示。

6）查看上架商品。点击"宝贝"图标后，在弹出的"宝贝口袋"页面中显示成功上架的商品，如图 5-12 所示。

项目五 进行直播活动

图 5-5 点击"去直播"或"直播"

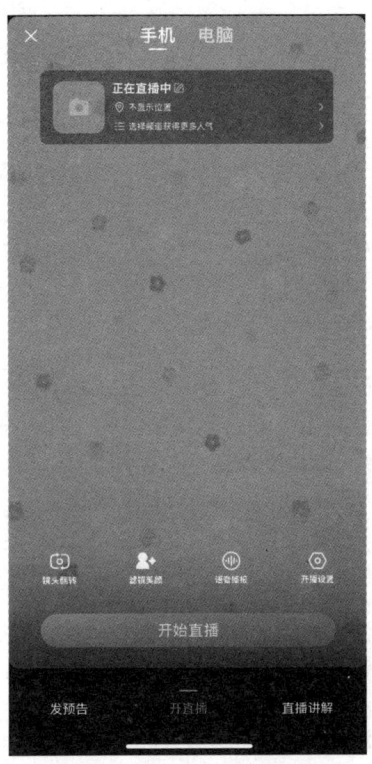

图 5-6 点击"开始直播"

图 5-7 点击"更多"按钮

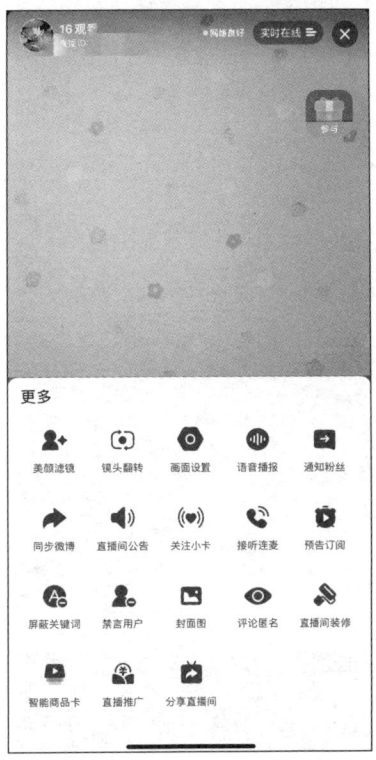

图 5-8 打开"更多"页面

135

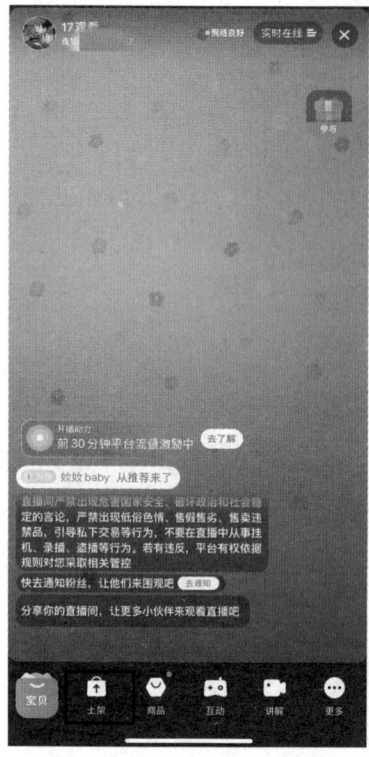

图 5-9　点击"上架"按钮

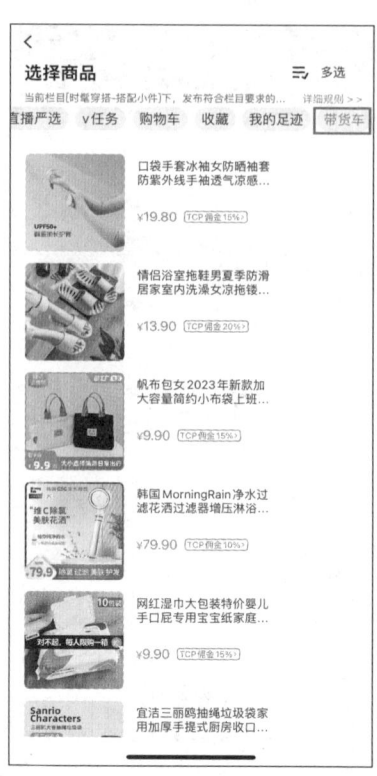

图 5-10　选择"带货车"中的商品

图 5-11　显示上架商品数量

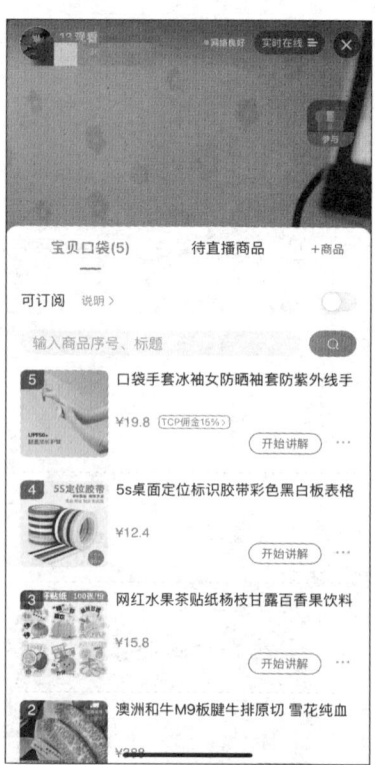

图 5-12　成功上架的商品

（三）在 PC 端淘宝直播中控台管理商品

1）在 PC 端打开淘宝直播中控台。在 PC 端打开淘宝直播的官方网站，选择"立即直播"选项卡，在打开的列表中选择"直播中控台"选项，如图 5-13 所示，使用淘宝账号和密码登录直播中控台，如图 5-14 所示。

图 5-13　选择"直播中控台"

图 5-14　直播中控台页面

2）查看直播详情。登录中控台页面后，在"直播"栏中选择"直播管理"选项，在打开的"直播管理"页面中可查看正在进行的直播，单击"直播详情"按钮，如图 5-15 所示。

图 5-15 "直播管理"页面

3）添加直播商品。在"直播详情"页面的"宝贝列表"面板中，单击最右侧"+商品"按钮，如图 5-16 所示。

图 5-16 单击"+商品"按钮

4）挑选商品。打开"宝贝"对话框，选择左侧的"收藏"选项，单击"通用商品"选项卡，挑选所需商品，如图 5-17 所示。

5）推送挑选好的商品。在"宝贝"对话框中单击"推送到宝贝口袋"按钮，如图 5-18 所示。然后在"宝贝"对话框中单击"确定"按钮，确认上架收藏的商品。

图 5-17 选择收藏的商品

图 5-18 单击"推送到宝贝口袋"按钮

6）获取商品链接。在"宝贝"对话框中，可以单击上方的"商品上传"选项卡，在打开页面的文本框中输入商品的淘宝网链接地址，单击"获取宝贝"按钮后，选择商品，然后单击"下一步"按钮，如图 5-19 所示。

7）上架推送商品。在打开的页面中，选中商品，单击"推送到宝贝口袋"按钮，上架该商品，如图 5-20 所示。这种方式常用于快速上架通过第三方数据分析工具查找到的淘宝平台上的热门商品。

图 5-19 输入地址，获取宝贝

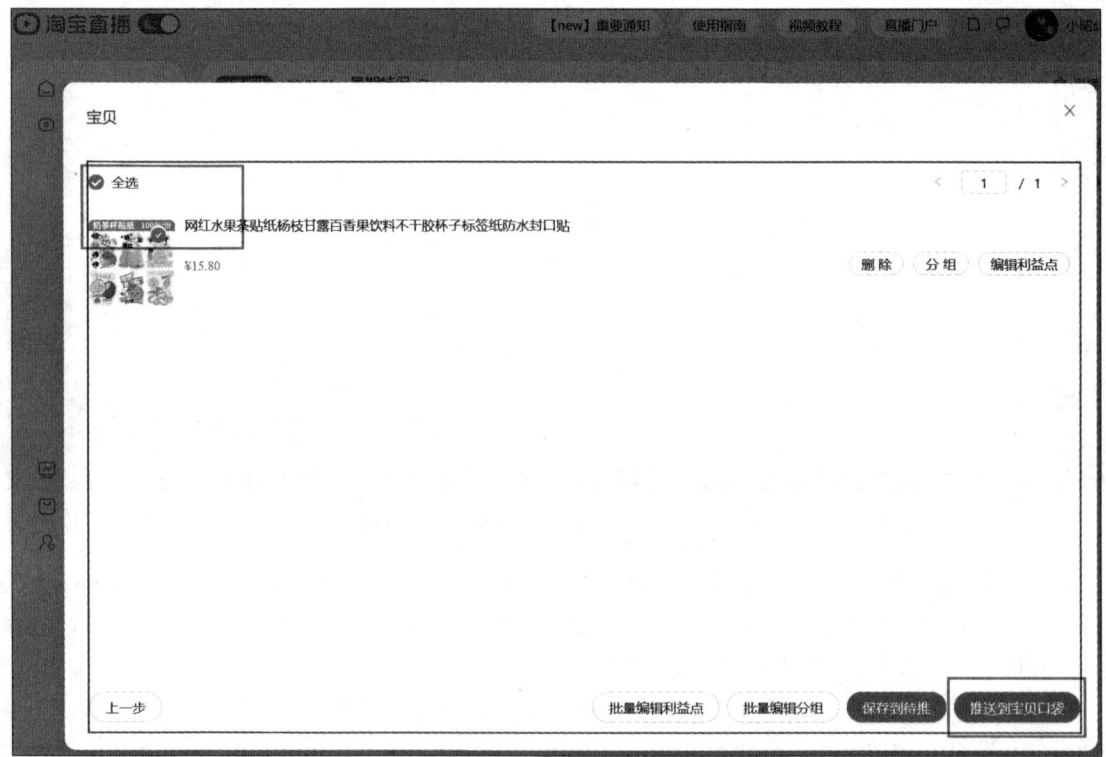

图 5-20 推送到宝贝口袋

任务实施

小文为了更好地熟悉直播电商带货，还注册了抖音账号，并开通了商品分享权限，继续学习如何在抖音直播间添加商品及上架管理。抖音直播间可以添加抖音电商精选联盟上的商品，也可以添加淘宝、京东等第三方平台上的商品。

1. 添加抖音电商精选联盟上的商品

1）打开抖音 App，点击"我"按钮，进入账号主页，点击"商品橱窗"按钮，如图 5-21 所示。

2）打开"商品橱窗"页面，选择进入"联盟活动"，如图 5-22 所示。

图 5-21　点击"商品橱窗"按钮

图 5-22　进入"联盟活动"

3）选择"选品中心"进入"爆款榜"页面，如图 5-23 所示，浏览并选择直播带货需要的商品，点击"加选品车"按钮，如图 5-24 所示。

4）在"选品车"页面点击"加橱窗"按钮，添加商品，如图 5-25 所示。

5）编辑商品推广信息，设置商品橱窗推荐语、直播间推广卖点等信息，点击"确定"按钮，如图 5-26 所示。

6）除了添加抖音电商精选联盟推荐的商品，还可以在"添加商品"页面的搜索框中输入商品关键词进行搜索，在搜索结果中选择所需商品，然后点击"加选品车"按钮来添加商品，如图 5-27 所示。

图 5-23 进入"爆款榜"页面

图 5-24 点击"加选品车"按钮

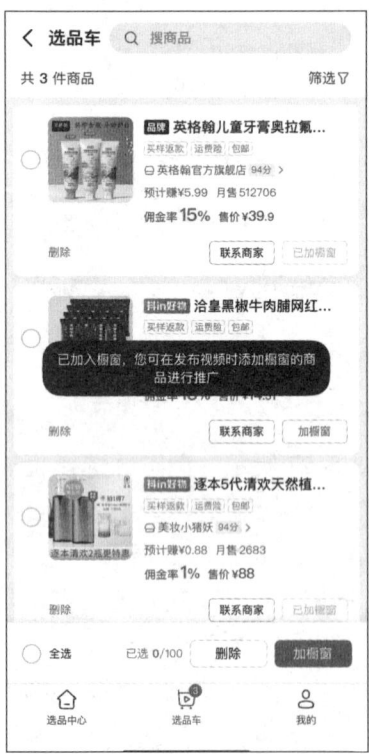

图 5-25 点击"加橱窗"按钮

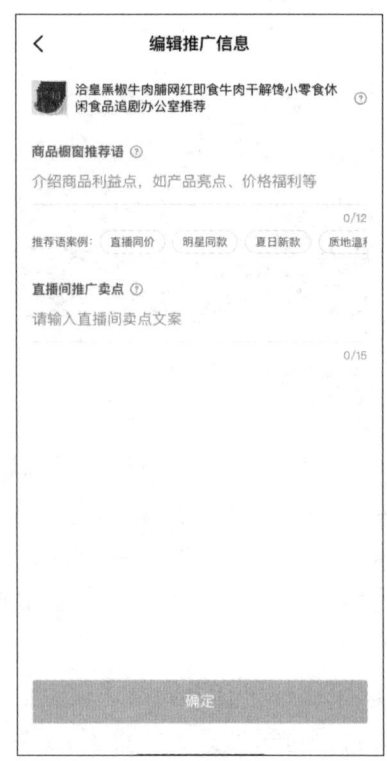

图 5-26 编辑信息

项目五　进行直播活动

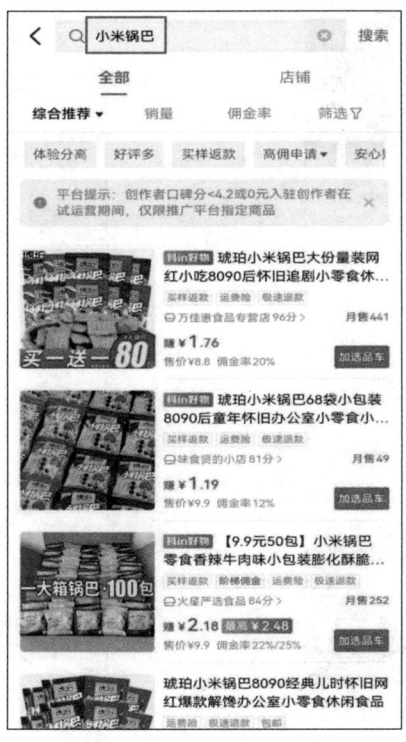

图 5-27　添加搜索的商品

2. 在抖音直播间添加第三方平台商品

在抖音直播间能够添加淘宝、京东、唯品会等第三方平台上的商品，在添加过程中需要先绑定第三方平台的 PID（平台标识用户的编码），然后通过插入链接的方式来添加商品。小文决定尝试添加淘宝平台的商品。

1）打开抖音 App，点击"我"按钮，进入账号主页，点击进入"商品橱窗"页面，选择"更多功能"，如图 5-28、图 5-29 所示。

2）在"功能中心"页面选择"账号管理"栏目，点击"账号绑定"按钮，如图 5-30 所示。

3）打开"账号绑定"页面，可以看到系统中显示众多第三平台的 PID 记录，此时显示都未绑定，小文决定选择淘宝平台进行尝试，如图 5-31 所示。

4）点击淘宝 PID 未绑定按钮，进入"账号修改"页面，点击"去淘宝获取"链接，绑定账号获取淘宝 PID 并点击"确定"按钮，如图 5-32、图 5-33 所示。

5）打开"新增备案"页面，在"经营类型"栏选择"达人个人"选项，在"推广位"栏选择所需推广位并点击"确定所选推广位"按钮，如图 5-34、图 5-35 所示。

6）完成设置后，点击"完成绑定"按钮，如图 5-36 所示。返回"账号绑定"页面，"淘宝 PID"选项处显示"已绑定"，如图 5-37 所示。采样同样的方法，还可以绑定其他平台的 PID。

7）绑定淘宝平台的 PID 账号后，就可以添加该平台的商品了。打开淘宝 App，在商品详情页的商品标题下方点击"分享"按钮，在弹出的面板中点击"复制链接"按钮，复制商品链接，如图 5-38 所示。

8）打开抖音 App，在"精选联盟"页面，点击右上角"链接"按钮，如图 5-39 所示。

143

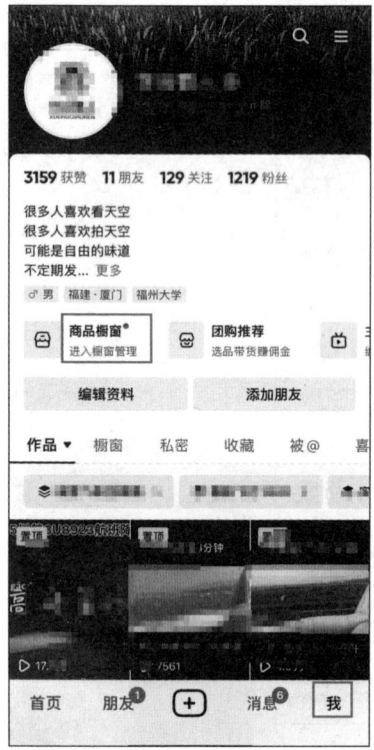

图5-28 进入账号主页

图5-29 选择"更多功能"

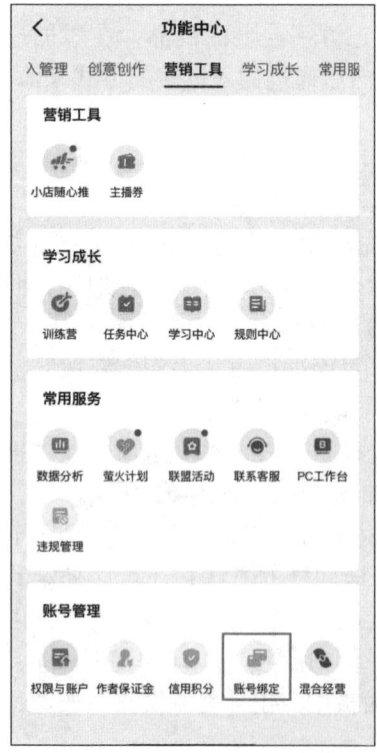

图5-30 点击"账号绑定"按钮

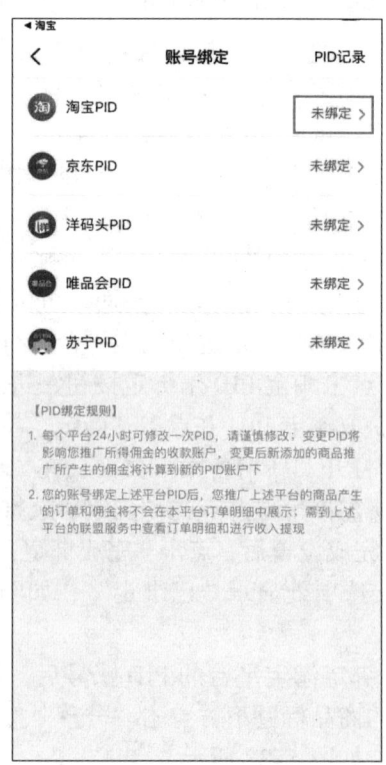

图5-31 账号未绑定状态

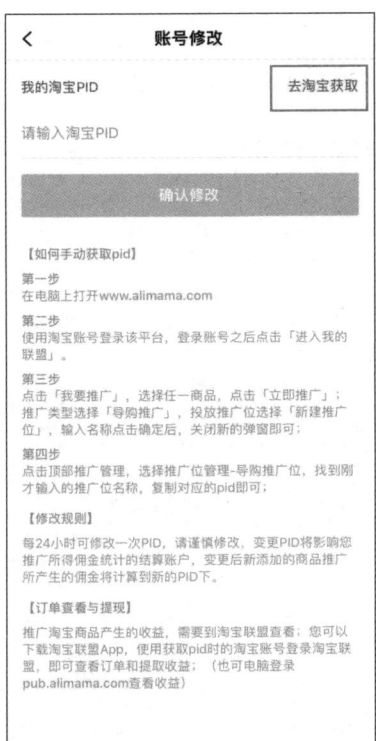

图 5-32 点击"去淘宝获取"链接

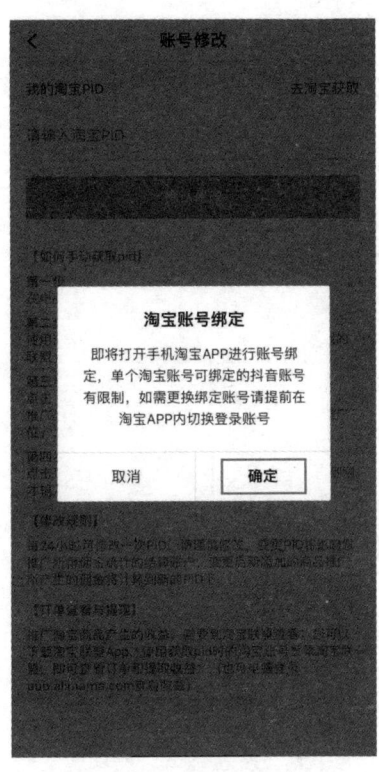

图 5-33 淘宝账号绑定

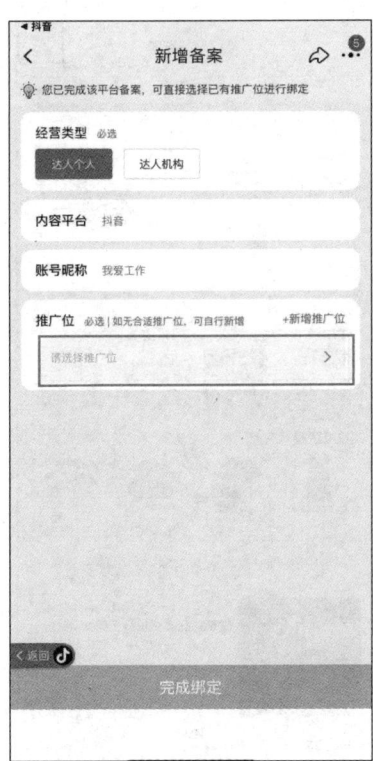

图 5-34 新增备案页面

图 5-35 选择推广位

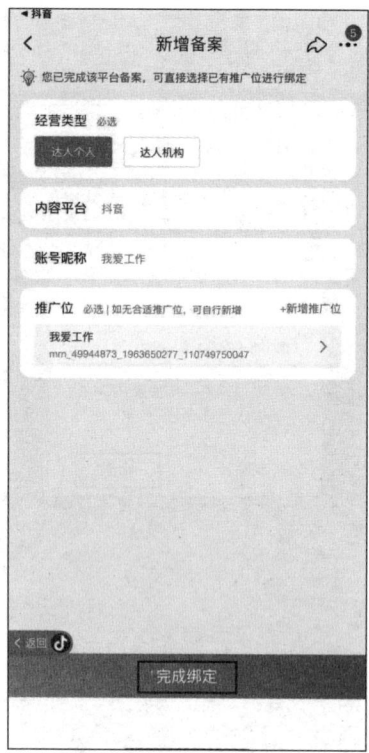

图 5-36 完成绑定

图 5-37 已绑定账号信息

图 5-38 复制商品链接

图 5-39 点击"链接"按钮

9）打开"链接添加"页面，在搜索框中粘贴复制的商品链接，点击"查找"按钮，如图 5-40 所示。

10）查找到商品后，点击"加橱窗"按钮，成功添加商品后，商品会显示"已添加橱窗"。

11）商品添加完成后，如果要对商品进行调整，可以打开"商品橱窗"页面，点击打开"橱窗管理"页面，选中要调整的商品，然后选择下方的"置顶商品"或"删除商品"按钮，如图 5-41 所示。

图 5-40　添加链接查找商品

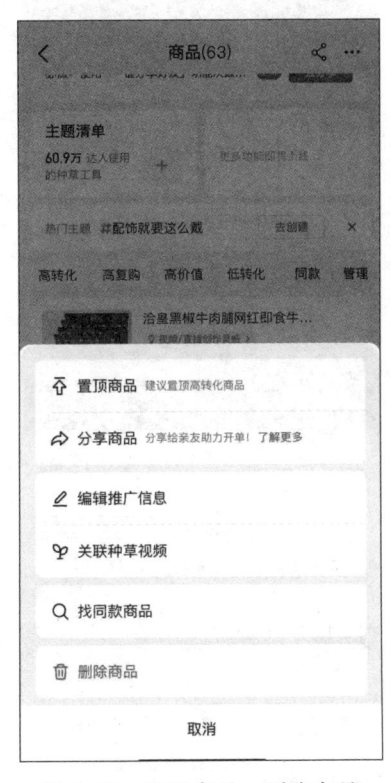

图 5-41　置顶商品、删除商品

3. 在抖音直播间上架直播商品

1）在抖音 App 打开"开直播"页面，点击"开始视频直播"按钮，主播开始直播。在需要上架商品时，点击直播间的"购物车"图标，如图 5-42 所示。

2）在弹出的"直播商品"面板中点击"去添加商品"按钮，如图 5-43 所示。

3）打开"添加商品"页面，点击"确认添加"按钮，添加所需商品，如图 5-44 所示。

4）返回"直播商品"页面，查看添加的直播商品。点击商品右下方的"讲解"按钮，讲解该商品，如图 5-45 所示。

5）在"直播商品"页面，点击下方的"管理商品"按钮，如图 5-46 所示。

6）在打开的页面中，点击下方的"置顶"或"删除"按钮，可以置顶或删除选择的商品，如图 5-47 所示。

图 5-42　点击"购物车"图标

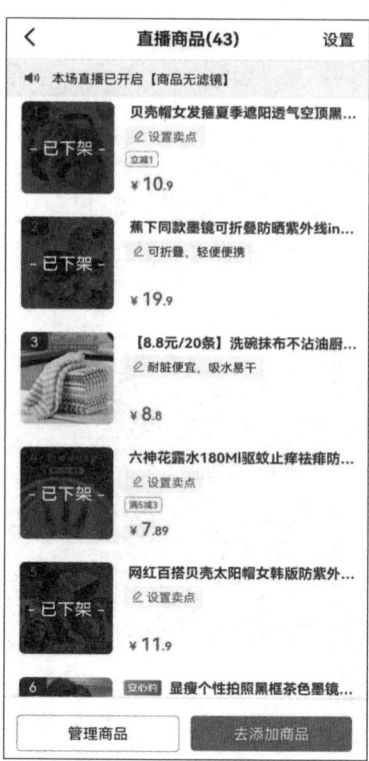

图 5-43　添加直播商品

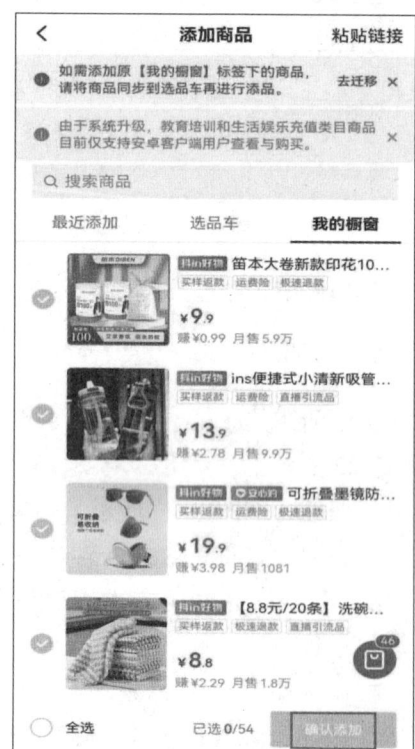

图 5-44　选择添加所需商品

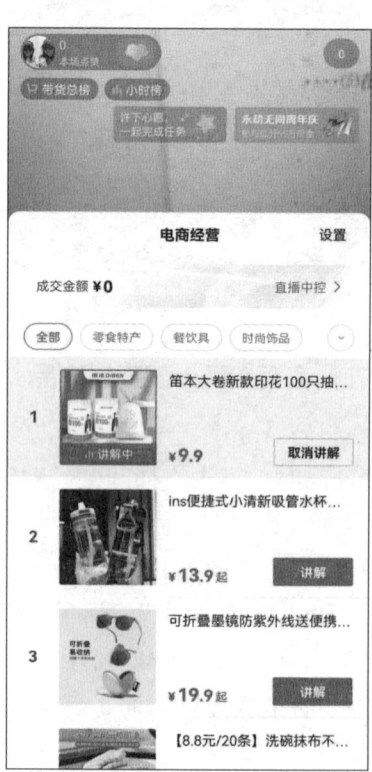

图 5-45　讲解商品

项目五　进行直播活动

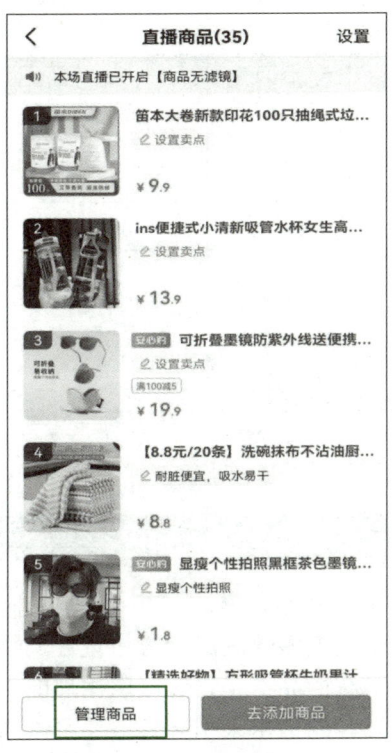

图 5-46　管理商品

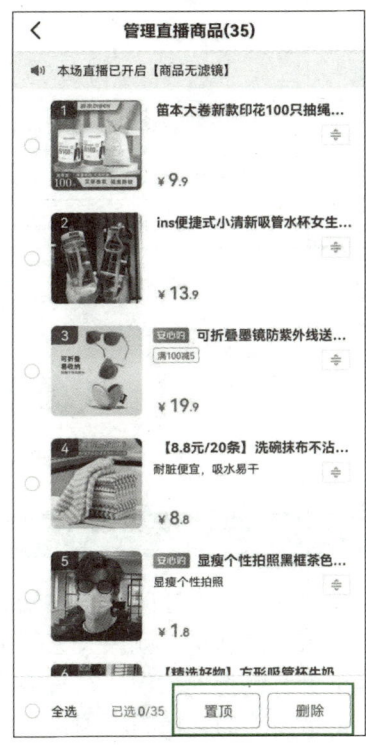

图 5-47　置顶、删除商品

> **专家提示**
>
> 　　抖音商品橱窗功能的开通目前来看需要同时满足"粉丝"量≥1000人、发布视频作品≥10条、实名认证这三个条件，如图 5-48 所示。大家可以通过平台认真学习《抖音主播入驻协议》，及时了解直播权限相关要求。
>
>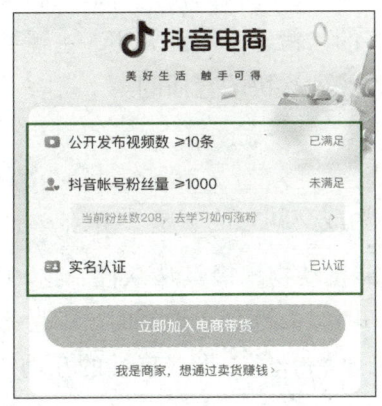
>
> 图 5-48　抖音商品橱窗开通条件

任务评价

同学们完成实训操作后，老师按操作结果进行评价打分。

实训评价表

序　号	评分内容	总　　分	老师打分	老师点评
1	添加抖音电商精选联盟的商品	20		
2	添加第三方平台的商品	30		
3	进行商品上架和讲解直播商品的操作	50		

总分：_____

任务三　优化直播活动

任务描述

小文的妈妈说，直播间像个热闹的大集市，就像在农村赶大集，人来人往热热闹闹的，特别想买点东西。确实，就像大家外出旅游时，都喜欢去人多热闹的地方游玩、购物，在那样的环境里更有购物的欲望。在直播间，如果主播只讲解商品，是很难吸引用户的。一个气氛热烈、情绪高涨的直播间氛围，除了依靠主播精心设计的话术来引导外，还可以通过直播平台上的系统功能来辅助互动节奏，优化直播活动。

知识储备

一、直播气氛的维护

一场优质的直播必定是节奏活跃、内容有趣、商品优质、互动有效、氛围热烈的。为了持续营造这种氛围，吸引更多的"粉丝"停留关注，主播要利用自身的引导力、感染力，为"粉丝"打造一个轻松愉悦、热烈欢快的直播间。

（一）直播气氛的体现

1. 群体效应，营造好气氛为成交助力

心理学研究表明：人是社群化动物，极具从众性，这种从众性在许多情况下导致我们的从众行为。举个例子：当一件事情，大部分人说好时，其他人也会觉得好，这就是群体效应。主播可以利用这种特性，多多引导"粉丝"，形成良性的互动。例如，在直播时问"粉丝""你们想不想要""你们喜不喜欢"……当进入直播间的用户看到满屏"想要""喜欢"时，就会产生"别人都在买，我也要买"的心理，这样就能为成交量助力，达到直播带货的目的。

2. 巧用昵称，增强"粉丝"的归属感

很多主播会给"粉丝"取一个特殊、亲切的昵称来拉近彼此的距离。主播可以根据自己的人设特点，给"粉丝"们取一个专属昵称，增强其归属感，培养"真爱粉"。

3. 仪式感，打造特色直播风格

很多用户有这样的经历，在进入直播间时，被满屏齐刷刷的"666""888""111"震撼。这是直播间"粉丝"在主播的动作指令引导下做出的统一回复，这种仪式感形成了一种有特色的直播风格，凸显了直播间的画面感，能够很好地引导"粉丝"在直播间停留，增强"粉丝"的参与感和黏性。有这样一批忠诚的"粉丝"积极参与、回应主播的各种互动，其他"粉丝"也会参与进来，直播气氛就会越来越活跃。

（二）维护直播气氛的方式

1. 直播间敏感词设置

直播间总会出现一些不和谐的声音，这些用户可能不喜欢直播内容，也可能单纯地想要发泄情绪，在直播间发表一些不文明或极端的言语，对直播造成不良的影响。因此，主播要提前做好控屏工作，控制评论内容，预防乱带节奏。

主播在开播前进入系统平台，预先设置好需要屏蔽的关键词，如服饰直播间设置"盗版""高仿"等词汇，当直播间内有用户的评论提到这些词时就会被自动屏蔽。被屏蔽的用户发的信息，他本人能看到，主播和其他用户看不到。同时，控屏的设置可以避免过量信息的干扰，放大正面信息的反馈。

除了以上小技巧外，主播设置屏蔽词时还应注意几个细节：①灵活调整常设敏感词和动态敏感词。由于每场直播的产品不同，所以要有针对性地调整动态敏感词。②提前了解敏感词的内容，做好气氛引导。③不轻易拉黑"粉丝"。对于一般"黑粉"，主播可以对他们进行控屏，不用拉黑。因为多一个用户在线，能为直播间多贡献一个在线人数。如果贸然拉黑，可能会导致"黑粉"利用小号再次进入直播间捣乱。因此，主播对此类"黑粉"可以优先进行敏感词信息过滤。对一些特别极端的"粉丝"，主播可以先控制他的言论，再将他拉黑。

2. 培养专属"真爱粉"

引导用户关注主播，加入"粉丝"团是提高"粉丝"黏性的重要方法。相比而言，直播平台点关注的"粉丝"黏性较差，用户随时可以取消关注。主播在直播时，粉丝只有刷到视频或者在关注列表时才知道在直播。加入"粉丝"团后，只要主播开播，"粉丝"第一时间就会收到开播信息。所以主播可以运用多种方式吸引粉丝加入"粉丝"团，成为专属"真爱粉"。例如，当"粉丝"团成员进入直播间时，主播口播"粉丝团×××欢迎来到直播间"，营造主播对"粉丝"团成员的重视，激起用户加入"粉丝"团的欲望。在提问活动中，对"粉丝"团成员的问题可以优先对待，凸显"粉丝"团成员的地位。主播还可以为"粉丝"团提供产品福利，来吸引用户加入"粉丝"团。

当用户进入直播间时，可以点击左上角的"关注"标志，关注主播，如图5-49所示，然后点击右下角的"礼物"标志，花1抖币加入"粉丝"团，如图5-50所示。在加入"粉丝"团时，能看到"粉丝"团权益：酷炫勋章、专属礼物、进场特效。

 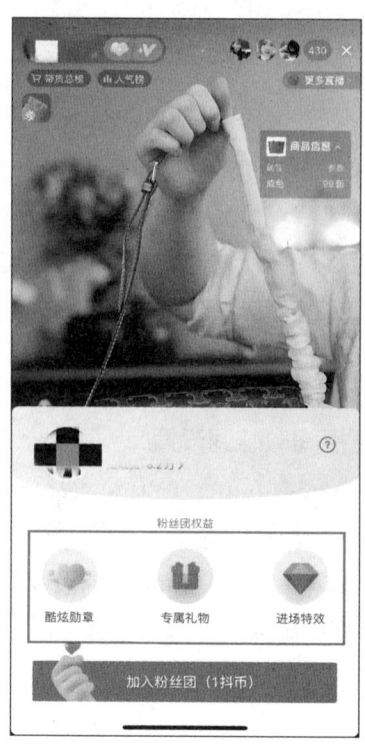

图 5-49　直播间关注主播　　　　　图 5-50　加入"粉丝"团

3. 直播间特定回复语

直播间的仪式感可以引导"粉丝"停留，增强"粉丝"的参与感和黏性，那么如何来打造这样的仪式感呢？有经验的主播会在开播暖场和下播告别时，设置直播间的特定回复语，采用弹幕飘屏的形式来营造仪式感氛围。例如，在开播时，设置开场欢迎回复语："宝宝来到我的直播间啦！欢迎欢迎！爱你们呦！""欢迎宝宝进入直播间，关注主播送优惠福利哦！"这样设置能避免刚开播时的冷场，让进入直播间的用户感觉到主播的热情问候。在直播结束时设置谢场回复语："感谢宝宝们的支持！再见，么么哒！""感谢家人们的陪伴，期待下次再相聚！"让"粉丝"们感受到被关注和重视，增加他们对直播间的归属感。

二、直播"粉丝"运维

进入直播间的"粉丝"相较于用户有更强的黏性与忠诚度。在很多主播的直播间刚起步时，平台基本上不会分发公域流量至直播间。如果主播自带"粉丝"，可以在刚起步时就较好地带动直播间权重，起到引流作用。每个"粉丝"就是一次潜在的曝光机会。他们会将这个直播间的内容和产品，因为热爱而不断宣传。当直播间"粉丝"较多时，主播可以更好地带动直播间氛围，更容易促进成交转化。因此，对直播粉丝进行有效的运维是一项重要的工作。

（一）输出优质直播内容，满足"粉丝"需求

持续输出优质直播内容，如教育、娱乐、游戏或其他主题，确保内容具有吸引力和实用性，满足"粉丝"的需求，这样才能吸引更多"粉丝"持续参与直播活动。为此，主播

需要关注这几个方面：首先，了解直播间目标受众的兴趣、需求和期望，为"粉丝"提供更有价值、更具针对性的分享内容；其次，保持直播内容的多样性和新鲜感，定期进行直播内容的更新和优化，不断调整和改进内容策略，以满足用户不断变化的需求和兴趣，同时吸引更多用户进入直播间；最后，确保直播内容与直播的品牌或主题保持一致，有助于建立和维持直播间的品牌形象和"粉丝"信任度。

（二）发放"粉丝"福利，增强"粉丝"黏性

福利活动虽然简单、直接，但往往是留住"粉丝"最有效的方法。"粉丝"福利可以是多种形式的，发放方式也可以多样化。例如，优惠券、赠品、互动红包、截屏抽奖等，或者在直播结束后向忠诚的"粉丝"寄送特别的礼物，重要的是要确保发放的福利是有意义的，并且能够真正回馈"粉丝"。这些福利能够让"粉丝"感到被重视，同时能激发他们的积极性，提高他们在直播间的参与度。

1. 抽奖

抽奖是直播间常用的一种互动方式，能够吸引更多用户参与互动，提高用户的积极性和参与感，让直播内容更加有趣和丰富。直播间通过设置抽奖门槛，如关注直播间、点赞、评论等，提高用户的精准度，增加用户对直播间的黏性，促进用户留存。同时，抽奖活动还可以增加品牌的曝光率，提高品牌的知名度和美誉度。

直播间主流的抽奖方式有以下几种：①抽奖大转盘，所有观看直播的人都可以参加，并且分享直播可以增加抽奖机会，这种方式适合直播引流和提升直播人气；②截屏抽奖，主播鼓励用户在评论区留言，或者让用户将答案回复在评论区，然后截屏选取用户赠送奖品，有效增加直播间评论区的互动率。

2. 发红包

发红包是一种提高用户活跃度和增加关注量的方式，可以吸引用户参与互动，提高直播间的曝光率和用户留存率。刚开播时直播间比较冷清，主播发一波预热红包，能很好地活跃气氛，带动话题，激发用户参与的积极性。当直播间人气积累到一定程度后，可持续发小额红包，避免已有在线人数的减少。

直播间常发放的红包主要有以下几种。

（1）红包雨 红包雨如图 5-51 所示。这种在直播过程中实时下落的红包，用户可以通过点击来获得奖励。这种红包在领取前，支持人拉人分享，邀请好友一起参与，还可以获得翻倍金额。该资金由平台全额出资，主播零成本，能高效地为主播带来更多的"粉丝"和关注度。

（2）口令红包 口令红包如图 5-52 所示。这种设置特定口令的红包，用户输入正确的口令才能获得红包奖励。口令的设置可以多种多样，如设置关键词"现货美妆节、女神节快乐"等。这种红包形式可以增加直播间的互动和趣味性，吸引观众的注意力，同时通过口令宣传直播间或者主播的品牌和形象。

（3）宠粉红包 宠粉红包如图 5-53 所示。这是主播为了回馈"粉丝"而发放的红包，通常设置领取门槛，如观看时长、分享、点赞、关注、查看宝贝或评论，才可以领取红包，或者设置不同等级的"粉丝"门槛，如"铁粉""钻粉"或"挚爱粉"才可以领取。宠粉红包可以增加主播与"粉丝"之间的互动和信任，提高"粉丝"的忠诚度和满意度。

图 5-51　红包雨　　　　图 5-52　口令红包　　　　图 5-53　宠粉红包

（三）创建"粉丝"团，将"粉丝"转化为私域流量

将"粉丝"转化为私域流量是维护直播"粉丝"的重要一环。主播可以建立自己的"粉丝"群，引导"粉丝"加入，增加与"粉丝"的互动和联系。主播可以在"粉丝"群中分享直播预告、开播提醒、直播间动态、最新活动、每年大促等信息，增加"粉丝"对直播间的期待和黏性。

创建一个"粉丝"群，建立一个属于主播的社区，让"粉丝"能够更紧密地与主播互动，方法很简单，操作步骤如下：

1）打开登录淘宝主播 App。打开淘宝主播 App，点击"消息"按钮，如图 5-54 所示。

2）创建"粉丝"群。打开"消息"页面，点击右上角图标建群，如图 5-55 所示。

3）填写"粉丝"群信息。在"创建粉丝群"页面，分别填写群名称、群介绍以及进群条件等信息，如图 5-56 所示。

4）创建成功。设置好建群的基础信息后，返回"创建粉丝群"页面，点击"立即创建"按钮，"粉丝"群就创建成功了，如图 5-57 所示。

对于"粉丝"团的运营管理，主播与运营团队可以从这几方面入手：首先，定期打造线上"粉丝团"福利专场直播，分享更多福利活动；其次，将线上店铺与线下实体店的会员体系与"粉丝"团打通联动，"粉丝"团成员在线上与线下购买时，能获得与会员一样的活动优惠，甚至比会员享受更多福利，以此来保障"粉丝"团成员特殊地位，吸引会员积极加入"粉丝"团；最后，主播可以针对"粉丝"团高级用户设置特殊照顾，记住他们的特质、喜好，有针对性地关注这些高级用户。这样既保住了高等级"粉丝"，又让其他"粉丝"迫切地想成为高级用户，享受高等级"粉丝"的待遇，从而带动"粉丝"团成员从普通级向高等级转化，提升更多"粉丝"的忠诚度。

总的来说，维护直播"粉丝"需要从内容、福利和社区三个方面进行综合考量。主播通过输出优质的内容吸引观众，使用各种福利来激励和回馈"粉丝"，创建"粉丝"团将他们转化为私域流量。这样才能建立并维护一个积极活跃的直播"粉丝"群体。

项目五　进行直播活动

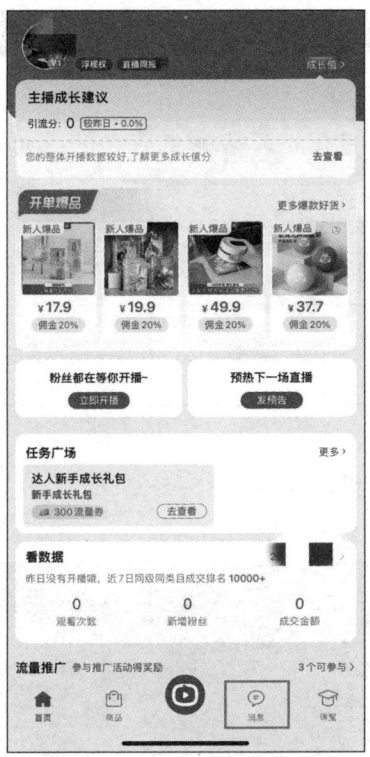

图 5-54　点击"消息"按钮

图 5-55　点击右上角图标建群

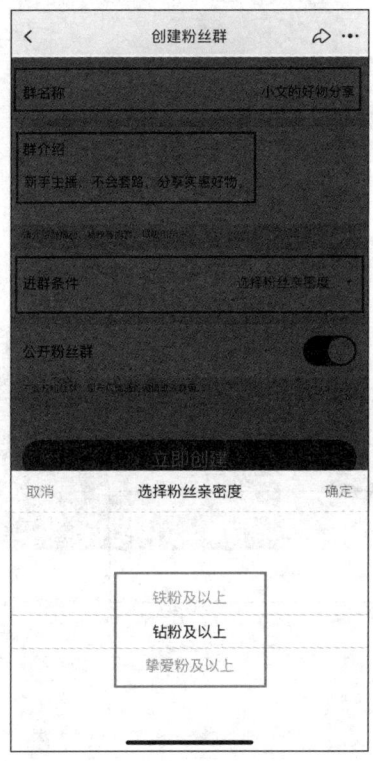

图 5-56　"创建粉丝群"页面

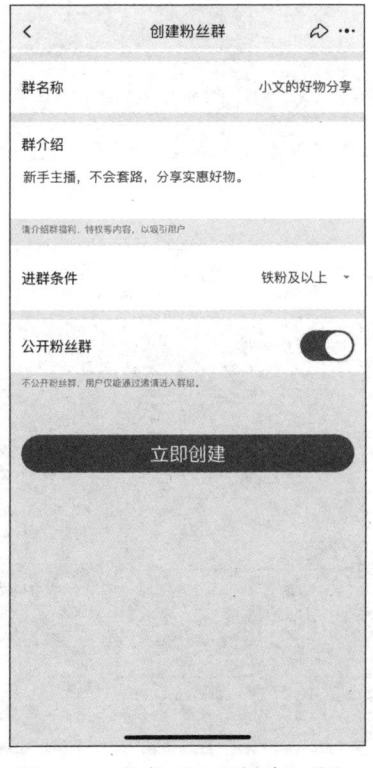

图 5-57　点击"立即创建"按钮

任务实施

任务实施 1:

小文今天要做一场服饰类的直播,为了避免不良评论信息影响直播气氛,需要提前设置一些常设敏感词和动态敏感词,做好控屏工作。

1)请根据直播产品的具体情况,完成表 5-12,写出需要屏蔽的敏感词。

表 5-12 直播间敏感词设置

常设敏感词	
动态敏感词	

2)在抖音直播间,设置需要屏蔽的敏感词。

第一,打开抖音 App,点击直播间右下角"更多"按钮,如图 5-58 所示。

第二,点击"直播管理"按钮,如图 5-59 所示。

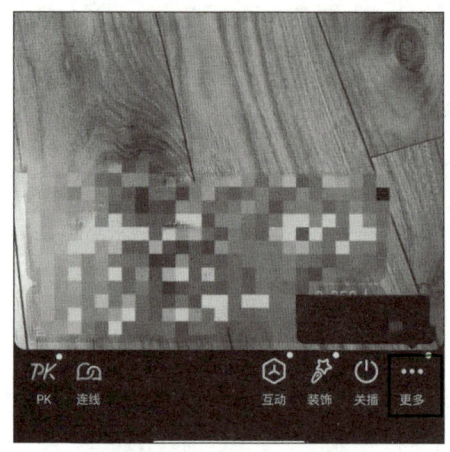

图 5-58 点击"更多"按钮

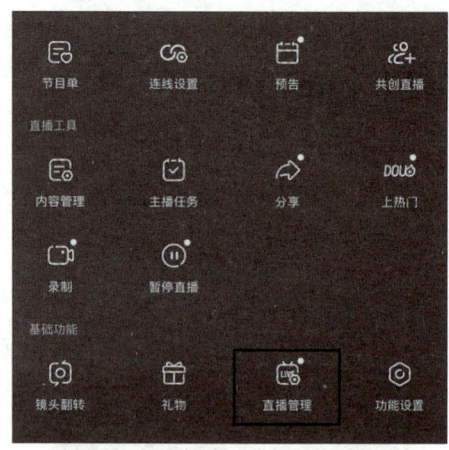

图 5-59 点击"直播管理"按钮

第三,选择设置屏蔽词选项,点击"+"按钮,设置屏蔽词,如图 5-60 所示。

第四,根据提示添加屏蔽词,如图 5-61 所示。

图 5-60 设置屏蔽词

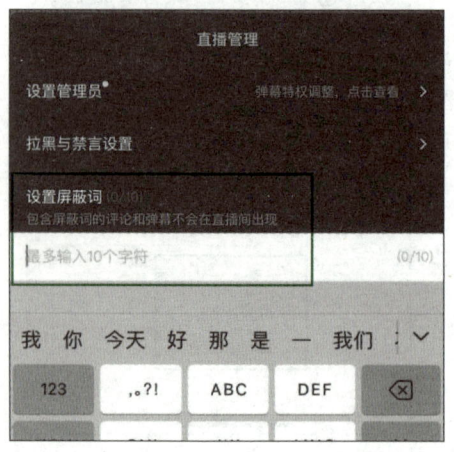

图 5-61 添加屏蔽词

任务实施 2：

小文通过学习，了解到在直播平台将"粉丝"转化为私域流量的主要方法就是引导"粉丝"加入"粉丝"群。"粉丝"群就像是一个"容器"，可以根据"粉丝"的消费金额、是否关注主播等，将"粉丝"筛选过滤，最终把"粉丝""装进"群内。所以小文决定先在抖音上创建一个"粉丝"群，为后期引流做好准备。

1）打开抖音 App，点击"我"按钮，点击右上角的"≡"按钮，点击"抖音创作者中心"选项，如图 5-62 所示。

2）进入抖音创作者中心，点击"主播中心"按钮，如图 5-63 所示。

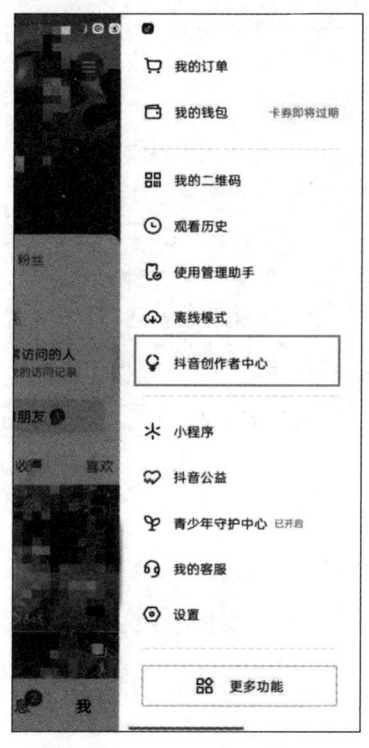

图 5-62　点击"抖音创作者中心"选项

图 5-63　点击"主播中心"按钮

3）打开"主播中心"页面，点击"粉丝群"按钮，如图 5-64 所示。

4）打开"粉丝群管理"页面，点击"立刻创建粉丝群"按钮，如图 5-65 所示。

5）成功创建"粉丝群"，"粉丝群"默认以主播的账号命名，如图 5-66 所示。点击右上角的"…"按钮，打开"聊天详情"页面，如图 5-67 所示。

6）在"聊天详情"页面中点击"设置群名和头像"选项，此处可修改群聊名称，如"你的心饰粉丝 1 群"，然后点击"保存"按钮，如图 5-68 所示。

7）在"聊天详情"页面中点击"群公告"选项，此处可编写群公告内容，然后点击"保存"按钮，再在弹出的对话框中点击"发布"按钮，如图 5-69 所示。

8）在"聊天详情"页面中点击"群管理"选项，然后点击"群简介"选项，编辑填写群简介的内容，再点击"保存"按钮，如图 5-70 所示。

9）返回"群管理"页面，点击"进群门槛"选项。此处可设置"粉丝"进群的相关门槛要求。例如，在"关注条件"栏中点击"仅关注"选项，在"粉丝团等级"栏中点击"1级及以上"选项，如图5-71所示，完成群管理设置。

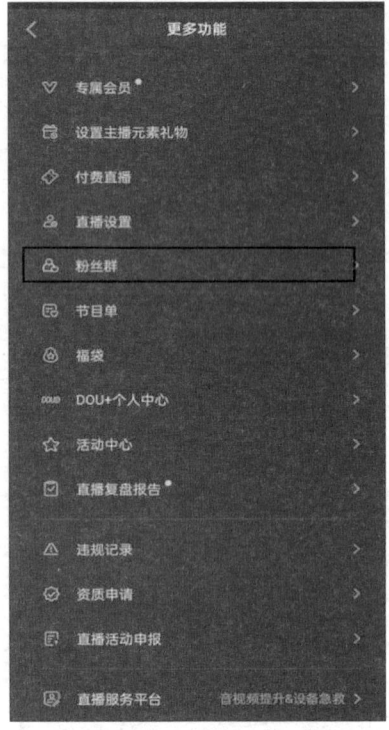

图5-64 点击"粉丝群"按钮

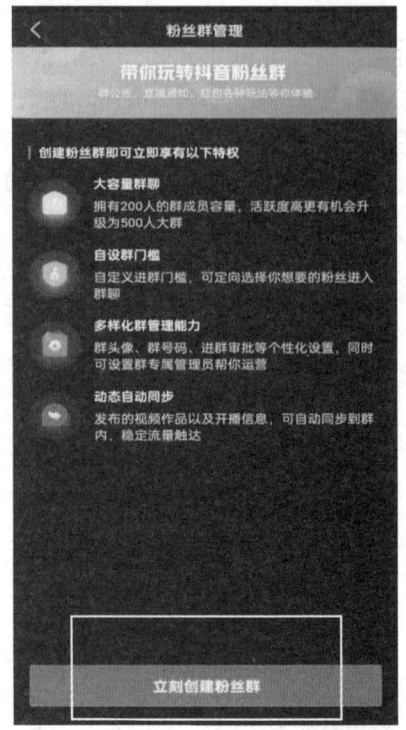

图5-65 点击"立刻创建粉丝群"按钮

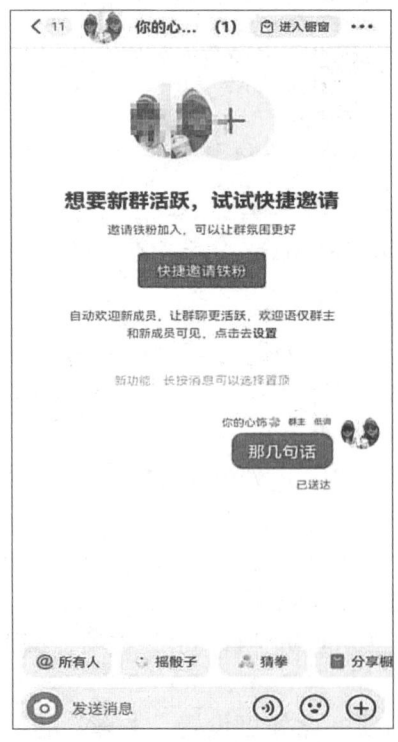

图5-66 成功创建"粉丝群"

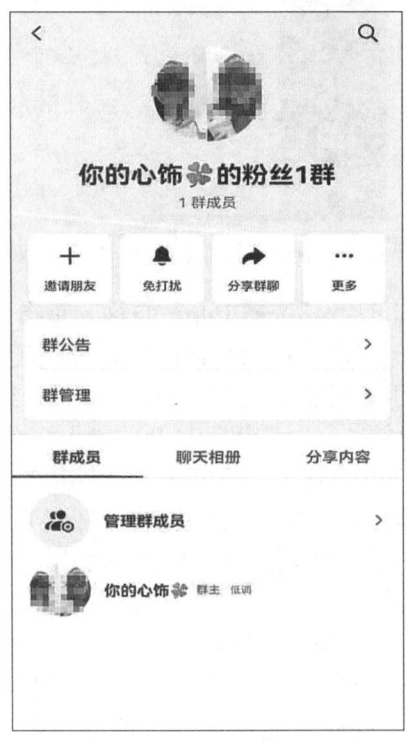

图5-67 "聊天详情"页面

项目五　进行直播活动

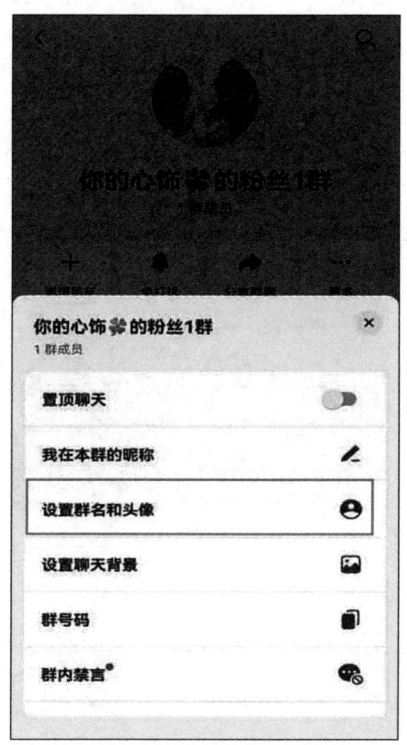

图 5-68　修改群聊名称

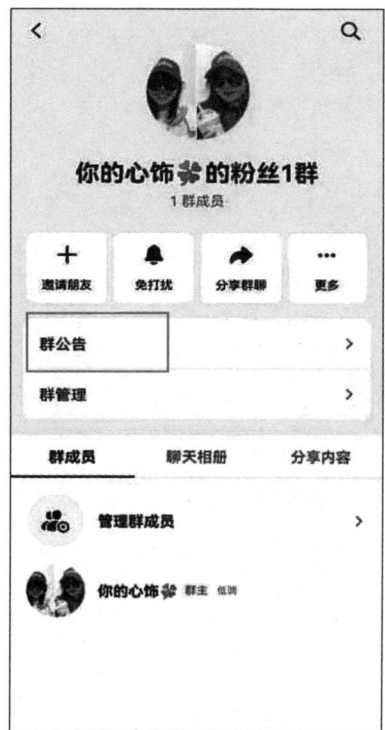

图 5-69　发布群公告

图 5-70　编辑群简介内容

159

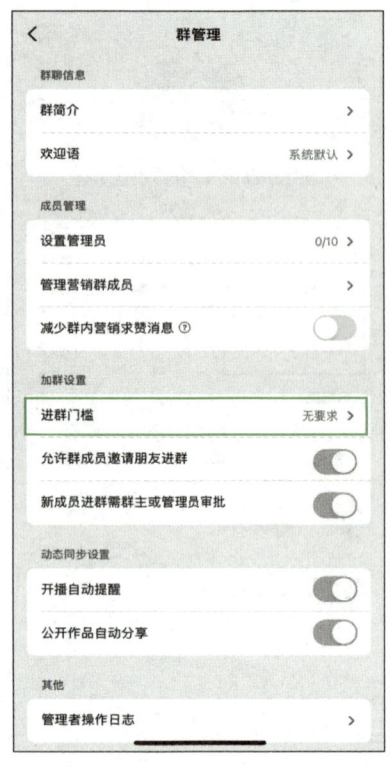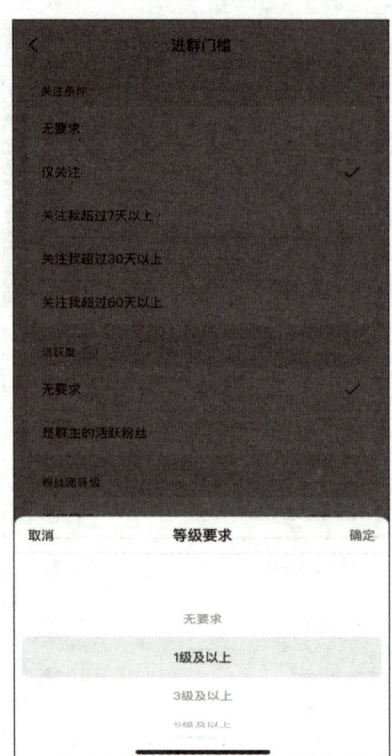

图 5-71　设置进群门槛

任务评价

同学们完成任务后，老师根据完成情况进行评价打分。

任务评价 1：

实训评价表 1

序　号	评分内容	总　分	老师打分	老师点评
1	常设敏感词是否恰当	25		
2	动态敏感词是否与美妆类目匹配	25		
3	在抖音直播间成功设置屏蔽词	50		

总分：_____

任务评价 2：

实训评价表 2

序　号	评分内容	总　分	老师打分	老师点评
1	成功创建"粉丝"群	25		
2	设置合理的"粉丝"群名称	25		
3	"粉丝"群简介内容填写完整	25		
4	设置"粉丝"群进群的门槛条件	25		

总分：_____

知识拓展

淘宝直播新人注意事项

直播新人在开播前,一定要学习直播间的规则及注意事项,一般可以选择在直播的平台网站进行学习。通常,直播间最新的规则、违规注意事项都会第一时间在平台发布更新。以下直播间注意事项收集自淘宝直播平台,供大家参考学习。

一、直播间里不能穿什么

1)严禁低俗着装,注意直播间服装的整洁得体要求,禁止以下行为出现。

①女性胸部、大腿、背部裸露过多,镜头长时间或聚焦展示胸部等敏感部位。

②情趣制服、透视装、大面积露脐装、浅色紧身打底裤等不雅服饰。

③男性赤裸上身直播,未成年人(包括儿童)下身仅穿三角内裤或裸露。

④衣衫不整、走光,或故意裸露内衣裤或裹浴巾直播。

⑤展示或背景中出现计生物品或其他带有性暗示、性挑逗、性诱惑等意味的物品。

⑥在身体各部位画低俗图像、写低俗色情文字,裸露文身等。

⑦文胸、内裤、丝袜等内衣类商品不得真人试穿(也不可以让男士来试穿文胸等女士内衣)。

2)严禁直播中穿着军警类服饰,注意迷彩服图案是否属于军警迷彩图案,包括但不限于:

①展示军警服饰、迷彩服的行为,比如穿着星空迷彩服。

②展示、售卖、管控的迷彩服、军警服饰,带有军警相关标志的服饰,如穿着带有军警徽章的服饰。

③其他借军警名义营销(写明专供、特供、军区等)。

二、直播间里避免播什么

1)未成年人不可以在直播中出镜,不可以借未成年人营销,不可以在直播间推广商品。

2)不得使用国旗、国徽等做商品或服务宣传;不得利用国家领导人和历史英烈肖像、姓名等做商品或服务宣传,如领导人同款或领导人推荐等。

3)无版权不可发布以下内容:未经许可不得在直播间发布新闻、游戏、电影、电视剧、综艺节目、体育赛事、境外节目等内容。

4)未经许可不得在直播中发布易导致交易风险的外部网站的信息或商品,如发布私人手机号、社交、导购或第三方外部网站的 App 名称等信息。

5)直播内容不可为低质量直播,例如发布超过 15 分钟的录播视频、超过 15 分钟无人互动的挂机直播、多账号同时直播多开等情况。

三、直播间里避免做什么

1)直播间请避免不良习惯及危险行为。例如,抽烟、喝酒、展示文身等或其他危险行为。

①攀岩、跳伞、口吞宝剑、蒙眼扔飞镖等危险行为。
②在直播中驾驶机动车、干扰驾驶等危害生命健康的行为。
③展现暴饮暴食、大胃王、千杯不醉等不良饮食习惯。
④将刀尖对着镜头以及任何人员（包括自己），禁止利用刀具进行高危表演等。

2）直播间请避免不良价值导向，发布违背社会道德的内容。
①展现有悖伦理、设计冲突类剧情，煽动消费者情绪、诱导消费的行为和内容。
②包括但不限于夫妻不和、婆媳矛盾、出轨剧情等。
③演绎荒诞、狗血剧情，包括但不限于争夺家产、一夫多妻、小三上位等。
④利用他人隐私、关系纠纷、绯闻八卦等信息进行恶意炒作。
⑤炫耀自身"富二代家庭""有钱人"，以他人视角炫耀"土豪朋友"，展示优越条件、歧视他人、物化女性等信息。用一些炫耀高额收入、奢侈消费的文案，打造"白手起家""月入百万""财富自由"等虚假人设等信息。
⑥不正当使用人民币，故意展示大量现金、撒钱动作等。
⑦避免剧情演绎：设计剧情冲突，煽动消费者情绪诱导消费，包括但不限于团队不和、争取福利、擅自改价、亏本销售等。卖惨营销，博取消费者同情诱导消费，包括但不限于家破人亡、生意失败、婚姻不幸、身体缺陷等。

3）直播间请避免封建迷信活动或内容。
①宣扬算命、鬼上身、起死回生等违背科学精神的内容。
②塔罗牌占卜、看手相聊情感、星座运势、看风水等。
③泰国佛牌，如里面涉及人体毛发等。
④其他宣扬伪科学内容或借其营销的行为：招财、招桃花、除太岁、辟邪等。

四、直播间里避免说什么

1）避免出现不文明用语。例如恶意诋毁、言语骚扰消费者、爆粗口、说脏话等。

2）避免虚假宣传产品功效的行为。
①有"蓝帽子"标识的为保健品，保健品以外的普通食品，禁止宣传保健功效，如降三高、减肥、促进消化等。
②非药品、医疗器械不得宣传治病功效，如防癌抗癌、治疗胃病、预防肝硬化等。通过产品外包装标识及对应的商品属性判断，注意OTC（非处方药）药品和医疗器械证书等资质。
③非特殊用途化妆品不得宣传特妆功效。例如，染发、烫发、祛斑美白、防晒、防脱发等化妆品，以及宣称新功效的化妆品为特殊化妆品。

通过外包装特妆批号及对应的商品属性，国产特殊化妆品必须取得国家化妆品特殊用途许可文件。

国产产品：国妆特字G+四位年份数+本年度注册产品顺序数。
进口产品：国妆特进字+四位年份数+本年度注册产品顺序数。

④直播时避免使用虚假宣传词汇，如过度承诺、极限词、最低价。
过度承诺：主播使用类似家传秘方、救命仙草、永不复发、根治、一滴见效、永久美白、零副作用、100%的治疗效果、假一赔万等违规用语。
极限词：主播使用类似全网最×、全国最×、全球第一、最顶尖、极品、专供、绝无仅有、国家级、世界范围比较等为了诱导消费者下单的极限词汇。

最低价：主播使用类似全网最低价、最具性价比、最大折扣等涉嫌价格欺诈的违规词。

五、直播间里不可卖什么

1）不可卖违禁商品，具体详见《淘宝平台违禁信息管理规则》中的"禁发商品及信息名录"。

2）不可推广假冒商品及侵权商品。直播中展示的信息（主播口播音频、视频素材等）都属于直播商品的附加描述信息。推广假货的落脚点是推广，在直播间介绍、预热、赠送等行为，也符合推广假冒商品违规的定义。

淘宝直播中控平台的规则专区，是主播学习直播技巧、提高自身职业素养的学习园地，在这里能及时获取行业的一些新规则、新动向，具体如图5-72所示。

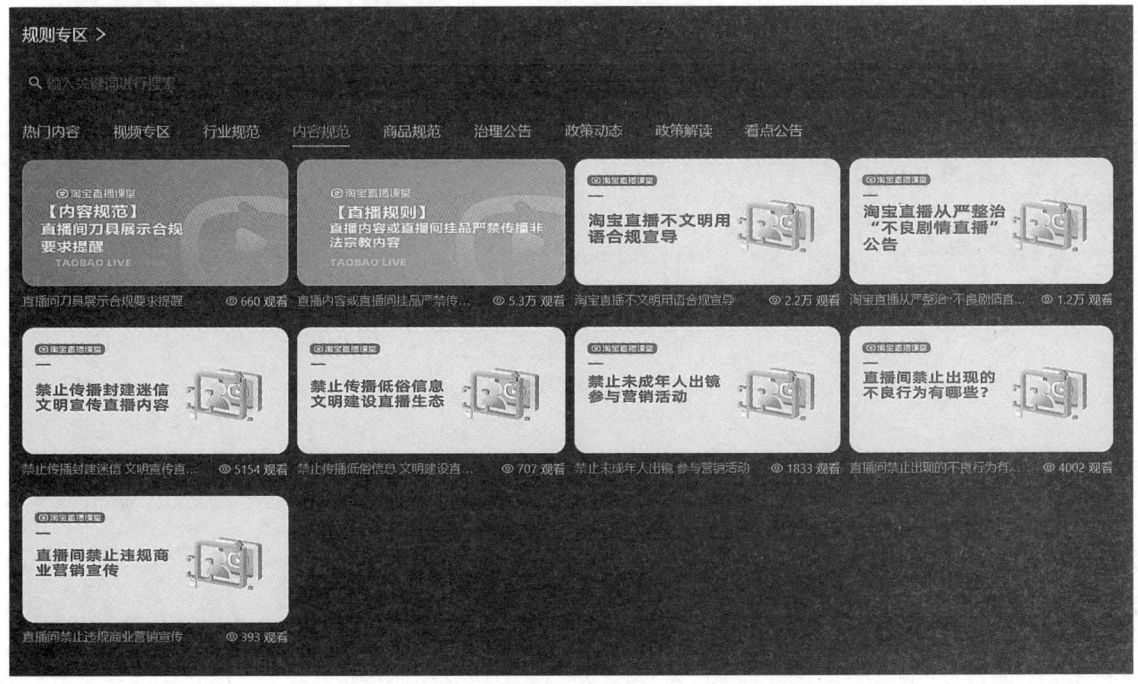

图5-72 "规则专区—内容规范"学习视频

项目六

直播复盘优化分析

▌任务情境

"直播没有复盘就像在碰运气,决策没有数据就像在拍脑袋。"在直播电商行业,方向不对,再多努力也是徒劳。为了提高直播质量并提升直播效果,小文开始尝试直播数据分析与直播复盘。直播数据分析可以为直播复盘提供数据依据。直播复盘是对已经结束的直播进行梳理,结合数据分析直播过程中的优劣,总结反思整场直播,为下一场直播优化方案。

▌学习目标

✐ 知识目标

- ➥ 了解直播数据的采集渠道。
- ➥ 熟悉直播数据的评估指标。
- ➥ 掌握直播复盘的主要内容。

✐ 技能目标

- ➥ 能够通过直播工具查看并分析直播数据。
- ➥ 学会利用第三方数据分析工具监测直播数据。
- ➥ 能够完成直播过程的复盘优化。
- ➥ 能够完成直播数据的复盘优化。

✐ 素养目标

- ➥ 培养直播数据分析与直播复盘的意识。
- ➥ 不断提升专业能力和道德品质,取得持续性发展。

任务一　直播数据分析

任务描述

分析直播数据是直播电商非常重要的运营工作。小文认为这项工作既要分析运营账号的直播数据，了解账号的运营情况，又要分析直播行业的相关数据，了解直播数据反映的用户购买需求、当前热门的直播带货商品等，为优化直播内容、提升直播质量和效果提供参考。

知识储备

一、直播数据的采集渠道

采集直播数据是分析直播数据的前提条件。小文要开展数据分析首先要有足够多的有效数据，她决定分别通过直播平台账号后台和第三方数据分析工具这两种渠道获取直播数据。

（一）直播平台账号后台

通过直播平台账号后台采集直播数据是比较简单直接的方式。在直播平台的主播账号后台，通常会有直播数据统计，主播可以在直播过程中或直播结束后通过账号后台获取直播数据。

1. 淘宝直播

在淘宝直播平台上，主播可以通过淘宝直播中控台和淘宝主播 App 两种方式获得直播数据。

（1）淘宝直播中控台　淘宝直播中控台是 PC 端查看淘宝直播数据的数据平台。若要查看正在进行直播的实时直播数据，主播可以在直播中控台首页选择"查看详情"选项进行查看；若要查看已经结束直播的直播实时数据，主播可以在直播中控台依次选择"我的直播"→"某条直播回放"→"查看数据详情"选项，进入直播的数据详情页分析页面。在数据详情页分析页面中，主播可以通过"指标总览""实时趋势""流量运营""商品分析"等不同模块查看相关数据，从而比较全面地掌握直播情况。除了查看实时数据，主播还可以通过淘宝直播中控台中的数据中心模块查看相关数据。

具体操作如下：

1）在 PC 端打开淘宝直播的官方网站，将鼠标指针移到"立即直播"选项上，在打开的列表中选择"直播中控台"选项，如图 6-1 所示。

2）在打开的页面中输入开通了直播功能的淘宝账号和密码，如图 6-2 所示，登录直播中控台。

3）在打开的"我的直播"列表中选择要查看的直播场次，单击"数据详情"按钮，如图 6-3 所示，在打开的页面中可查看本场直播的相关数据并进行分析。另外，在"数据"栏中选择"直播业绩"选项，在打开的页面中可查看直播总体数据情况。

项目六 直播复盘优化分析

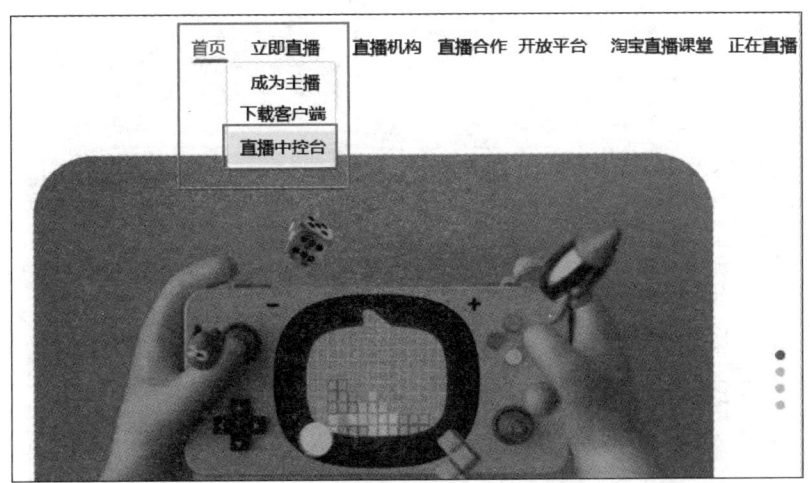

图 6-1 选择"直播中控台"选项

图 6-2 登录直播中控台

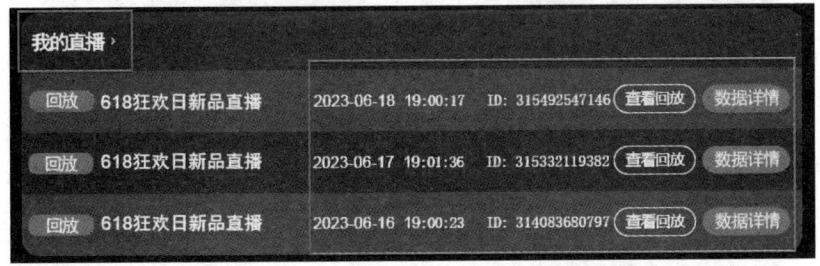

图 6-3 单击"数据详情"按钮

（2）淘宝主播 App　淘宝主播 App 是手机端查看淘宝直播数据的数据平台。若要查看正在进行直播的实时直播数据，主播可以向左滑动直播推流页面进行查看；若要查看已经结束直播的直播实时数据，主播可以在淘宝主播 App 上登录账号，在"我的直播"中找到想要查看的直播，即可进入直播的数据分析页面查看数据，具体操作如下：

1）打开手机淘宝主播 App，在首页的"全部工具"栏中点击"我的直播"按钮，如图 6-4 所示。

2）进入"直播列表"页面，选择主播开播后的第二场直播，如图 6-5 所示，查看该场直播的数据。

167

图 6-4　点击"我的直播"按钮　　　　图 6-5　选择查看的直播场次

3）打开"实时下播数据"页面，在顶部查看本场直播时段，在"实时总览"栏中查看最高在线人数、流量竞争力、直播成交金额等数据，如图 6-6 所示。由图 6-6 可知，该主播处于直播初期，各项数据指标都有待提高。

4）向上滑动页面，如果主播进行了直播带货，页面下方可查看带货数据。选择"指标说明"选项，在打开的页面中查看带货数据指标说明，包括点击次数、成交件数、成交金额和预售定金等，如图 6-7 所示。

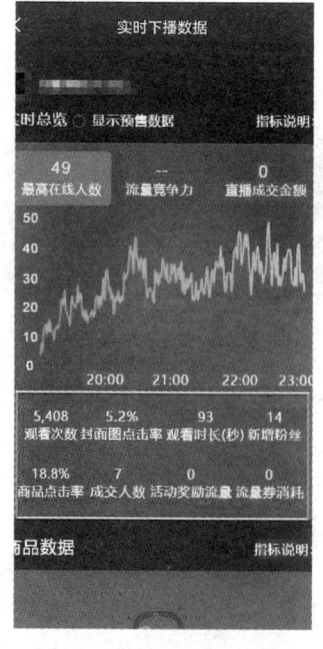 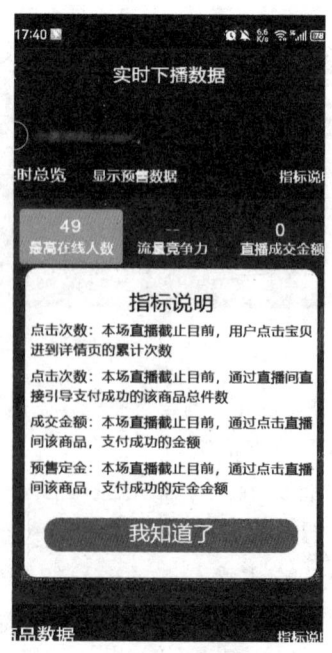

图 6-6　单场直播实时总览　　　　图 6-7　带货数据指标说明

2. 抖音直播

在抖音直播平台上，主播可以通过抖音创作服务平台和抖音 App 两种方式获得直播数据。

（1）抖音创作服务平台　在 PC 端打开抖音创作服务平台可以采集直播数据。抖音创作服务平台的"直播数据"选项中有"数据总览"和"单场数据"两个模块。其中"数据总览"包括"收入""观看""互动数""粉丝"和"开播"五个板块，如图 6-8 所示。"单场数据"是对所选时间范围内的单场直播数据进行分析，如图 6-9 所示，主要包括"直播封面/名称""开播时间/直播时长""观看人次""观众人数""在线人数峰值""评论人数""新增粉丝""付费人数""收获音浪"和"直播收益"等。

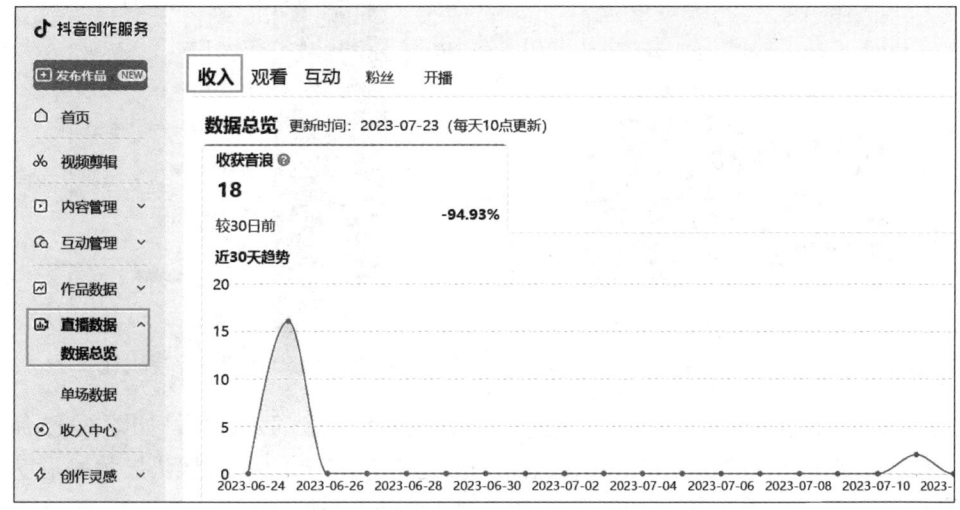

图 6-8　数据总览页面

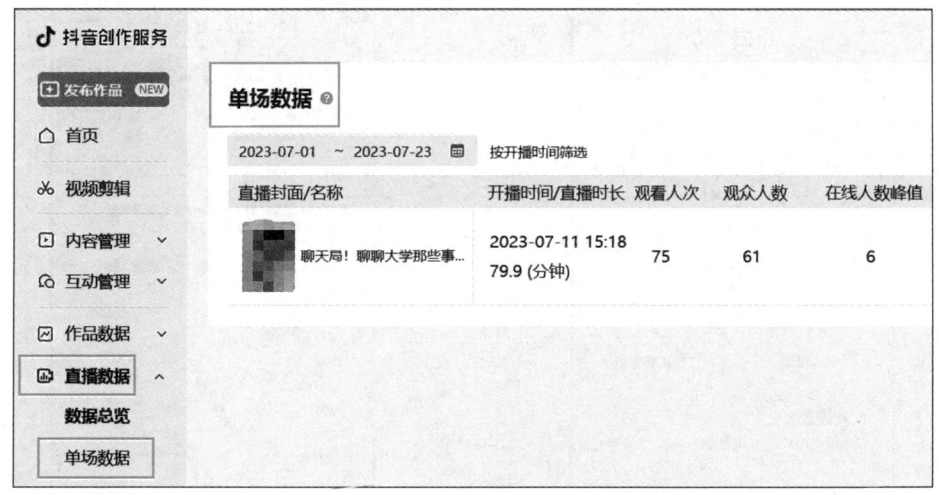

图 6-9　单场数据页面

（2）抖音 App　在抖音平台直播，可以通过抖音 App 获取直播数据。下面小文将通过抖音 App 的抖音创作者中心获取某直播账号单场直播的相关数据，具体操作步骤如下：

1）打开抖音 App，点击"我"按钮，点击账号主页右上角"≡"按钮，如图 6-10 所示。

2）打开侧边栏，在其中选择"抖音创作者中心"选项，如图 6-11 所示。

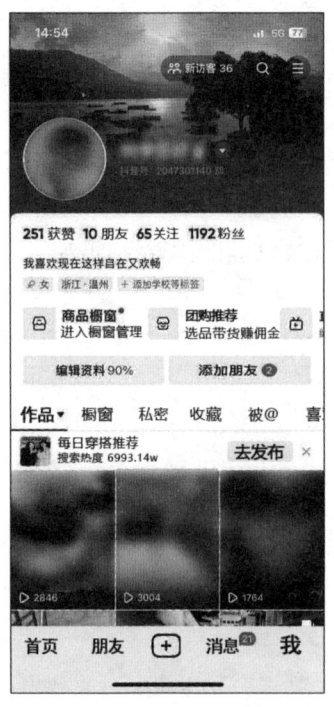
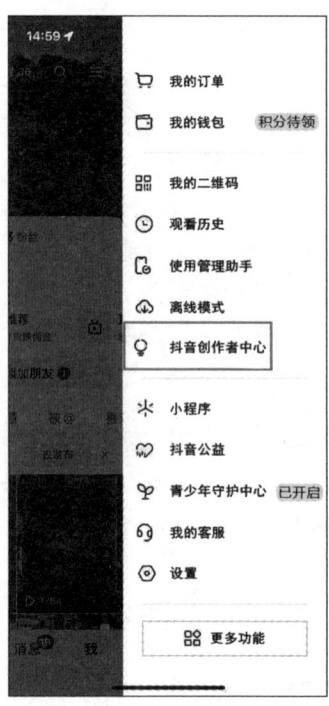

图 6-10　点击账号主页右上角"≡"按钮　　图 6-11　选择"抖音创作者中心"选项

3）进入抖音创作者中心，选择"总览"选项，进入"总览"页面，如图 6-12 所示。

4）在"数据中心"页面，选择"数据全景"选项，打开的页面默认显示最近 7 日的直播场次数据，点击"直播"按钮，查看直播记录如图 6-13 所示。

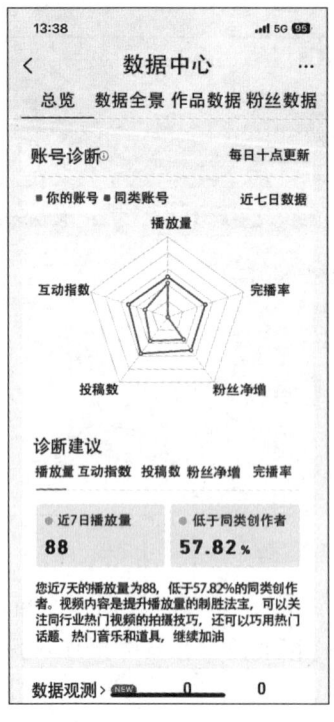
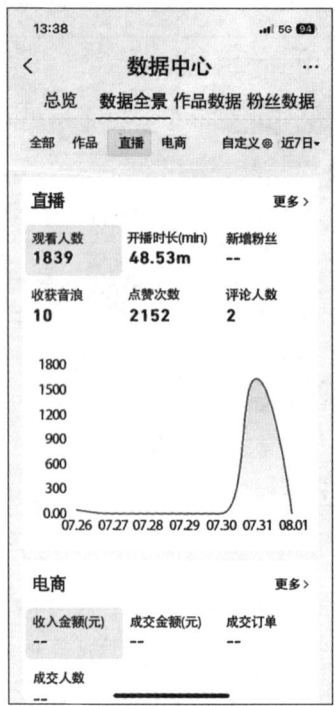

图 6-12　"总览"页面　　　　　　　图 6-13　查看直播记录

5）打开"直播"页面，其中罗列了按时间倒序排列的直播场次，"今日直播数据"栏中显示了最近一场直播的概览数据，包括"收获音浪""新增粉丝""观众人数""送礼人数""评论人数""点赞次数""音浪收入""会员收入"和"装扮推广"等数据，如图6-14所示。

6）点击某直播场次，打开"单场数据"页面，可查看该场直播的直播时间和时长等，如图6-15所示。在"详细数据"栏中选择"收获音浪"选项，可查看实时收获音浪数据。

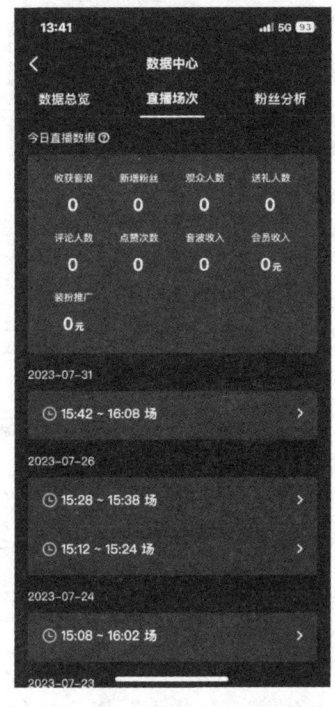

图6-14 最近一场直播的概览数据

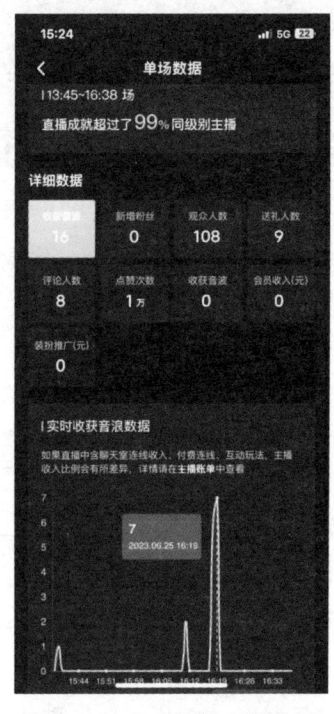

图6-15 查看单场直播数据

（二）第三方数据分析工具

目前，市面上有很多专门为用户提供直播数据分析的第三方数据分析工具，主播和直播团队可以利用这些数据分析工具采集需要的数据。这些第三方数据分析工具专注于直播数据的分析，其数据分析功能非常强大，一方面可以用于分析直播行业的相关数据，另一方面可以用于采集并分析某直播账号的直播数据，但多数第三方数据分析工具需要付费使用才能获得更多的功能权限。下面主要介绍蝉妈妈和灰豚数据两款第三方数据分析工具。

1. 蝉妈妈

蝉妈妈是一个第三方数据分析平台，主要用于抖音和小红书两大平台的直播数据分析。蝉妈妈依托自身强大的数据挖掘与分析能力，致力于帮助主播和机构等提供多维度数据分析服务，实现精准营销，从而构建直播电商一站式数据解决方案。

以直播榜数据为例，蝉妈妈能够提供精准的直播间数据，包括直播间人数和人气趋势、送礼人数、商品销售额和销量等。带货主播可以重点关注今日直播榜、直播商品榜和达人带货榜，参考每个榜单的详细数据，以便清楚地知道在什么时间、选择什么样的商品才能更有效地触达潜在用户。

小文通过蝉妈妈查看抖音直播的行业数据和某抖音账号的直播数据，操作步骤如下。

（1）打开蝉妈妈官方网站，注册账号并登录后，单击"抖音分析平台"按钮，如图6-16所示。

图6-16 单击"抖音分析平台"按钮

（2）打开蝉妈妈抖音分析平台，将鼠标指针移到"直播"选项上，列表中显示了直播库、榜单及直播工具等栏目，单击"今日带货榜"按钮，如图6-17所示。

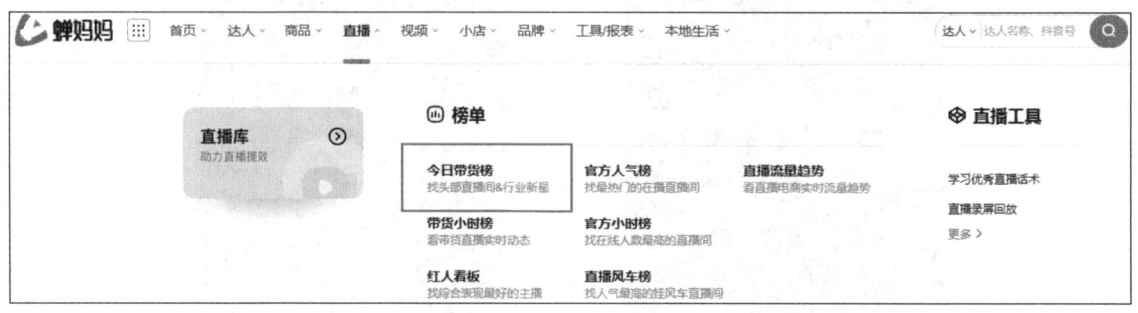

图6-17 单击"今日带货榜"按钮

（3）查看细分类型，打开"今日带货榜"页面，在"达人分类"栏中选择"美妆"选项，在"带货分类"栏中选择"美妆护肤"选项中的"护肤品"选项，如图6-18所示。查看该细分类型下如图6-19所示的相应榜单，单击"直播"列表中的主播头像或昵称，可查看该直播场次中用户画像、流量、互动、转化等维度的数据指标，如图6-20所示。

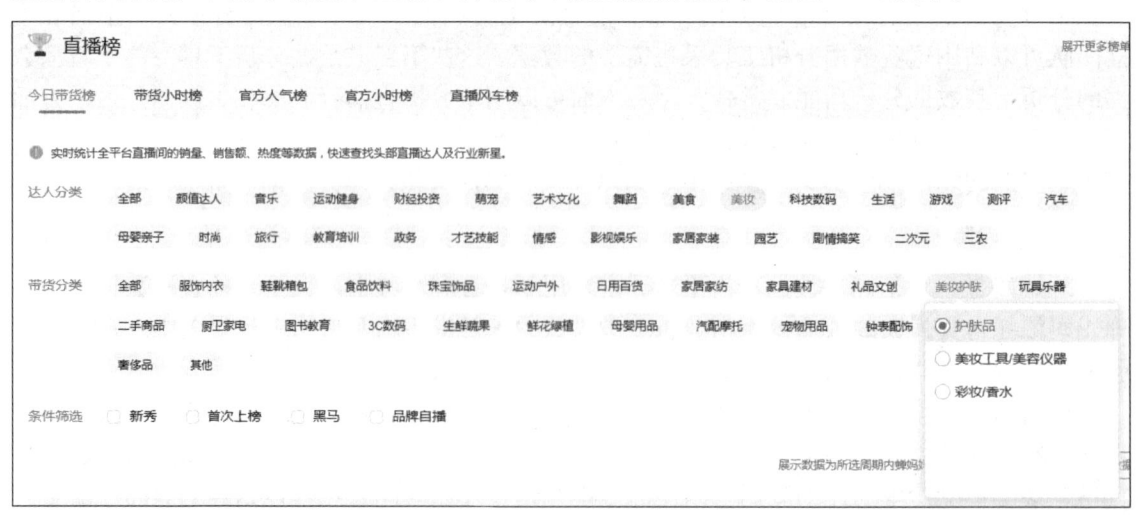

图6-18 选择细分类型

项目六 直播复盘优化分析

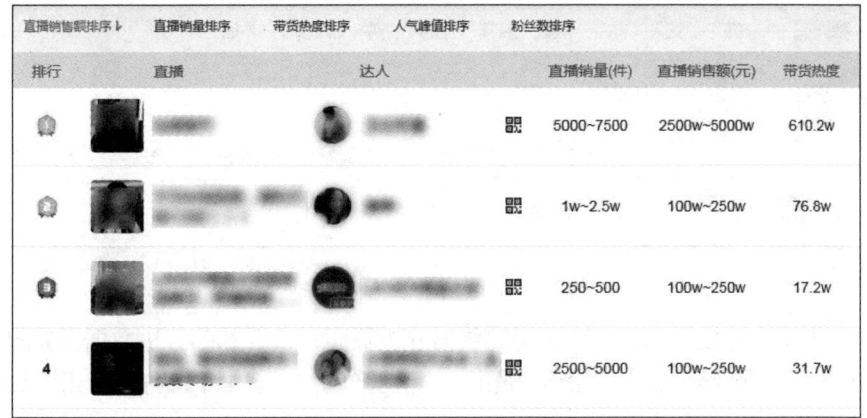

图 6-19 查看细分类型榜单

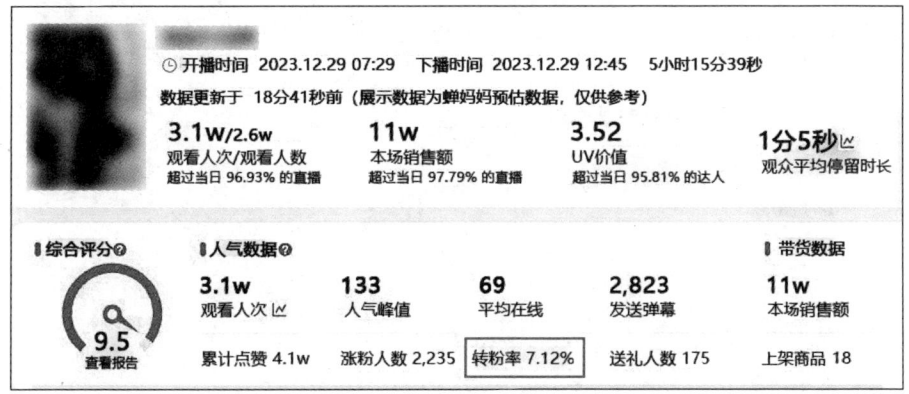

图 6-20 某主播某场次直播数据指标

（4）搜索达人　返回蝉妈妈抖音分析平台，在"达人"搜索框中输入达人名称或抖音号，单击"搜索"按钮，如图 6-21 所示。在搜索结果的"达人"栏中单击达人头像或昵称，如图 6-22 所示。

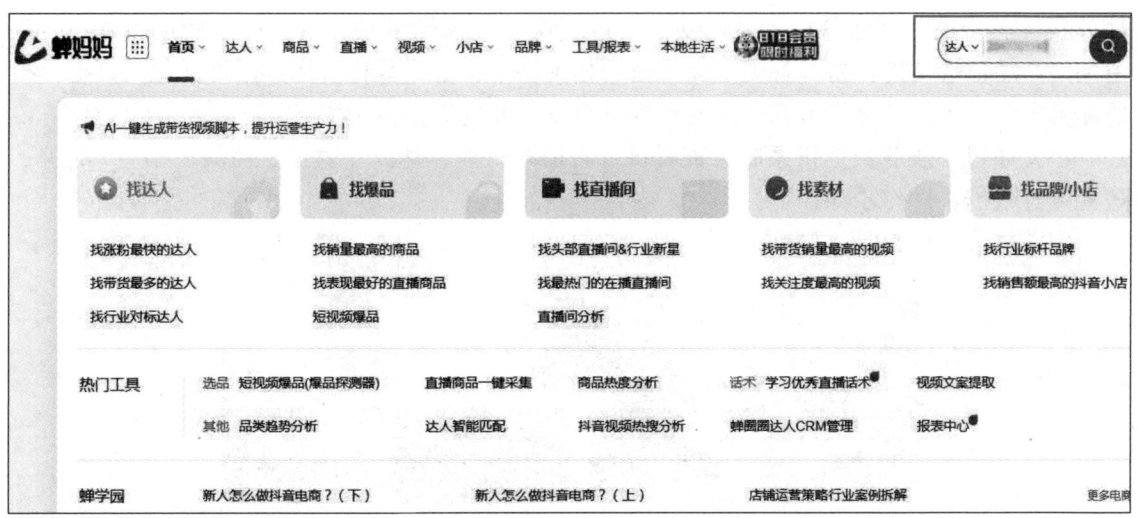

图 6-21 搜索抖音号

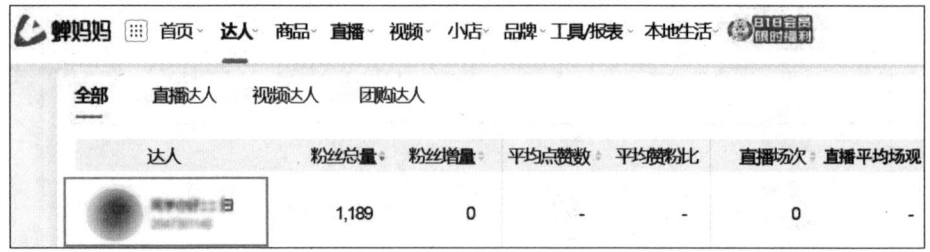

图 6-22　单击达人头像或昵称

（5）查看基础分析数据　进入该主播的数据分析页面，查看基础分析数据，如图 6-23 所示。选择"直播分析""视频分析""带货分析""粉丝分析"选项可分别查看相应数据。

图 6-23　查看基础分析数据

2. 灰豚数据

灰豚数据是一款直播数据分析的实用工具，提供了主播带货转化量分析、"粉丝"互动分析、"粉丝"画像分析等实用功能，也提供了主播销量榜、爆款商品榜、MCN（多频道网络产品形态）排行榜等各类电商直播的相关榜单，是一款将直播数据可视化的数据分析监测云平台，可以精准、可靠、高效地提供直播平台的数据分析服务。

小文通过"灰豚数据抖系版"查看抖音直播的行业、达人、直播、商品、小店/品牌、短视频等数据，操作步骤如下：

（1）登录灰豚数据官方网站　打开灰豚数据官方网站，如图 6-24 所示，注册账号并登录。

图 6-24　灰豚数据官方网站

（2）查看抖音带货赛道　打开"灰豚数据抖系版"页面，将鼠标指针移到"行业"选项上，在列表中显示了流量大盘和赛道大盘等栏目。这里选择"赛道大盘"栏目，根据灰豚案例数据进行分析展示，类目热度由销售情况、带货达人等综合指标进行判定计算，帮助用户快速了解并选择抖音带货赛道。抖音电商赛道分布如图 6-25 所示。

图 6-25　抖音电商赛道分布

（3）查看相关达人信息　在"灰豚数据抖系版"页面，将鼠标指针移到"达人"选项上，在列表中显示了抖音号搜索、达人排行榜和 MCN 资料库等栏目。这里选择"达人排行榜"栏目，在"涨粉榜"的"达人分类"栏中选择"美妆"选项，如图 6-26 所示，查看该细分类型下的相应榜单。达人排行榜反映的是昨日及以前的带货数据排行，主播可以查看日榜、周榜和月榜，并可以根据涨粉数、涨粉率和"粉丝"数三个维度进行排序。

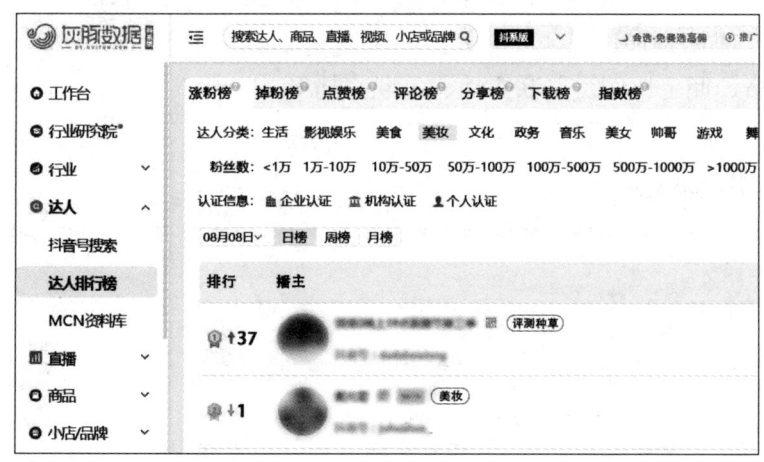

图 6-26　美妆达人的涨粉榜

（4）查看直播榜单　在"灰豚数据抖系版"页面，将鼠标指针移到"直播"选项上，在列表中显示了直播库、实时直播榜、历史直播榜、黑马直播榜、店铺自播榜、直播风车榜和纯佣主播等栏目。这里选择"直播库"栏目，在"商品分类"栏中选择"美妆"选项，默认展示的是已结束的直播间的美妆直播榜单，如图 6-27 所示。排序维度还包括观看人次、人数峰值、人均停留、UV 价值、直播销量等。

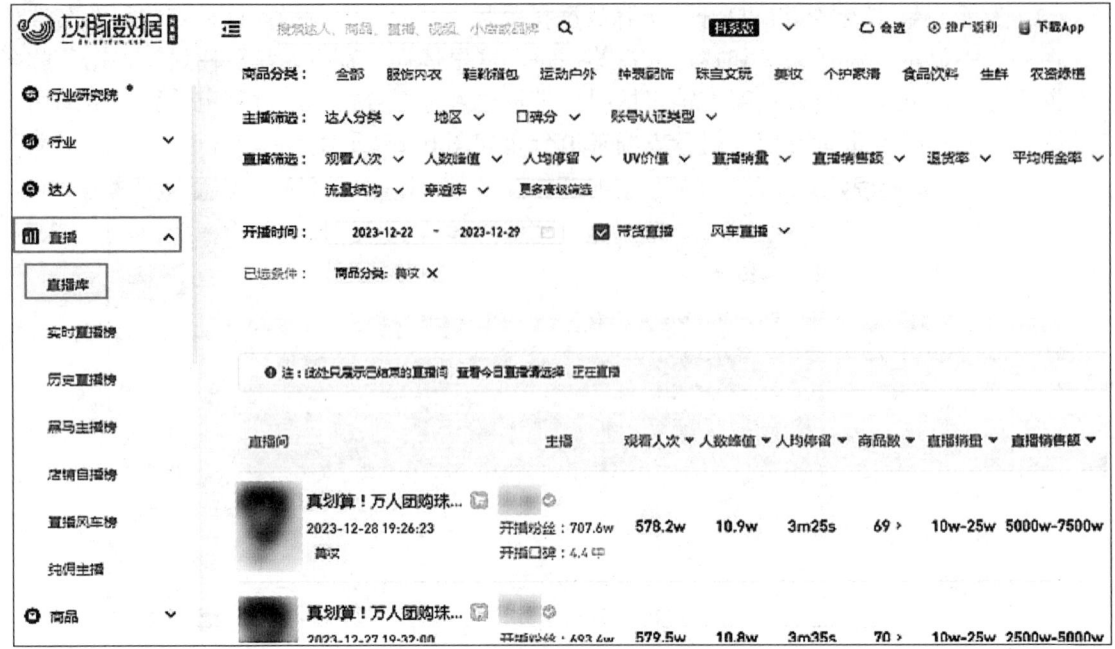

图 6-27 已结束的美妆直播榜单

（5）查看直播商品榜单　打开"灰豚数据抖系版"页面，将鼠标指针移到"商品"选项上，在列表中显示了商品搜索、抖音商品榜、直播商品榜、视频商品榜、实时爆款榜等栏目。这里选择"直播商品榜"栏目，选品罗盘可以更好地发现抖音爆款商品，通过筛选类目价格关联主播等具体条件，快速发现同行业中哪些爆品正在售卖，大图模式可以提高款式选品效率。在"商品分类"栏中依次选择"美妆"→"美容护肤"→"面部护肤"→"乳液/面霜"选项，如图 6-28 所示，展示直播商品榜如图 6-29 所示。排序维度还包括销量、价格、佣金比例、关联主播、关联直播等。

图 6-28 选择"乳液/面霜"选项

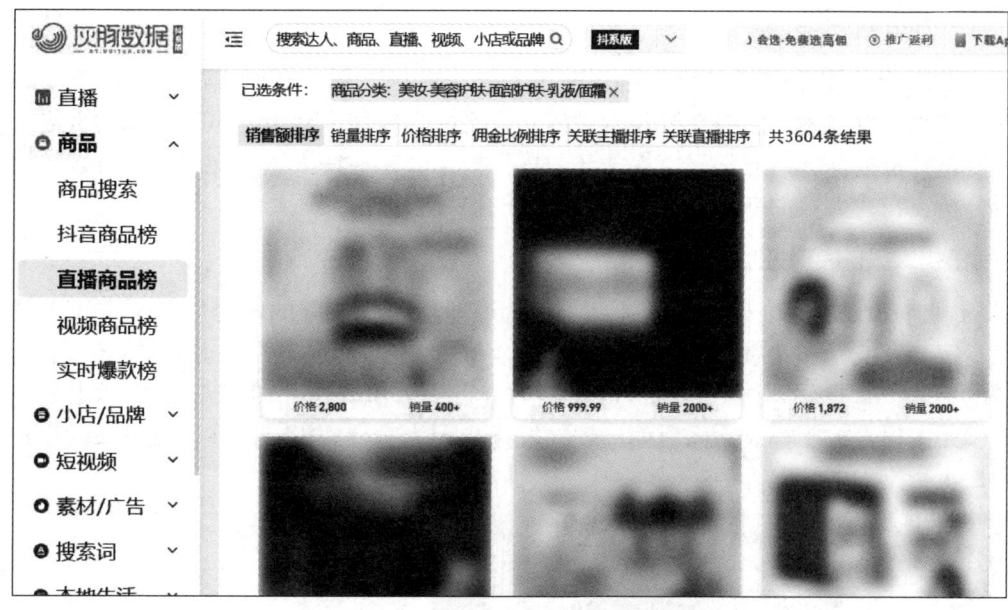

图 6-29　美妆细分类型的直播商品榜

二、直播数据评估指标

不同的直播电商平台的后台和第三方数据分析工具都会按照数据变化的规律对直播数据进行归纳统计，让直播数据分析工作变得相对简单一些。不同的直播电商平台有不同的数据指标，但从直播电商的本质出发，小文认为在分析直播数据时，可以重点分析用户画像数据指标、流量数据指标、互动数据指标和转化数据指标。下面以第三方数据分析工具"灰豚数据"获取的抖音某主播的单场直播数据进行简要分析。

（一）用户画像数据指标

直播用户画像是指从直播官方数据后台获取的"粉丝"画像，主要包括性别、年龄、地域、消费水平分布等。

通过直播用户画像可以了解直播间的受众人群及其特征，从而确定更符合受众人群定位的直播思路。如图 6-30 所示为抖音某主播的"粉丝"性别分布与年龄分布数据，在性别分布上，女性"粉丝"占多数；在年龄分布上，31～40 岁的"粉丝"占比较高。如图 6-31 所示为该主播的"粉丝"地域分布数据，从省份分布来看，广东、河南和浙江的"粉丝"比较多；从城市分布来看，重庆、广州和成都的"粉丝"比较多。

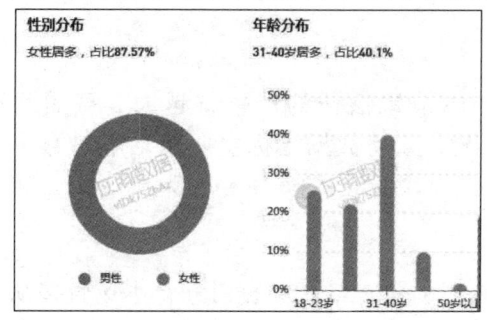

图 6-30　性别分布与年龄分布数据

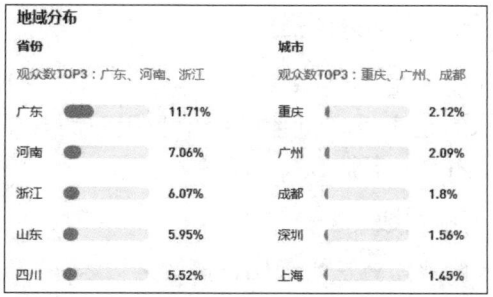

图 6-31　地域分布数据

（二）流量数据指标

流量数据指标主要包括在线人数、进场人数、离场人数、观看人次、推流速度和留存指数等。在线人数指的是同时在线观看直播间直播内容的用户数量。虽然不同的直播平台有不同的流量评价指标，但通常最值得关注的核心指标就是在线人数。在线人数可以从两个维度进行分析：在线人数的变化曲线和在线人数的稳定程度。

1. 在线人数的变化曲线

单场直播在线人数的变化曲线可以非常直观地反映直播间的内容质量。在线人数的变化曲线肯定会有波峰和波谷，波峰代表直播间的人气峰值，而波谷则代表直播间的人气低谷。一般情况而言，直播间在线人数的波峰是因为进行了引流操作，如图 6-32 所示出现的在线人数波峰是主播发放了福袋，而后面出现的波谷是因为直播间没有留住引流进来的用户，出现了用户大量流失的情况。

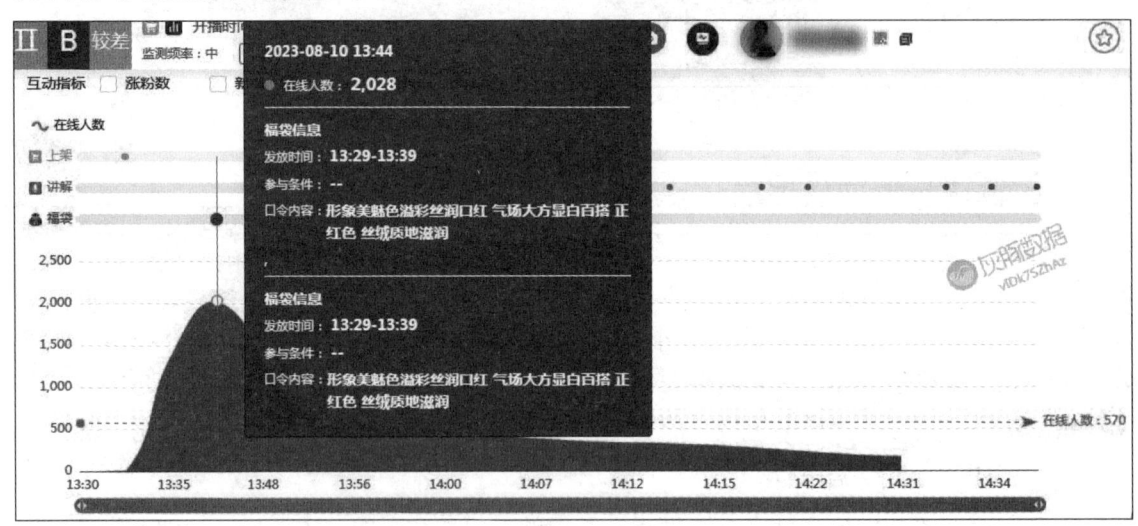

图 6-32　抖音某主播单场直播的在线人数

2. 在线人数的稳定程度

直播间开展多场直播后，稳定的在线人数能够反映用户对直播间的黏性。去除波峰和波谷的变化曲线，在线人数的稳定程度代表内容既能留住新用户又能吸引老用户的回流。只有持续地把新进直播间的新用户转变为还会回流的老用户，才能确保直播持续向好发展。

（三）互动数据指标

直播间的互动越活跃，主播与用户之间产生情感信任的概率就越大。直播互动数据展示的是主播在直播过程中和用户的互动情况。互动数据指标主要包括涨粉数、新增"粉丝团"、点赞数和弹幕热词。

1. 涨粉数

本场涨粉数是指本场直播新增"粉丝"人数。由图 6-33 中数据可知，本场直播从开播到下播都不断有新增"粉丝"，特别是在发放福袋时新增"粉丝"人数较多。

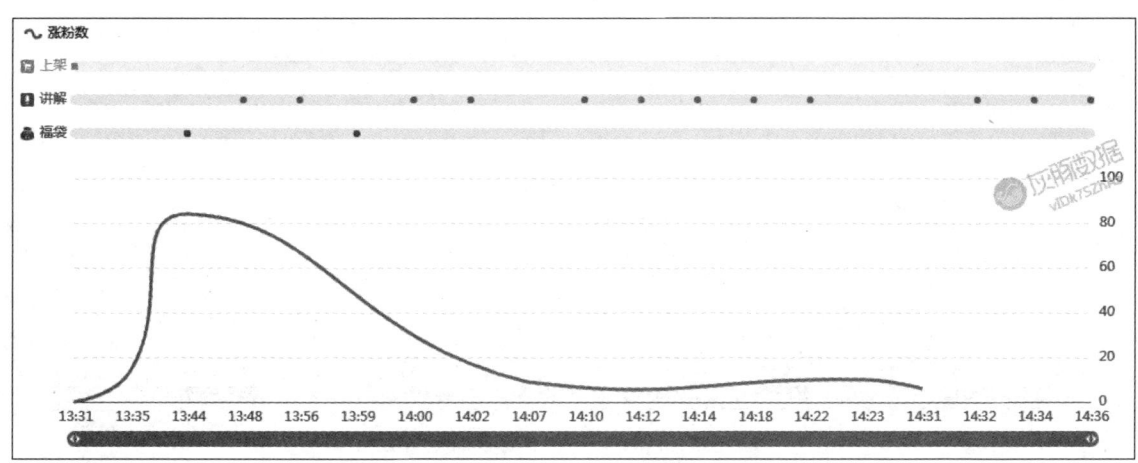

图 6-33　抖音某主播单场直播涨粉数

2. 新增"粉丝团"

本场涨粉"粉丝团"数据包括"本场新增粉丝团""粉丝团增量峰值""峰值时间"及增量趋势等。其中,"本场新增粉丝团"是指本场直播粉丝团新增粉丝总数,"峰值时间"是指"粉丝团"最高新增"粉丝"人数出现的时间,增量趋势则显示"粉丝"增量的走势。由图 6-34 所示的数据可知,本场直播"粉丝团"增量峰值为 15 人,峰值时间出现在 14:19,之后新增"粉丝"人数逐渐减少。

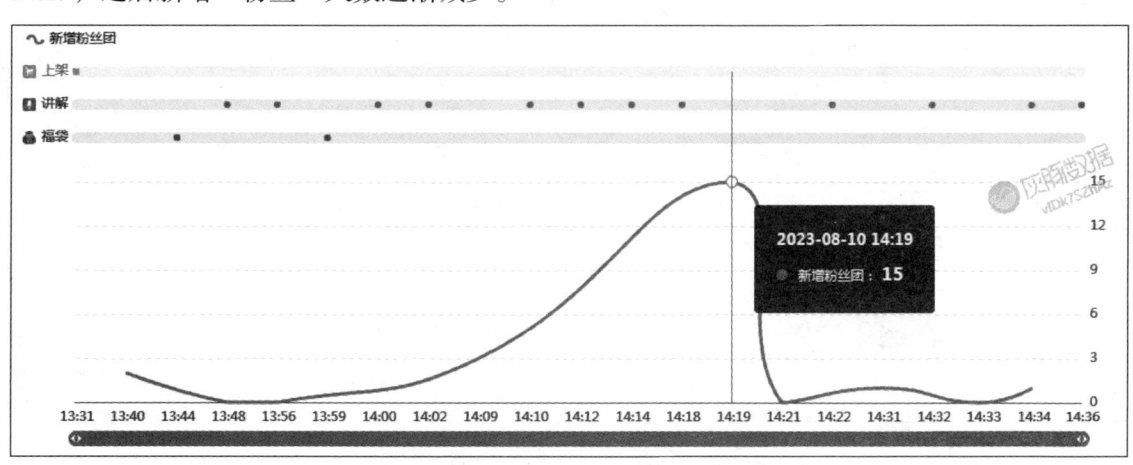

图 6-34　抖音某主播单场直播新增"粉丝团"

3. 点赞数

点赞数是指一场直播用户在直播过程中进行点赞数量的总和。点赞数的获取可以通过一些互动小游戏来完成。例如,主播提出当点赞数达到一定数量时可以进行一次抽奖等。如图 6-35 所示为抖音某主播单场直播点赞数,可见开播 30 分钟后点赞数增长趋于平缓。

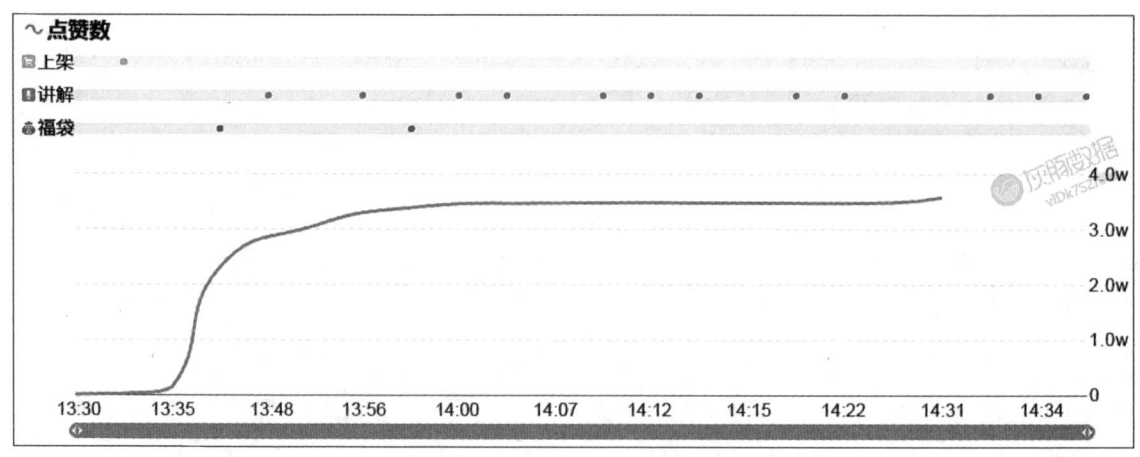

图 6-35 抖音某主播单场直播点赞数

4. 弹幕热词

直播间的弹幕热词是指通过形成关键词云层或关键词渲染，对本场直播出现频率较高的关键词进行视觉上的突出。在直播过程中，用户评论中出现次数较多的关键词会突出显示，并反映在弹幕热词中，如图6-36所示。主播可以直观地看到用户互动频率较高的关键词，并据此做出相应的调整，例如在后续的直播中导入相关的话题或上架商品等。

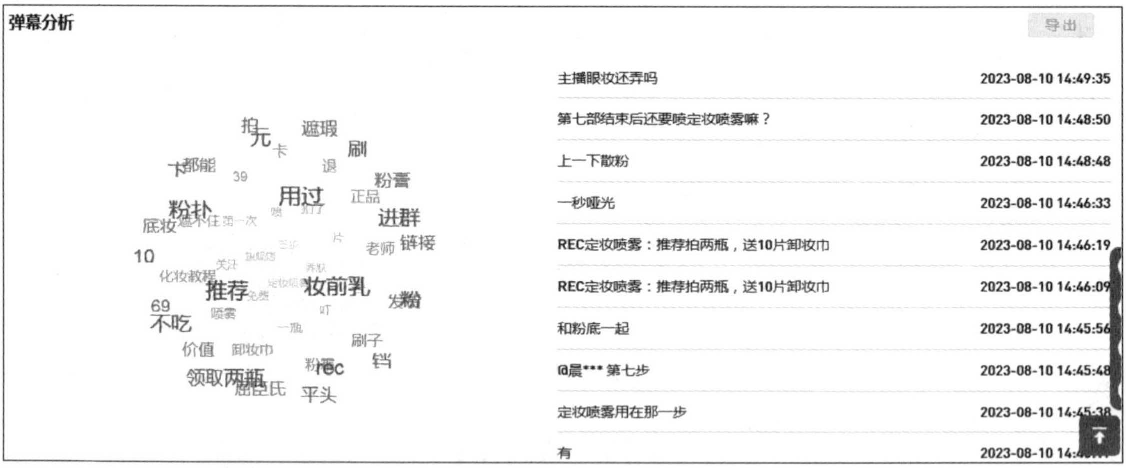

图 6-36 抖音某主播单场直播弹幕热词

（四）转化数据指标

转化数据指标主要包括引导转化数据和直播带货数据。

1. 引导转化数据

引导转化数据主要包括观看—曝光转化率和曝光—购买转化率等。由图6-37可知，该场直播的整体转化率仅为0.6%，是不太理想的，可见较多用户点击商品后没有购买意向。

2. 直播带货数据

直播带货数据包括本场销售额、带货销量、商品数、客单价、UV（独立访客）价值和销售转化率等，如图6-38所示。其中，销售转化率是指直播间的整体转化率，其计算公式为：销售转化率 = 商品点击转化率 × 商品购买转化率。由图6-38可知，该场直播的销售转化率为0.6%，由此推测，销售转化率低可能是因为商品吸引力和主播的引导存在不足。

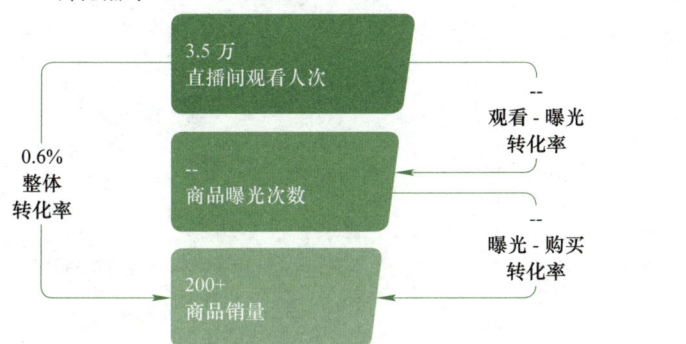

图 6-37　抖音某主播单场直播商品引导转化数据　　　图 6-38　抖音某主播单场直播带货数据

任务实施

为了让自己的直播能够不断进步，小文使用灰豚数据对自己关注的抖音平台某主播整体的直播运营情况进行了分析和学习。操作步骤如下：

1）打开"灰豚数据抖系版"页面，选择"达人"选项栏中的"抖音号搜索"，在搜索框中输入抖音主播的昵称，单击"搜索"按钮，在搜索结果的达人栏中单击主播头像或昵称，如图6-39所示。

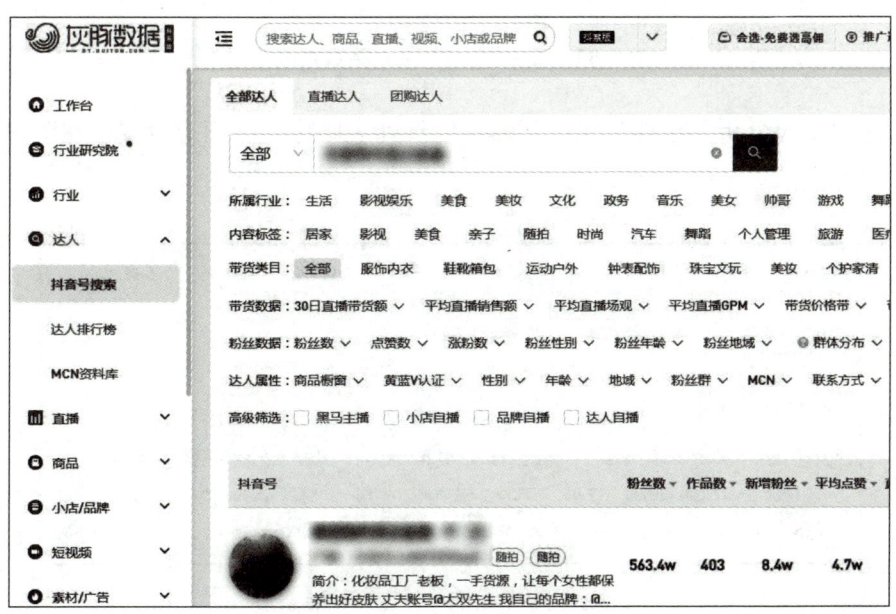

图 6-39　搜索关注的主播

2）进入该主播账号的"数据概览"页面，查看直播数据概览，如图 6-40 所示。数据显示：该主播近 30 天开播 7 场，单日最多开启 2 个直播，平均每 4.43 日进行一个直播，最高直播销售额在 2023 年 8 月 9 日，共 8 万多元，近 30 天直播总销售额为 10 万多元，说明其直播带货效果比较理想。

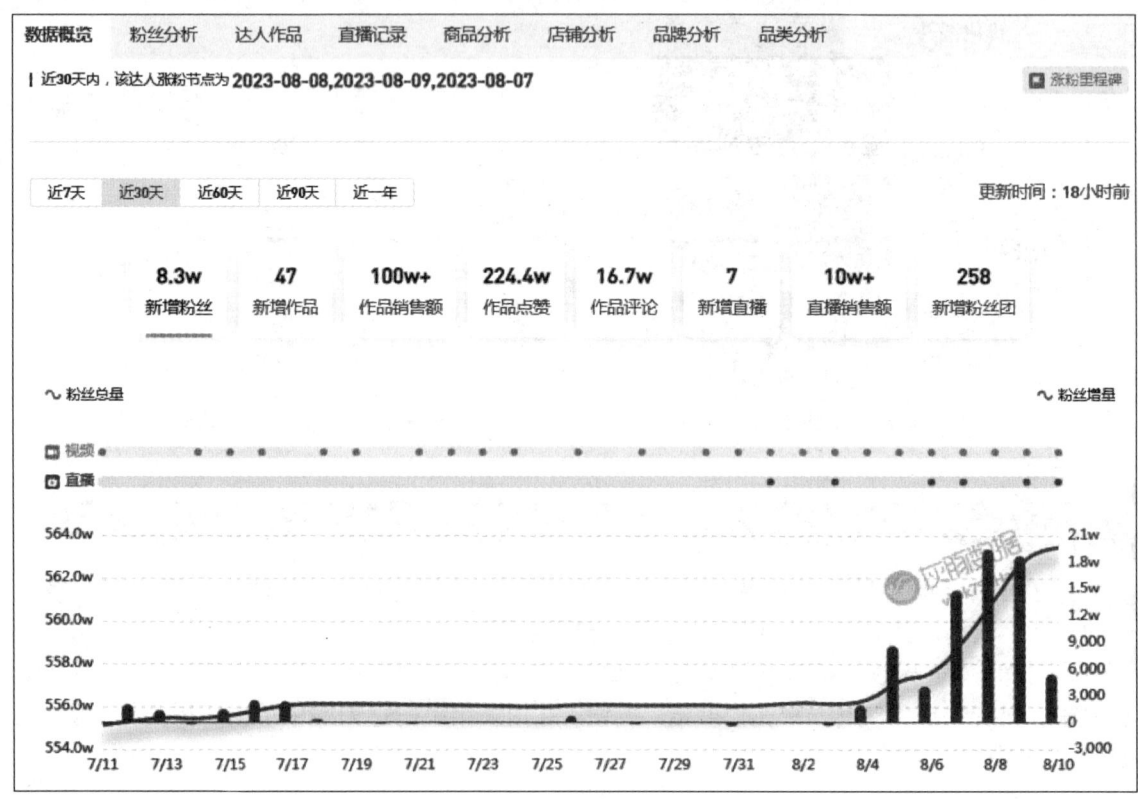

图 6-40　某主播近 30 天直播数据概览

3）选择"粉丝分析"选项，在打开的"粉丝列表画像"页面查看"粉丝"总体情况，如图 6-41 所示。

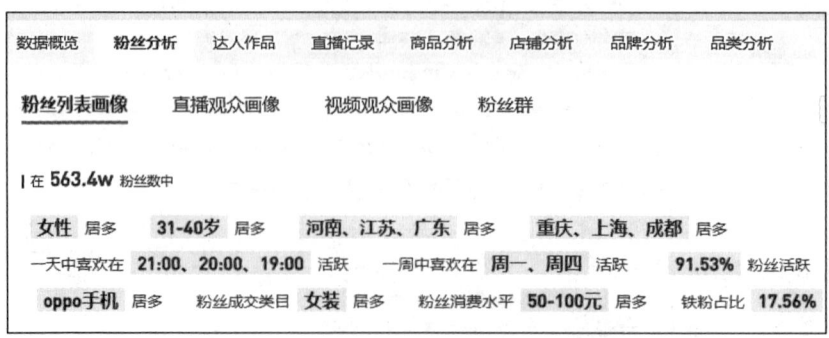

图 6-41　某主播的"粉丝"列表画像

4）在"粉丝分析"页面单击"直播观众画像"按钮，查看直播观众画像，如图6-42所示。数据显示：从性别分布上看，该主播的直播观众中，女性"粉丝"居多，占85.18%；从年龄分布上看，观看直播的用户31～40岁的居多，占44.64%；从省份分布上看，直播观众多分布在广东、江苏、河南等省份，从城市分布来看，来自广州、重庆、上海市的"粉丝"较多。

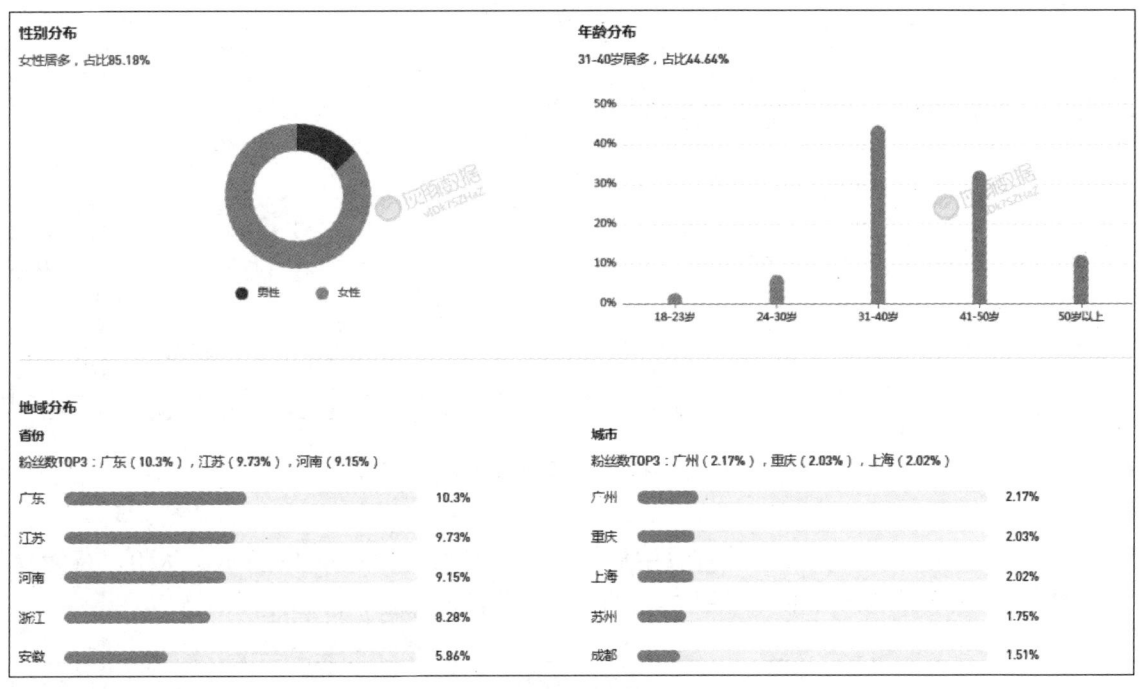

图6-42 某主播直播观众画像

5）在"粉丝分析"页面继续查看直播观众成交类目分布和观众消费水平分布，如图6-43所示。数据显示：直播观众购买女装居多，占36.13%；直播观众消费水平以50～100元居多，占31.11%。

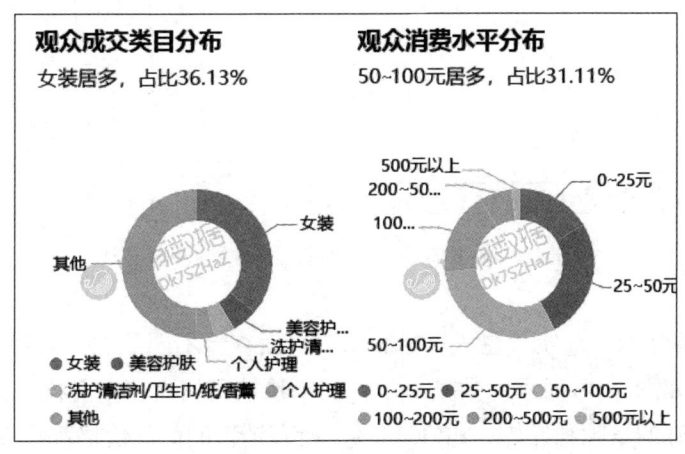

图6-43 某主播直播观众成交类目分布和观众消费水平分布

6）选择"直播记录"选项，在"直播记录"页面单击"直播分析"按钮，查看近30天直播场均观看人次，如图6-44所示。数据显示：该主播近30天内第一场直播在8月1日，最近一场直播时间是8月10日，直播场均观看人次起伏波动明显。

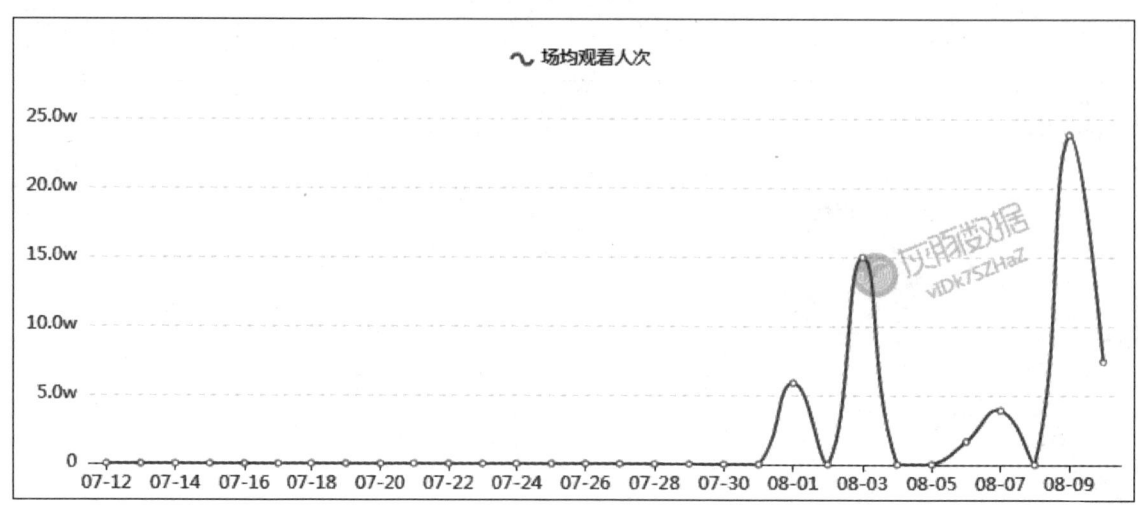

图6-44　某主播近30天直播场均观看人次

7）在"直播分析"页面继续查看用户场均停留时长，如图6-45所示。从用户行为趋势来看，用户平均停留时长随着直播场次的增加起伏波动明显，但总体逐渐增加。

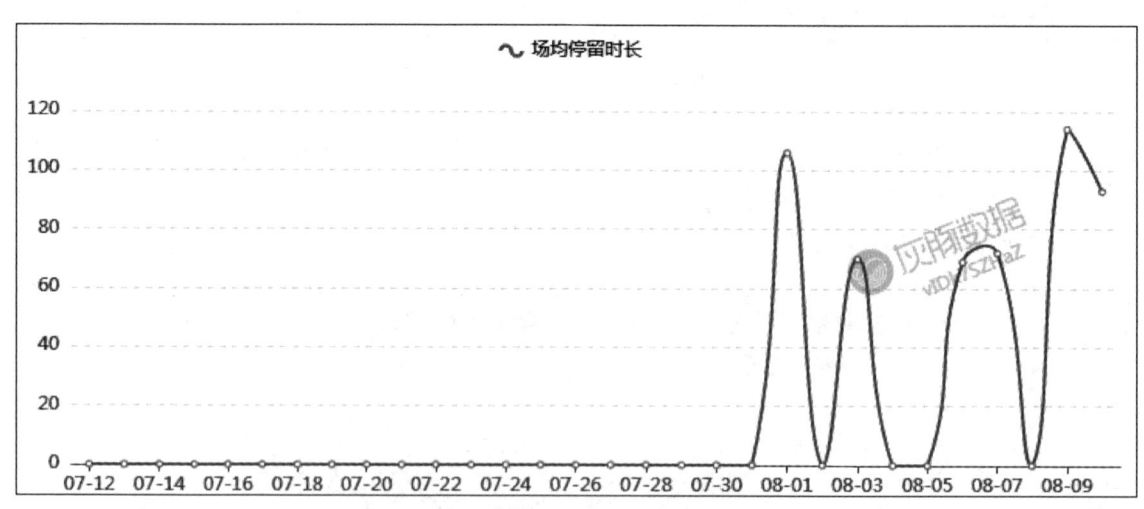

图6-45　某主播近30天直播用户场均停留时长

8）选择"商品分析"选项，在"直播商品"页面查看不同品类、品牌、价格下的直播推广商品分布数据，如图6-46所示。数据显示：在销量较高的商品中美妆最多，占44.12%；在所售品牌中卖得最好的是阿狸媚媚，占30.00%；所有销售的商品价格都在0～100元。

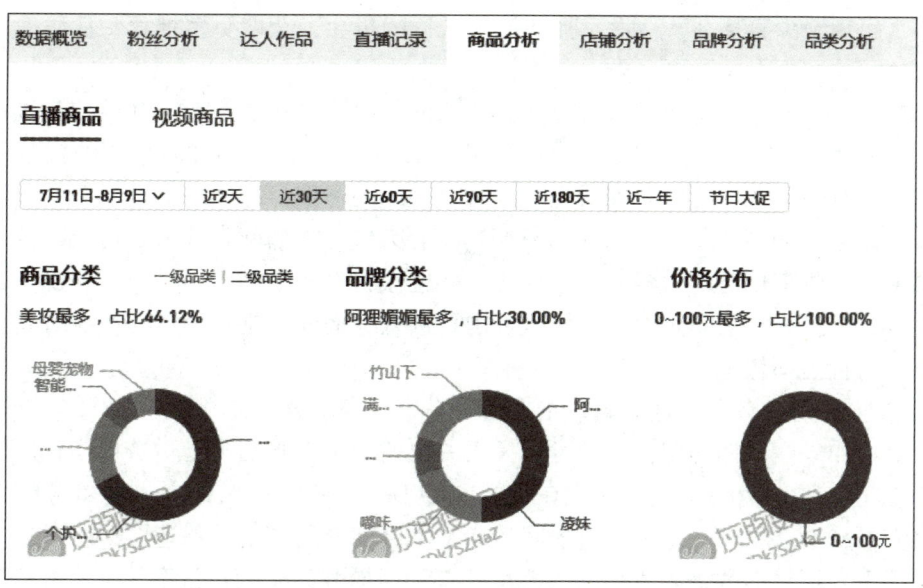

图 6-46　某主播近 30 天直播商品数据分析

任务评价

同学们完成实训操作后，老师按操作结果进行评价打分。

实训评价表

序　号	评分内容	总　分	老师打分	老师点评
1	是否完成了查看主播整体运营数据的操作	50		
2	是否合理分析了相关数据	50		

总分：_____

知识拓展

提高直播间权重的妙招

直播间权重是指直播平台赋予直播间的权威值，是直播平台对直播间权威的评估。直播间权重是一个隐形的数值。一般情况下，直播间权重越高，直播间的排名就越靠前，直播平台就会把直播间推荐给更多用户，直播间的人气就会有进一步的提升。

直播间权重是根据直播间的多项数据综合评估出来的。因此，影响直播间权重的因素有很多，主要包括直播时长、用户停留时长、直播间互动率、商品转化率等。要想提高直播间权重，可以重点从以下几个方面入手。

（1）保证直播时长　保证直播时长是直播账号最基本的要求。新的直播间在直播初期一般会得到直播平台的流量扶持，即直播平台会将直播间推荐给目标用户。对于新手主播来说，直播时长就显得尤为重要，一般要每天直播，每次至少直播 2 小时。如果无法坚持每天直播，那么每周至少直播2～3次，抓住流量扶持的机会，获取更多推荐，从而提升直播间的热度。

（2）保证直播频率　保证直播的时间规律性，如固定在每周二、周四、周六直播，每天晚上8点到11点直播。这么做一方面有助于积累直播时间，增加直播间的权重；另一方面固定的直播时间会让"粉丝"养成定时进入直播间的习惯。

（3）丰富互动内容　新手主播在开播初期没有人气，直播间在线人数可能很少。这时，主播需要多做一些有价值的内容分享，多设计一些有趣的互动方式，如连麦互动、关注领券、点赞抽奖等，以提升直播间热度，吸引更多用户进入直播间，延长用户的在线时间。这些都将有助于提高直播间权重。

（4）精准引流推广　在直播时，主播要充分利用各种第三方平台，如微信、微博等为直播间引流。如果在直播初期，主播可以投入一定的资金在直播平台付费推广，例如抖音直播间可以投DOU+付费购买流量。现在直播间的DOU+功能比较强大，主播可以选择标签或直接将其投放给"粉丝"，因为直播间的启动不会通知所有的"粉丝"，所以直接给"粉丝"就等于引入更精准的进入直播间的流量，有利于提升商品的转化率。

任务二　直播复盘优化

任务描述

直播复盘是直播电商运营的最后一个环节，也是直播电商中不可或缺的一部分。小文认为要想持续优化直播效果，直播团队需要及时进行直播复盘，并且在每一场直播过后都要进行复盘。只有通过直播复盘发现问题、分析问题、解决问题，最终找到优化方向，才能不断提高直播质量。

知识储备

根据抖音算法机制，直播间刚开播时会给直播间推第一波流量，后面会不会继续推流给直播间是以直播前30分钟成交人群画像来决定的，所以开播前半个小时很重要，一定要录屏以便后面复盘。录屏可以使用普通手机，但往往占据很多内存，所以可以在PC端使用手机模拟器进行录屏。

一、直播过程复盘优化

直播过程是直播团队所有成员配合、协作的过程，因此直播过程复盘需要分析整个直播团队工作人员的工作是否到位，有人缺席的话是否有人补位，有突发情况是否按照预案执行。下面分别列举"人、货、场"在直播过程中容易出现的问题，直播复盘时应注意分析这些问题并及时改进。

（一）人员复盘

每个岗位的工作都环环相扣、相互配合，所以每个岗位的人员都需要进行复盘。除了每个角色进行自己职责范围内的复盘外，还需要整个团队一起开会进行复盘，共同讨论整体配合中出现的问题。

1. 从场控方面复盘

场控作为正常直播的指挥官，也是复盘的组织者，需要随时观察直播过程中的所有事情，时刻关注本次直播的目标实现情况，在线人数低的时候要组织加大引流、上福利、留住人并增加互动等，对正常直播的稳定性和高效性负责。

在主播讲解商品的过程中，场控需要通过后台数据查看商品分析：①开播前半小时有没有反复推点击率高的商品；②讲解的时间一般是爆品10～15分钟、福利和利润款搭配2～4分钟，感受直播节奏有没有乱；③上新品的时候掉人气或者低成交要压缩讲解时间，组织加大引流、上福利把人气拉上去。

2. 从主播方面复盘

主播是直面用户的第一人。在直播过程中，主播出现的问题一般是在线人数激增时无法承接流量、直播间节奏出现偏差、"黑粉"出现时的临场反应不好、"粉丝"提出专业问题无法及时回答、商品介绍卖点错误且混乱、直播间号召力差、催单逼单付费能力弱等问题。如果某一方面存在问题，主播就需要及时调整状态，建立良好的心态，在话术上多下功夫，避免在下一场直播中出现类似情况，并不断总结经验、提升直播能力。

（1）欢迎话术　理论上，主播对每一个进入直播间的观众都要欢迎一下，最基础的抖音直播话术是"欢迎×××进入直播间"。但是这种话术太机械化了，主播们需要做出改变，见表6-1。

表6-1　欢迎话术示例

欢迎话术	示　　　例
解读观众的账号名称	欢迎××进入直播间，咦，这名字很有意思/很好听，是有什么故事吗
寻找共同话题	欢迎××进来捧场，我最近喜欢上一首歌，不知道你们听过没有
借机传达直播内容	欢迎××进入直播间，今天要给大家介绍的是××的技巧，感兴趣的宝宝记得点个关注哦

（2）互动话术　在直播过程中，主播通过与观众实时互动，一方面可以让观众感知到切身服务，用户诉求可以较快得到回应；另一方面主播也能够很快得知观众的反馈。

第一种：发问式话术。主播可以通过"刚刚给大家分享的小技巧，大家学会了吗""你们能听到我的声音吗"等这样的问题发问。这样观众给出的答案只能是肯定的或者否定的，主播也能快速得到"粉丝"的答案，不至于在等答复时冷场。

第二种：选择性话术。主播可以这样说"想看黑色的刷1，想看白色的刷2"，给观众抛一个选择题，任何答案都可以，发言成本很低，同时也能够迅速让观众参与直播互动。

第三种：节奏型话术。如果主播说"觉得主播给力的把给力打在公屏上"，这只是要观众灌水发言而已，让新进来的"游客"看到直播间气氛很活跃，很好奇为什么那么多人刷"给力"，主播到底是做了什么？这就是带节奏。

（3）憋单话术　单款循环时间建议45秒，详细示例见表6-2。

表 6-2 憋单话术示例

憋单话术	示 例
卖点输出期 15 秒	宝宝们，你们需不需要一双上班可以穿、约会也可以穿的小皮鞋？如果需要，主播手上这一款你就不要错过了。这款皮鞋使用了头层牛皮，很柔软不会闷，而且跟不高，走起路来很稳，穿着它站的时间再久也不会感觉很累。这款皮鞋一共有三种颜色，我们可以根据自己的衣服颜色来进行搭配。我给大家看一下内里细节，一个线头都没有的
优惠福利期 15 秒	这样一款鞋，大家去线下或者专柜看看，没有四位数是下不来的，包括我们直播间，以前也是要 999 元的。但是今天我们发一个宠粉福利，而且包邮给大家。我们家的售后各位宝宝们就放心吧，买回家后不用担心哦。这款我们家已经卖了几千双了，真的是想宠各位宝宝，所以这个价格给到大家
场景化打造期 15 秒	大家通勤可以备一双，因为颜色选择很多，所以大家根据自己平时的风格来决定就好了。而且我们都给大家在后跟处做了加厚软化处理，软软的，不会磨脚。今天直播间库存不多，1 号链接大家手速要快哦

（4）催单话术　催单话术的关键是要调动用户"抢"的心态。例如，"抢购""过时不候""数量有限"等，都是在唤醒观众大脑中关于安全的本能。

（5）带货话术　通过带货类直播话术的合理运用，主播可以无形中拉近与观众的距离，建立信任感，方便观众购买决策，拉动商品销售，实现带货变现。

第一种：展示型话术。主播在进行直播带货时，展示商品的质量和使用感受，能够让"粉丝"最直观地看到效果。商品展现得好，"粉丝"下单的概率会更高。

某主播在进行口红试色时，对每一只口红的颜色都能进行细致地表达。例如，"给人很温柔、很春天、很新的感觉的颜色"这样的话术，让人听着就不自觉心动。

第二种：信任型话术。直播带货的缺点就是"粉丝"接触不到商品，只能通过主播的描述来熟悉商品。因此，主播需要让"粉丝"对商品建立一定的信任感，才能促成"粉丝"下单。

通常，主播会用"自用款""我也买了××"等话术来为商品做担保，又或者"××我只推荐这一个品牌，其他品牌给我再多钱也不推"这一类话术来衬托商品，打消观众对商品的顾虑。

第三种：专业型话术。在推荐商品时，主播要从专业的角度出发，针对一个商品以及同类其他商品做讲解，并指导观众根据自己的情况选择商品。

例如，服装类带货主播可以通过对某件服装的专业搭配，以及服装质量的专业讲解的话术来吸引观众下单购买。

3. 从副播方面复盘

副播在直播过程中充当了主播"好闺蜜"的角色，灵敏度、激情度、配合度极佳的优质人才是副播的不二人选。副播在主播介绍吃力时能制造话题、烘托气氛；在"粉丝"要看细节时，第一时间给商品近景；在发福利时，详细介绍规则及抽奖操作，直播间"粉丝"有任何问题都能冲到第一线快速解决。

直播复盘时应分析副播是否存在激情不足、与主播配合不佳、商品细节展示不清晰、问题回复或解决不及时等问题。

4. 从中控方面复盘

中控主要负责后台操作：商品上下架、价格及库存的修改、配合主播进行数量的呐喊、优惠券的发放、实时的数据记录等。

中控在直播中要关注：商品上下架操作失误、库存数量修改错误、逼单催单气氛配合度不足、声音不够洪亮、实时问题出现后没有进行记录等问题。

5. 从投手方面复盘

投手的主要工作内容是为直播间引流。在直播过程中，投手可能出现的问题主要是引流人群不精准、转化率不足、上福利款时直播间人数偏少、只有浅层数据没有深层数据等问题。

（二）货品复盘

货品复盘主要是复盘直播间的选品逻辑是否合理，引流款、利润款、主推款的分配是否合理，过款流程的安排是否合理，商品的核心卖点提炼是否到位，直播间的货品展示是否清晰美观等。

没有人愿意为不喜欢的商品浪费时间，所以直播团队要做好选品。通过数据分析，直播团队能够很好地提高选品能力，分析出哪些品适合作为引流款、畅销款、利润款等。另外，结合商品属性、定价和销量，直播团队要做出合理的排列，优化商品讲解顺序，并且选择淘汰率低成交率低的商品。根据后台商品数据分析：①筛选销售最好的商品，下一场直播可以增加库存或者增加类似款；②筛选用户最喜欢的商品，下一场直播可以做福利款，增加人气；③筛选退货率最高的商品，下一场直播可以移除，不再售卖。

在单品带货数据中，同一商品在不同时段、不同讲解下的销量是不同的。在直播过程中要想提升商品的销量，那么直播团队在设计商品讲解时就要抓住用户的痛点。如果商品的销售不理想，可以查看该商品的用户评价，发掘用户在购买时更关注什么信息，以此可以作为重点展示和推广，同时也可以发现相似的商品，加入选品库，作为下一次测品的参考。

（三）场景复盘

场景复盘相较于人员和货品的复盘是比较简单的，主要是复盘场地布置、直播间背景、直播间灯光、直播设备、商品陈列等。

首先要考虑的是场景吸引力，这一点通过点击转化率来体现。在场景复盘中需要反思场景和货品的匹配度，为此直播团队需要结合账号定位、人群定位以及商品定位去布置直播场景。

二、直播数据复盘优化

直播复盘不能只靠回忆，如果只靠回忆往往会使数据混乱，无法彻底进行分析。在直播数据复盘时，直播团队需要找最有代表性的数据进行系统分析，才能找出并改进直播中的问题，并找到对应的解决方法，更好地完成下一次直播。结合直播效果的评估指标，直播团队可以从流量指标、互动指标和转化指标三个维度对直播数据进行复盘及改进。

（一）流量指标复盘优化

1. 流量来源

流量入口是观众进入直播间的第一道门槛，只有吸引到足够多的用户点击，才能为直播间带来更多的观众。流量入口分为免费流量和付费流量。以抖音平台为例，免费流量包括直播自然推荐流量、短视频引流、搜索、关注 tab（已关注你的用户）、个人主页等；付费流量包括 DOU+ 广告、其他竞价广告、千川竞价广告、品牌广告—toplive（通过投放的 toplive 渠道进入直播间）、品牌广告—其他等。其中直播团队需要重点关注直播自然推荐流量和短视频引流。这两个来源比例越大，越有可能盈利，因为这两种方式主要是靠自然推流。下面介绍几种提高直播自然推荐流量占比的方法。

首先，用户在直播广场看到直播间的第一眼就是封面，展示亮点的封面是可以大大提高观众进入直播间的概率的，因此设置的封面一定要清晰、亮点突出。

其次，标题可以快速帮助用户了解直播间的特点和内容，把自己的直播特点和内容展示在标题中，从而提高点击率。

最后，直播团队通过合理运用关键词提高直播在搜索引擎中的排名，可以进一步增加流量入口的点击量。

2. 在线人数

主播在直播过程中要一边关注数据的变化，一边做好商品的推荐。一般在线人数较多时，"游客"的占比较大，这时主播要及时引导"游客"关注直播间，使"游客"变为直播间的"粉丝"。此时也是推荐主要商品的时间，主播要做好主要商品的讲解工作。同时，主播可以提前介绍要发送的福利、折扣和优惠券等，并巧妙地预约下一场直播，为下一场直播预热，引导"粉丝"留存和转化。

流量指标复盘结果不佳的原因通常还有以下两种情况：在线人数少和在线人数不稳定。

（1）在线人数少　在线人数是能否带动货的前提。如果在线人数较少，主播就要及时从商品讲解中抽出身来，积极与"粉丝"进行互动，如回答"粉丝"的提问、向"粉丝"征求意见、帮助"粉丝"解决困惑等，以此来活跃直播间的气氛，增进主播与"粉丝"的感情，引导"粉丝"为直播间做宣传，从而增加直播间的流量。

具体优化策略为：①优化直播场景中的背景标识；②调整直播出境的主播的引导话术；③强调对新用户的关注，及时与进入直播间的新用户进行互动，让新用户有参与感。

如图 6-47 所示，为某直播间互动抽奖活动，主播团队设置了只有输入主播特定的口令才有中奖的可能。这样不仅将奖品送出去了，同时也延长了用户在直播间的留存时间，增加了在线人数。

图 6-47　某直播间互动抽奖活动

（2）在线人数不稳定　直播间的老用户在线人数是总在线人数稳定的保障，因此要确保老用户能持续地回来看直播。

具体优化策略为：①固定开播时间，让老用户养成观看习惯；②强化直播预告，提高初次看直播的新用户转化成老用户的概率；③进行社群运营，运营人员通过私信的方式，逐步引导老用户添加运营人员的微信，组建"粉丝"社群，方便老用户在直播期间可以快速进入直播间。

图 6-48 和图 6-49 为两个不同直播间单场直播在线人数监测。A 直播间在线人数非常不稳定，流量一直起伏不定。B 直播间在线人数相对稳定，且有一定的规律性。稳定的在线人

数主要源于主播对直播间节奏的把控,也是专业主播和业余主播的最大区别。如何把控直播间的节奏,关键在于事先准备好的脚本。越是新的主播,越需要详细的脚本,最好能精确到每分钟,而经验丰富的主播注意话题脚本就可以了。

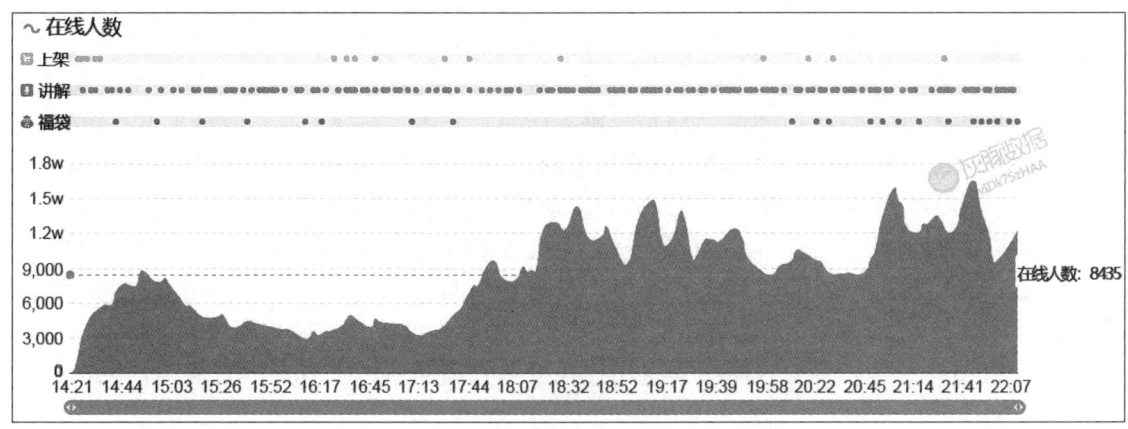

图 6-48　A 直播间单场直播在线人数

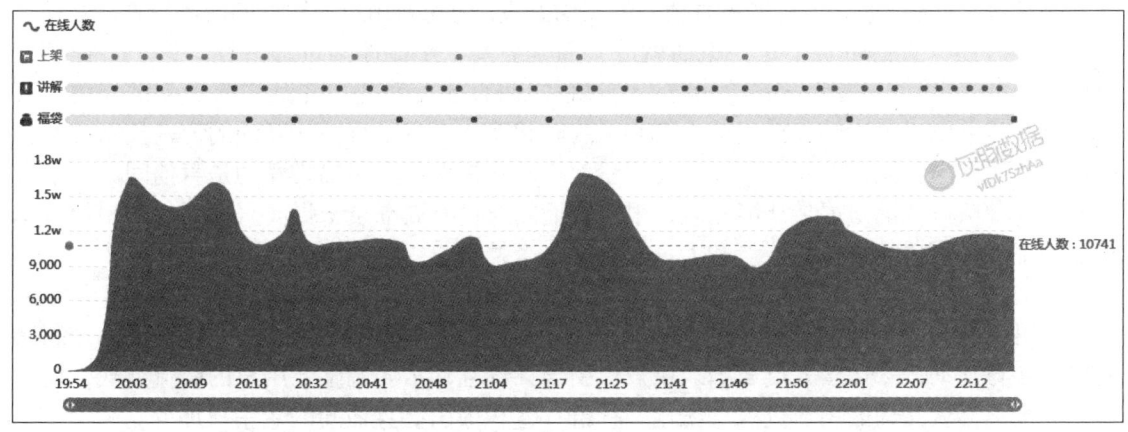

图 6-49　B 直播间单场直播在线人数

(二)互动指标复盘优化

互动指标复盘重点关注三个数据:转粉率、互动率和停留时长。

1. 转粉率

转粉率是指单场直播新增"粉丝"数除以累计观看人数,可以反映直播间整体内容是否有价值,也能反映直播间的拉新能力。大多数直播间不懂如何正确引导关注。例如,有的直播间还在说"喜欢主播的给主播点点关注""加关注,主播优先发货"。其实这样的话术说得再多,关注的人也不多,因为这样的关注对新用户没有价值。提高转粉率可以采用以下方法:

(1)发放优惠券　直播后台的营销中心可以发放店铺"粉丝"优惠券。例如,一件商品本来计划卖 39 元,可以设置价格为 49 元,再发 10 元的店铺"粉丝"优惠券。这个券是只有"粉丝"才能用,这样就可以引导用户添加关注成为店铺"粉丝"。

（2）引导关注　如果用计算机直播，主播和直播团队可以在屏幕右上角"关注"下面加一个 PNG（便携式网络图形）格式的箭头贴纸，加上提示语引导关注。

2. 互动率

互动率其实是非官方定义指标，可以取任意直播间互动行为指标除以累计观看人数，反映用户参与度、直播间是否热闹。互动率一般以直播间评论数除以累计观看人数为参考值，与一些直播技巧相关。例如，"新粉"进来后的欢迎语、互动游戏、商品卖点介绍等。

直播互动评论数据的主要反映形式是弹幕词。主播通过对弹幕词的分析可以知道用户喜欢聊什么、对哪些商品的兴趣比较大，从而发现其购买倾向和主要需求。下次直播时，主播就可以准备更多的相关话题，活跃直播间气氛，或在直播时对用户感兴趣的商品多进行推广。

直播互动直接影响直播间气氛和人气。只有直播间有人气，用户才会停留，主播才有机会进行后续的成交转化。互动指标复盘结果不佳的原因可能为主播与用户互动率低。

（1）新用户互动率低　直播间的新用户在进入直播间后，没有退出直播间，但是也没有参与评论互动，意味着新用户互动率低。

这可以从两个方面调整：一是强化直播间运营人员的互动引导，让进入直播间的新用户可以快速参与直播互动；二是调整直播间的互动方式，避免新用户不知道如何参与直播互动。

很多时候，直播带货不是一蹴而就的，而是需要一个循序渐进的过程。这个过程是让用户经历一个陌生→熟悉→信任→购买的过程，而直播互动技巧在其中起到关键作用。直播互动技巧可以直接影响直播间的人气和最终转化率。连麦是直播间互动的有效技巧之一，特别是和铁杆"粉丝"连麦，可以调动"粉丝"的积极性。利用福袋互动是直播间另一个有效技巧，自从抖音推出福袋功能之后，很多直播间通过发放福袋来提高直播间的用户留存率和互动率，将直播间整体的流量和人气提升了一个档次。

（2）老用户互动率低　老用户互动率低是指直播间的老用户回来观看后，大多没有参与互动。

这可以从以下几个方面进行调整：①及时引导老用户观看直播，给予福利奖励，刺激老用户参与互动；②运营人员充当老用户，引导评论互动；③调整老用户的引流方式，避免吸引过多不喜欢互动的用户进入"粉丝"社群；④积极引导直播间的老用户加群。

很多主播建立了"粉丝"群但不会维护，导致"粉丝"流失，所以"粉丝"进群后，一定要做好"粉丝"维护，让"粉丝"快速融入以主播为中心的大家庭。

3. 停留时长

用户停留是最基础的互动门槛。停留时长反映的是直播内容对用户的吸引力，用户停留时长越长，说明观众对直播间的兴趣越大，直播间的权重也就越大，受到平台推荐的概率也就越高。随着直播间的人气不断提升，平台会把直播间推荐给更多用户观看，要想留住直播间的用户，主播就要多推荐物美价廉的优质商品，同时在直播间积极与用户互动，营造热闹的购物氛围。

主播可以选择查看不同时间段内直播间的进场人数、进场人数均值、在线人数、在线人数均值等，再结合用户近 10 分钟进场停留的时间，可以判断直播间的留存情况。一般直播间的平均停留时长在 30～60 秒，而比较优秀的直播间的平均停留时长在 2 分钟以上。这就需要非常好的选品技巧以及主播的个人魅力。

有新用户进来之后的欢迎语、与观众的互动技巧、吸引关注点击的商品、最详细最美观的商品介绍资料等都是能决定用户平均停留时长的点，有能力的直播间可以努力把数值做大，对直播间标签的建立和自然流量推荐都有非常好的助力作用。

如果停留时长比较短，我们需要分析停留时长短的底层原因和对应的解决办法。

（1）直播间人群标签不精准　标签不精准，流量就比较泛，里面大部分人不是目标客户，刷到直播间后一看不感兴趣就会马上划走，所以标签越泛，平均停留时长这个数据就会被拉得越低。我们可以通过短视频以及投相似达人的形式快速给直播间打上精准的人群标签。这样的人群对直播间的商品是感兴趣的，那么愿意停留的人自然就多了。

（2）直播间太普通　无论是呈现的场景还是主播，以及主播介绍的商品都没有任何特点。没特点就吸引不住观众，所以他们也会很快划走了。在倒闭的直播间中，这种类型的占比是最大的。这时主播和直播团队就要多想一点能给商品加分的亮点留住观众。

（3）主播拉停留话术不够力度　当用户度过了前三秒的停留，后面留下来的人除了抢福袋的，剩余的都是对商品感兴趣的。这后面的停留到底能停留多久，和主播的话术有很大的关系。

（三）转化指标复盘优化

订单转化率是商品走向订单的踏板。这一步留给主播和直播团队成员的思考是：用户都已经创建了订单，为什么没有支付？

第一是主播层面。首先是在最后成交阶段，主播是否充分利用了商品的附加福利，完成对用户的"临门一脚"，即所谓的福利式逼单。其次是逼单氛围的塑造，做得好的直播间，永远给用户的感觉是"过了这个村没这个店"。如果主播会根据直播间节奏发放福利并且会把控用户心理营造物品稀缺感，那么用户实际付款率肯定不会太差。

第二是商品层面。在实际支付环节容易出现两个问题：首先是价格接受度，用户对商品感兴趣，规格、颜色都没问题，但最终还是由于价位的问题放弃下单，纵观各直播间的数据，客单价越高的直播间，订单创建率与订单支付率的阈值越大；其次是发货及售后问题，在最后付款阶段，用户较多考虑售后问题，如发货时间、正品保证、退换货等，如果主播不加以强调，势必会影响实际付款的比例。

第三是客服层面。直播逼单的环节是客服工作量最大的环节。优惠、价格、发货、售后等问题很多，如果后台客服处理不及时，就会影响实际支付率。例如，既然是发货影响了用户付款，那么要做的就是调整发货效率。再如，商品详情页做得不好，那么安排专人重新优化详情页即可。

转化率是考核主播带货能力的重要因素。如果转化率持续走低，就意味着商品和直播间的用户匹配度不高，主播和直播团队需要进行调整。改进策略如下：

（1）商品调整　重新分析直播间的用户数据，调整上架商品的选择或商品的外在属性，如商品的包装材料、商品亮点、商品价格等。适当上架引流款商品，让用户能够在直播间有获得感。

（2）价格调整　重新分析在商品价格上是否已经做好价格保护，或调整商品组合策略，进行差异化定价。

（3）转化策略调整　在活动策划上要强化互动元素，不要让用户在直播间只成为看戏的观众，要让用户真正参与直播互动。

（4）商品的类目匹配　商品的价格要与目标人群相匹配，直播带货的核心是商品，尤其是高性价比的商品。

直播间的商品转化数据包括成交订单数、客单价、UV价值、自然流量转化率、付费流量转化率。这些数据都直接反映了直播间的商品转化率。利用自然流量转化率，主播和直播团队还可以分析出自然流量在直播间的转化效果，并且自然流量转化率剔除了付费流量的影响，更能反映出主播的带货实力。

任务实施

在制定好直播复盘方案后，小文和直播团队尝试根据方案实践一番。操作步骤如下。

1. 直播复盘的第一步是发现直播问题

小文和直播团队可以将直播团队成员主观发现的问题和通过数据分析客观发现的问题相结合，以便更全面、准确地发现直播活动中存在的问题。

（1）直播团队成员主观发现的问题　直播团队成员能够凭借自身的经验和参与直播活动的经历，快速地发现整场直播活动中哪个环节或哪些方面存在不足。

（2）通过数据分析客观发现的问题　直播团队成员可以通过数据分析将直播活动中存在的问题具体化、量化。例如，某款商品的销量没有达到预期，只完成了目标的60%。再如，在整场直播中，抽奖环节消费者的积极性高，但商品讲解环节缺乏好的互动，据此便可以分析商品讲解环节互动效果不佳的原因。

2. 直播复盘的第二步是分析直播问题

直播团队成员发现直播存在的问题后，就要对问题产生的原因进行分析，并抓住流量指标、互动指标、转化指标中的重点问题进行分析。

例如，整场直播的流量主要来源于直播平台推荐（如直播自然推荐、短视频推荐），说明直播预热效果较好，获得了充分的公域流量，但是直播新增"粉丝"少，转化新"粉丝"的占比（新增"粉丝"/观看用户总数）极低，说明陌生用户没有被直播内容吸引。因此，直播团队成员就要分析直播场景是否合理、商品是否具有吸引力、主播带货是否专业、话术表达是否恰当、直播互动是否存在不足等，通过排除法找到问题产生的原因。

3. 直播复盘的第三步是解决直播问题

直播团队成员在得知问题产生的原因后，有针对性地提出解决方案。

（1）针对直播间场景布置不妥当的问题　调整直播间的场景布置。将物料摆放整齐，直播间设计风格与主播个人形象相匹配，直播间陈列所推商品和周边商品。清新明亮的直播间、场景性的陈列是体现品牌专业度，快速获得用户信任，提升数据最简单有效的方法。

（2）针对主播经验欠缺的问题　用户对直播间的第一印象来自主播，一个主播能不能留住观众并将其转化为"粉丝"，与主播的气场有较大的关系。在直播过程中，主播要注意语气和语速，不断提升自己的商品讲解能力、话术表达的感染力和亲和力，并做好直播脚本和话术的准备工作，树立信心，久而久之就会有属于自己的气场。

（3）针对互动不足的问题　首先，主播要给新用户一个关注的理由，如关注送红包、抽奖等；其次，主播要让关注变得便捷，如悬浮窗信息、口播频率保障、关注卡片弹出等；再次，主播要丰富互动玩法，如亲密度模块配置关注权益、入会有礼等；最后，主播还要考虑"老粉"权益，如"老粉"通过完成亲密度任务可以获得专属福利等，同时积极引导直播间的老用户加群。

（4）针对商品转化率低的问题 根据不同商品的转化率情况，调整上架商品，进行差异化定价。另外，可以根据目标消费人群挑选合适的商品，提高商品的性价比，采用营造稀缺感等策略促进消费者下单。

4. 直播复盘的最后一步是调整直播方案

调整优化后的方案可以应用到下一场直播中，以提升直播质量和直播效果。另外，这样做还可以检验直播团队提供的解决方案是否有效，并进一步优化方案。

任务评价

同学们完成实训操作后，老师按操作结果进行评价打分。

实训评价表

序号	评分内容	总分	老师打分	老师点评
1	是否完成了直播过程复盘的操作	30		
2	是否完成了直播数据复盘的操作	30		
3	是否合理优化了直播方案	40		

总分：_____

知识拓展

抖音直播带货转化漏斗分析优化

转化漏斗是直播复盘必看的数据，主要显示用户在直播间从观看到下单的整个流程的各项行为，主播和直播团队应该对每个环节的表现进行分析，以确定哪些环节需要优化，从而提高直播间的综合转化率。

如图 6-50 所示为某抖音直播间带货的转化漏斗，详细解析如下。

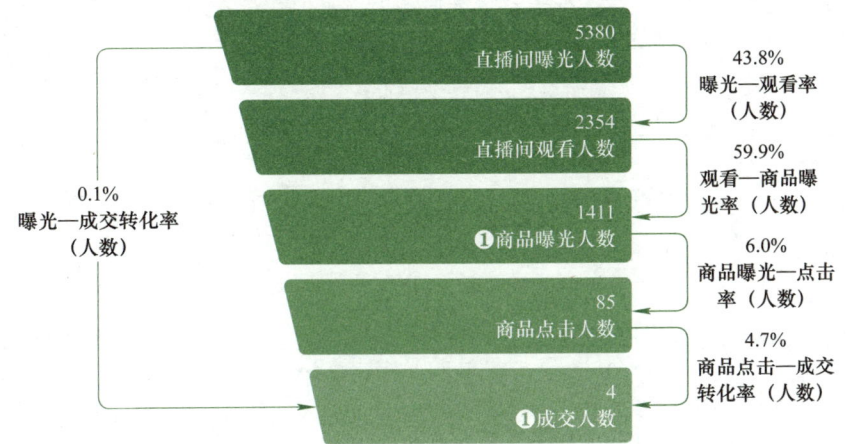

图 6-50 某抖音直播间带货的转化漏斗

1. 数据释义

1）直播间曝光人数：有多少人看到了直播间、刷到了直播间。

2）直播间观看人数：多少人看到、刷到直播间，并且点击进入了直播间。

3）商品曝光人数：进入直播间的人里，有多少人看到了直播产品。

4）商品点击人数：看到直播间的直播产品的人里有多少人点击查看了产品链接。

5）成交人数：下单购买产品的人里，有多少是付款成功的。

2. 数据标准

1）曝光—观看率：点击进入直播间的人数占看到直播间人数的比率。曝光—观看率 >30% 为及格，>50% 为良好，>70% 为优秀。

2）观看—商品曝光率：看到了产品的人数占进入直播间人数的比率。观看—商品曝光率 >40% 为及格，>55% 为良好，>75% 为优秀。

3）商品曝光—点击率：点击产品链接的人数占看到产品人数的比率，又称小黄车点击率。商品曝光—点击率 >30% 为及格，>50% 为良好，>70% 为优秀。

4）商品点击—成交转化率：提交订单的人数占点击产品人数的比率。商品点击—成交转化率 >30% 为及格，>50% 为良好，>70% 为优秀。

3. 数据优化

1）不曝光/曝光太少。检查账号是否存在违规现象，或者之前的数据做得太差，那么可以通过付费流量来弥补，做出一份好的数据，才会有下一场的曝光。

2）观看—商品曝光率低。可能是因为用户来了就走，停留时间短。主播需要提升话术、状态、亲和力，还有过款节奏问题，多讲爆品，或者是直播间人群标签不精准，需要通过用户的停留、评论、关注、点赞、购买等，打准人群标签，至少累计出 1000 单，才能准确地打准人群标签；多弹屏讲解商品也是一个小技巧。

3）商品曝光—点击率低。主播话术力度不够，要优化产品卖点、痛点。优化产品的标题和主图。

4）商品点击—成交转化率低。价格是否太高，或者是产品价值可能塑造不到位。优化主播逼单话术、详情页设计、用户评价管理。

参 考 文 献

[1] 宋夕东，邱新泉. 直播电商运营实务：慕课版 [M]. 北京：人民邮电出版社，2022.
[2] 黎军，周丽梅. 直播电商基础与实务：微课版 [M]. 北京：人民邮电出版社，2022.
[3] 黄守峰，黄兰，张瀛. 直播电商实战：微课版 [M]. 北京：人民邮电出版社，2022.
[4] 北京星播文化传媒有限公司. 直播电商实务一本通 [M]. 北京：中国人民大学出版社，2021.
[5] 余以胜，林喜德，邓顺国. 直播电商：理论、案例与实训：微课版 [M]. 北京：人民邮电出版社，2020.
[6] 隋东旭. 直播电商：从基础到实务 [M]. 北京：清华大学出版社，2022.
[7] 刘东明. 直播电商全攻略 [M]. 北京：人民邮电出版社，2020.
[8] 王红蕾，刘冬美. 直播电商 [M]. 北京：中国财富出版社，2021.
[9] 冷玉芳，张学青. 直播电商教程 [M]. 北京：高等教育出版社，2022.
[10] 陈继莹，向文燕，盛朱勇. 直播营销 [M]. 长沙：中南大学出版社，2020.
[11] 芮红磊，戴月，杨泳波. 电商直播：微课版 [M]. 北京：电子工业出版社，2021.
[12] 秋叶，张伟崇，秦阳. 直播电商实战一本通 [M]. 北京：人民邮电出版社，2020.
[13] 张向南. 新媒体营销案例分析：模式、平台与行业应用 [M]. 北京：人民邮电出版社，2017.
[14] 楚燕来，薛元昊，杨静. 直播电商的逻辑 [M]. 北京：中信出版集团，2022.
[15] 张雨雁，应中迪，黄宏. 直播电商与案例分析 [M]. 北京：人民邮电出版社，2022.
[16] 毛利，叶惠娟. 农村电商运营：慕课版 [M]. 北京：人民邮电出版社，2022.
[17] 熊布庭，杨猛. 短视频与直播营销实务：慕课版 [M]. 北京：人民邮电出版社，2023.
[18] 郑延，刘祎. 直播运营管理：微课版 [M]. 北京：人民邮电出版社，2023.
[19] 于丽娟. 电商直播 [M]. 北京：高等教育出版社，2022.
[20] 南京奥派信息产业股份公司. 直播电商运营 [M]. 北京：高等教育出版社，2021.